卿石松 著

劳动力市场性别不平等的文化根源：
性别角色观念生成及影响

华东师范大学出版社
·上海·

图书在版编目(CIP)数据

劳动力市场性别不平等的文化根源：性别角色观念生成及影响 / 卿石松著. -- 上海：华东师范大学出版社，2024. -- ISBN 978-7-5760-5590-0

I. F249.212

中国国家版本馆 CIP 数据核字第 2025UW3552 号

LAODONGLI SHICHANG XINGBIE BUPINGDENG DE WENHUA GENYUAN: XINGBIE JUESE GUANNIAN SHENGCHENG JI YINGXIANG

劳动力市场性别不平等的文化根源：性别角色观念生成及影响

著　　者	卿石松
组稿编辑	孔繁荣
责任编辑	陈　震
责任校对	王丽平　时东明
装帧设计	郝　钰

出版发行	华东师范大学出版社
社　　址	上海市中山北路 3663 号　邮编 200062
网　　址	www.ecnupress.com.cn
电　　话	021-60821666　行政传真 021-62572105
客服电话	021-62865537　门市(邮购)电话 021-62869887
地　　址	上海市中山北路 3663 号华东师范大学校内先锋路口
网　　店	http://hdsdcbs.tmall.com

印 刷 者	上海昌鑫龙印务有限公司
开　　本	787 毫米×1092 毫米　1/16
印　　张	16.25
字　　数	265 千字
版　　次	2024 年 12 月第 1 版
印　　次	2024 年 12 月第 1 次
书　　号	ISBN 978-7-5760-5590-0
定　　价	80.00 元

出版人　王　焰

(如发现本版图书有印订质量问题，请寄回本社客服中心调换或电话 021-62865537 联系)

前　言

在中国，党和政府始终不渝地坚持男女平等基本国策，推动性别平等与妇女发展。早在中华人民共和国成立之前，党就将实现妇女解放和男女平等作为奋斗目标。近年来，不断完善法律法规，制定并实施公共政策，编制发展规划，使性别平等与妇女发展取得了长足进步。2005年，"国家实行男女平等的基本国策"被写入新修订的《中华人民共和国妇女权益保障法》，确立了这一基本国策的法律地位。党的十八大以来，历次党代会报告都强调"坚持男女平等基本国策，保障妇女儿童合法权益"，体现了中国共产党对男女平等事业的一贯承诺和努力。

中国在促进性别平等和妇女发展的道路上取得了显著成就，无论是在教育、经济、政治还是健康领域，都展现出了明显的进步。尤其在高等教育领域，年轻女性的比例已经超过了同龄男性，这是前所未有的新格局和意义重大的转变。然而，由于历史、文化因素以及经济社会发展的不确定性，性别平等的前进步伐似乎有所停滞，性别平等面临诸多挑战。例如，就业市场对女性仍存在歧视，女性劳动参与率下降并与男性的差距有所扩大。此外，职业发展的玻璃天花板效应依然存在，女性在决策和管理层中的代表性和影响力有待提高。男女两性之间的收入差距也持续存在。

对于这些令人困惑的现象，人力资本、职业隔离或性别歧视等经典理论不足以提供解释。学术界开始关注一个可能影响性别平等的因素——性别角色观念。这种观念是性别文化的核心，并在社会变迁中不断地被重新建构。探究性别角色及其演变对于理解性别不平等至关重要。因为男女两性在社会化成长过程中所处的文化环境并非性别中立。用来解释劳动力市场性别差距的人力资本或生产力特征变量本身也有待进一步"解释"。只有结合特定的社会文化情境，我们才能真正理解隐藏在性别差异背后的深层次根源。

本书以性别规范为研究切入点，借助丰富而详实的资料，深入探究了性别角色观念的生成机制及其对两性劳动力市场结果差异的影响。本研究不仅深化了对劳动力市场性别不平等的成因分析，还推动了性别分层理论体系的传承与创新，为优化中国性别平等实践提供了有力支持。具体来说，本研究从以下几个方面展开。

首先，在市场机制转型和社会变迁的背景下，探究了性别角色观念的重构与队列变化。其次，剖析了家庭代际互动与社会化过程中性别角色观念的代际传递，进一步深化了对传统性别角色观念的延续性和持续性的认识。再次，分析性别角色观念对女性劳动参与行为的影响，为理解劳动参与模式的性别差异提供了文化机制解释。从次，揭示了性别角色观念或性别刻板印象对职业选择、管理职务获得，以及纵向职位隔离的影响，并解释了女性在高层管理职位上代表性不足的问题。最后，整合构建了一个综合性分析框架，弥补了人力资本和性别歧视理论的不足之处，并立足于深层次的社会文化因素，从"是否"以及"如何"两个维度探究了传统性别角色观念对男女收入差距的影响。

研究结果表明，随着时代的变迁和人们受教育程度的提高，性别角色观念在总体上呈现出现代平等化的趋势。尽管女性被期待参与市场劳动并作出经济贡献，但在家庭领域，人们依然认为女性是家务和育儿的主要负责人。而且从队列的角度来看，家庭私领域的性别观念曾一度出现"复归传统"的趋势。这种现象主要源于经济变革、劳动制度转型过程中，既有的社会规范与性别角色相互作用，导致两性之间的社会角色差距扩大，妇女的职业角色被削弱，"家庭角色"重新被强调起来。不过近年来，私领域的性别角色观念又朝着现代化的方向发展。此外，妇女性别角色观念的现代化速度超过男性。其中，受教育程度尤其是女性教育的提升是性别角色观念现代化的重要原因。

从代际传递的视角来看，研究结果表明，父母与其他榜样共同塑造了个体的性别角色观念，并构成文化再生产的主要驱动因素，使传统性别角色观念具有持续性和稳定性。父母双方的性别角色观念均与子代尤其是年轻子女的性别角色观念高度正相关，父母的垂直传递对儿子和女儿的性别角色观念具有同等重要的影响。同时，来自其他人的横向传播也对子代性别角色观念的形成起着独立作用。本研究将垂直社会化和横向社会化这两条路径同时视为文化传递的独立途径并加以数据检验,深化了社会性别社会化尤其是中国背景下性别观念社会化机制的认识。

更重要的是,在转型期的中国社会,传统性别角色观念仍然具有强大的影响力。这种观念直接限制了女性的劳动参与,从而成为劳动参与性别差异的重要成因。实际上,城镇女性的市场劳动参与行为不仅受自身传统性别角色观念的约束,也受到身边重要参考人如配偶的性别角色观念,以及地区层面平均的性别角色观念的规范影响。这表明,社会和文化环境对女性的劳动参与决策具有重要影响。本研究综合考虑了女性个体性别观念、家庭和社会规范,为深入理解女性劳动参与行为和劳动力市场性别不平等机制提供了新的视角。此外,传统性别角色观念对女性的职位获得和职位层次有着显著的负面影响,进而导致纵向职位上的性别隔离。

这进一步预示着性别角色观念对两性收入差距具有不容小觑的影响。传统性别角色观念抑制女性的收入水平,但对男性的平均收入没有显著作用,这表明传统性别角色观念对两性收入差距具有重要的解释作用。分析结果表明,性别角色观念对两性收入的不同影响机制,对无法被生产力特征差异所解释部分的贡献达到60%。此外,传统性别角色观念与女性受教育程度、劳动参与,以及职业地位获得均具有显著的负相关关系,最终通过这些中间变量而降低工资收入并影响性别收入差距,凸显出传统性别文化观念对女性的多重桎梏。

总的来说,本研究构建了全面且系统的分析框架,深入探究性别角色观念的生成演变及其对劳动参与、职位获得和工资收入的影响。通过严谨的统计计量方法和具有全国代表性的数据资料,我们证实了性别角色观念在劳动参与、职业选择和工资收入等方面产生的深远影响。研究结果支持了劳动力市场性别不平等是社会建构的观点,并且这种不平等深深植根于社会文化结构中。随着经济社会的发展和家庭结构的变迁,虽然有研究表明中华传统的父权制文化存在衰落迹象,女性的教育地位和决策权也有所提升,但本研究证据显示,中国的传统社会性别结构具有稳定性,传统性别文化并没有明显衰减或消失。在个体、家庭和社会互动的作用下,性别角色观念具有稳定的代际传承性和持续稳定性。因此,即使世代更迭或队列变化,也难以撼动传统的角色定位与性别结构。这意味着,传统性别角色观念已经深入骨髓，对劳动力市场性别不平等的影响深远且非常隐蔽。

本研究的主要特色和创新之处在于：一是从新的社会文化视角出发解释劳动力市场性别不平等的成因，即在教育、工作时间和职业等传统因素之外，引入性别角色观念作为新的解释因素；二是构建新的理论模型，阐述性别角色观念如何通过影响人力资本等生产力特征进而作用于两性收入差距的机制，这拓展了人力资本、职业隔离或性别歧视对该问题的经典解释框架。研究不再局限于劳动力市场的表面现象，而是深入探讨生产力特征及两性收入差距的根源。研究指出，表面上由人力资本差异、职业隔离等因素导致的性别收入差距，实质上具有更深层次的文化根源。总之，本研究不仅深化和拓展了劳动力市场性别差异的解释框架，更为审视和理解性别差异成因及其持续存在提供了全新的视角和思考维度。前期相关研究成果已在《社会学研究》、《中国人口科学》、《社会科学》和 Journal of Chinese Sociology 等国内外重要期刊发表，并被《中国社会科学文摘》和人大报刊复印资料《人口学》等重要刊物转载。

我们进行这项研究，初衷是为了促进两性的平等和妇女的全面发展，进而构建一个和谐的家庭与社会环境。为实现这一崇高目标，我们深入挖掘了劳动力市场性别不平等现象的根源。期望本书的研究结论能为现实问题提供有力的解释，帮助人们更全面地认识这一现象的内在机制，进而找到好的解决方案。

女性的劳动力市场行为和结果深受性别文化的影响。如果现代平等的性别文化尚未形成并发挥实质性影响，那么即使女性的教育程度得到提高，劳动力市场的性别差异仍可能持续存在。这提醒我们，推动性别文化的进步、提高全社会的性别平等意识，以及反思实践和推动制度创新，是当前亟待完成的重要任务。

值得一提的是，尽管劳动力市场性别差异这一议题已受到社会学、经济学等诸多领域的广泛关注，但是对其影响机制的探讨仍然是一个复杂且具有挑战性的课题。虽然本研究揭示了传统观念对女性的不利影响，并提出了推动性别平等的建议，但仍有许多领域值得进一步探索。展望未来，从多学科视角深入探讨劳动力市场性别差异的根源，将是我们继续努力的方向。这将有助于我们更好地理解这一复杂议题，并期待更多的专家学者和管理实践者能够关注这一领域，共同推动性别分层研究的深入开展和实践工作的不断进步。我们深信，随着研究的不断深入和实践经验的积累，我们将为实现两性平等和构建和谐社会作出更大的贡献。

目 录

前 言 ………………………………………………………………… 1

第一章 导论 ………………………………………………………… 1
  一、性别平等目标与现状 ………………………………………… 1
  二、研究问题与发展趋势 ………………………………………… 5
    （一）核心概念界定 …………………………………………… 5
    （二）研究现状述评 …………………………………………… 8
  三、研究内容与创新 ……………………………………………… 13
    （一）研究目标 ………………………………………………… 13
    （二）主要内容 ………………………………………………… 14
    （三）研究创新与价值 ………………………………………… 15
  四、结构安排 ……………………………………………………… 17

第二章 理论基础与研究框架 ……………………………………… 19
  一、人力资本理论 ………………………………………………… 20
  二、劳动力市场性别歧视 ………………………………………… 22
  三、偏好的性别差异 ……………………………………………… 25
    （一）风险厌恶 ………………………………………………… 25
    （二）竞争意愿 ………………………………………………… 27
    （三）工资议价 ………………………………………………… 30
  四、性别角色观念的作用 ………………………………………… 32

（一）新古典理论的不足 ……………………………… 32
　　（二）性别角色观念的起源与演变 …………………… 35
　　（三）性别角色观念的影响机制 ……………………… 39

第三章　性别角色观念的队列变化 …………………… 45
　一、研究缘起 …………………………………………… 45
　二、理论基础与文献述评 ……………………………… 48
　　（一）性别现代化理论 ………………………………… 48
　　（二）生命历程理论 …………………………………… 48
　三、研究设计 …………………………………………… 52
　　（一）数据来源 ………………………………………… 52
　　（二）变量测量 ………………………………………… 53
　　（三）模型方法和思路 ………………………………… 59
　四、描述性分析 ………………………………………… 61
　　（一）分队列的性别角色观念 ………………………… 61
　　（二）分男女的性别角色观念 ………………………… 62
　　（三）分城乡的性别角色观念 ………………………… 64
　　（四）分教育程度的性别角色观念 …………………… 64
　五、分层 APC 模型结果 ……………………………… 67
　　（一）男性性别角色观念的 HAPC 回归结果 ……… 67
　　（二）女性性别角色观念的 HAPC 回归结果 ……… 76
　　（三）男女性别角色观念的队列差异 ………………… 84
　　（四）男女性别角色观念队列差异的变化趋势 ……… 86
　　（五）稳健性检验：虚拟变量回归法 ………………… 96
　六、本章小结 …………………………………………… 98

第四章　性别角色观念的代际传递 …………………… 102
　一、相关研究述评 ……………………………………… 103

二、代际传递理论与机制 ………………………………… 106
三、性别角色观念测量及现状 …………………………… 110
 （一）数据来源 ……………………………………… 110
 （二）性别角色观念测量 …………………………… 111
 （三）性别角色观念的代际关联 …………………… 115
四、分析结果与讨论 ……………………………………… 117
 （一）父母对子代观念的影响 ……………………… 117
 （二）地区文化对性别角色观念的影响 …………… 120
 （三）稳健性分析与讨论 …………………………… 122
五、本章小结 ……………………………………………… 126

第五章 性别角色观念与女性劳动参与 …………………… 129
一、问题的提出 …………………………………………… 129
二、理论与文献述评 ……………………………………… 132
 （一）个体性别角色观念的影响 …………………… 132
 （二）配偶性别角色观念的影响 …………………… 135
 （三）区域集体性别意识形态的影响 ……………… 136
三、数据、变量与方法 …………………………………… 138
 （一）数据来源 ……………………………………… 138
 （二）变量测量 ……………………………………… 138
 （三）研究策略 ……………………………………… 143
四、研究结果与讨论 ……………………………………… 144
 （一）女性自身的性别角色观念对劳动供给的影响 … 144
 （二）配偶性别角色观念对女性劳动供给的影响 … 146
 （三）区域集体性别意识形态对女性劳动供给的影响 … 149
五、结论与政策启示 ……………………………………… 152

第六章 性别角色观念与女性职位获得 …………………… 155
一、纵向职位中的性别隔离 ……………………………… 156

二、理论与文献评述 ·· 159
　　（一）人力资本和绩效表现 ····························· 159
　　（二）性别规范和刻板印象 ····························· 161
　　（三）不平等的家庭分工 ······························· 162
三、变量描述性分析 ·· 164
　　（一）行政/管理职务变量 ······························ 164
　　（二）性别角色观念及控制变量 ························ 165
　　（三）变量描述性分析 ································· 166
　　（四）模型与方法 ······································ 170
四、研究结果 ··· 171
　　（一）性别角色观念与管理职务 ························ 171
　　（二）性别角色观念与职务等级 ························ 173
　　（三）性别角色观念与晋升机会 ························ 175
　　（四）性别角色观念与职务晋升期望 ··················· 177
五、本章小结与讨论 ·· 179

第七章　性别角色观念与收入差距 ·················· 181
一、问题的提出 ·· 181
二、理论与研究假设 ·· 184
　　（一）理论与文献述评 ································· 184
　　（二）研究假设 ··· 187
三、数据、变量及方法 ······································· 189
　　（一）变量与测量 ······································ 190
　　（二）模型与分析策略 ································· 191
四、分析结果与讨论 ·· 192
　　（一）描述分析 ··· 192
　　（二）回归分析结果 ···································· 194
　　（三）中介作用机制分析 ······························ 199

  五、本章小结 ·· 203
  本章附录 ·· 205

第八章　研究结论与政策建议 ·································· 207
  一、研究结论与展望 ······································ 208
    （一）主要研究结果 ·································· 208
    （二）基本观点与结论 ································ 211
    （三）研究展望 ······································ 213
  二、政策启示与建议 ······································ 214
    （一）倡导和强化性别平等意识 ························ 215
    （二）提高女性在家庭和职业中的地位 ·················· 219
    （三）完善有利于性别平等的公共政策 ·················· 220
    （四）完善反歧视法律和平等措施 ······················ 222
    （五）加强性别平等监测和研究 ························ 223

参考文献 ·· 226

后记 ·· 243

图表目录

图 1-1　本书主要内容框架⋯⋯⋯⋯⋯⋯⋯⋯⋯⋯⋯⋯⋯⋯⋯⋯　14
图 2-1　理论框架示意图⋯⋯⋯⋯⋯⋯⋯⋯⋯⋯⋯⋯⋯⋯⋯⋯⋯　43
图 3-1　性别角色观念的队列变化⋯⋯⋯⋯⋯⋯⋯⋯⋯⋯⋯⋯⋯　62
图 3-2　性别角色观念总指数的队列变化⋯⋯⋯⋯⋯⋯⋯⋯⋯⋯　63
图 3-3　性别角色观念分维度的队列变化⋯⋯⋯⋯⋯⋯⋯⋯⋯⋯　63
图 3-4　分城乡性别角色观念的队列变化⋯⋯⋯⋯⋯⋯⋯⋯⋯⋯　65
图 3-5　受教育程度与性别角色观念的关联⋯⋯⋯⋯⋯⋯⋯⋯⋯　66
图 3-6　性别角色观念的队列预测⋯⋯⋯⋯⋯⋯⋯⋯⋯⋯⋯⋯⋯　85
图 4-1　性别角色观念的世代变迁⋯⋯⋯⋯⋯⋯⋯⋯⋯⋯⋯⋯⋯　114
图 4-2　父母与子女性别角色观念的相关性⋯⋯⋯⋯⋯⋯⋯⋯⋯　117
图 5-1　城镇 16—59 岁人口分年龄、性别劳动参与率⋯⋯⋯⋯⋯　130
图 6-1　国家机关和企事业单位负责人中的女性占比⋯⋯⋯⋯⋯　158
图 7-1　性别与性别角色观念的交互效应⋯⋯⋯⋯⋯⋯⋯⋯⋯⋯　198

表 3-1　被解释变量的描述性特征⋯⋯⋯⋯⋯⋯⋯⋯⋯⋯⋯⋯⋯　54
表 3-2　样本的队列分布⋯⋯⋯⋯⋯⋯⋯⋯⋯⋯⋯⋯⋯⋯⋯⋯⋯　55
表 3-3　控制变量的定义及分队列描述（男性，N=34 650）⋯⋯⋯　56
表 3-4　控制变量的定义及分队列描述（女性，N=36 766）⋯⋯⋯　58
表 3-5　男性性别角色观念总指数的队列效应分析⋯⋯⋯⋯⋯⋯　67
表 3-6　男性公领域性别角色观念的队列效应分析⋯⋯⋯⋯⋯⋯　70
表 3-7　男性私领域性别角色观念的队列效应分析⋯⋯⋯⋯⋯⋯　73

表 3-8	女性性别角色观念总指数的队列效应分析	76
表 3-9	女性公领域性别角色观念的队列效应分析	79
表 3-10	女性私领域性别角色观念的队列效应分析	82
表 3-11	性别角色观念总指数的两性队列差异趋势分析	86
表 3-12	职场工作维度两性队列差异的变化趋势分析	88
表 3-13	天生能力维度两性队列差异的变化趋势分析	90
表 3-14	婚嫁观念维度两性队列差异的变化趋势分析	92
表 3-15	性别分工维度两性队列差异的变化趋势分析	94
表 3-16	性别角色观念的虚拟变量分组回归结果	97
表 4-1	2014 年我国男女性别角色观念现状	113
表 4-2	子代与父母的性别角色观念	116
表 4-3	父母性别角色观念对子女性别角色观念的影响	118
表 4-4	地区平均观念对性别角色观念的影响	121
表 4-5	不同测量指标之间的稳健性分析	123
表 4-6	代际传递的世代差异与稳健性分析	125
表 5-1	各变量的描述性统计	142
表 5-2	女性自身的性别角色观念-女性劳动参与和时长回归结果	144
表 5-3	配偶的性别角色观念对女性劳动参与的 Probit 回归结果	147
表 5-4	夫妻性别观念的组合对女性劳动参与的 Probit 回归结果	148
表 5-5	区域性别意识形态对女性劳动参与的多层次 Probit 回归结果	149
表 5-6	区域集体性别意识形态对女性劳动时长的多层次 Tobit 回归结果	151
表 6-1	党政机关、企事业单位负责人的性别分布(%)	157
表 6-2	各样本描述性分析	166
表 6-3	职务与晋升的学历构成(%)	168

表6-4 职务与晋升的性别构成(%) …………………… 168
表6-5 分职务和晋升的家务劳动时间 ………………… 169
表6-6 职务与晋升中的性别角色观念得分 …………… 170
表6-7 女性是否拥有管理职务的Probit回归结果 …… 171
表6-8 女性行政/管理职务层级的有序Probit回归结果 …… 173
表6-9 女性职务晋升的Probit回归结果 ……………… 175
表6-10 女性职务晋升期望的Probit回归结果 ………… 178
表7-1 分性别的变量均值比较 ………………………… 193
表7-2 性别角色观念对工资收入的影响 ……………… 194
表7-3 性别角色观念各维度对工资收入的影响 ……… 198
表7-4 性别角色观念影响女性收入的作用机制分析 … 201
表7-A 工具变量回归模型第一阶段结果 ……………… 205

第一章　导论

一、性别平等目标与现状

性别平等已经成为全球共识，被列为《联合国 2030 年可持续发展议程》的重要目标。[①] 其经济和社会价值不言而喻，对个体、家庭和社会发展至关重要。在宏观层面，实现性别平等不仅是经济发展的必要条件，也是实现经济社会包容性发展的目标要求。一方面，社会发展离不开妇女。女性作为劳动力人口的重要组成部分，只有充分发挥其潜力，国家才能保持竞争力并实现长期繁荣。实践证明，推动妇女参与社会和经济活动，能提高社会生产力和经济活力。另一方面，现代民主文明社会要求发展惠及全体人民，确保妇女平等分享发展成果。提高女性的经济参与度和促进性别平等有助于确保实现经济的可持续增长和包容性。对于企事业单位而言，性别平等战略也至关重要，有助于吸引和保留优秀人才，确保长期的经营绩效、韧性和生存发展。

近几十年来，妇女的社会经济地位有了显著提升，性别平等在总体上取得了进展。例如，在世界上许多国家，女性教育程度已经提高到与男性相当甚至超过男性的水平。与此同时，由于人力资本积累增加和生育率的下降，使得劳动参与和收入等方面的性别差异也有缩小趋势。然而，性别平等尚未实现，不同国家在性别平等的不同方面进展速度各异。劳动力市场的性别不平等状况仍

[①] 参见中华人民共和国中央人民政府网站：http://www.gov.cn/xinwen/2020-10/01/content_5548947.htm。

是一个重大挑战。根据世界经济论坛编制的《全球性别差距报告》，性别平等进程已经放缓，在过去十年甚至停滞不前。2023年报告显示，按照目前的进展速度，缩小全球性别差距需要130多年，远超之前的预期。尤其是在东亚和太平洋地区，性别平等的进展已经停滞了十年以上。在146个国家中，中国性别平等指数为67.8%。[①]

性别平等总体上的进步是因为教育程度性别差距的进一步缩小，但劳动力市场的性别差距仍然很大且根深蒂固。女性和男性倾向于在不同的职业中工作，玻璃天花板仍然存在并阻碍妇女的职业发展，母职惩罚仍然是一个突出的问题，由此导致市场有酬劳动供给和薪酬方面的性别差距持续存在。

随着经济的快速增长和发展，中国社会的性别平等也取得了长足进步。联合国开发计划署发布的《2021/22年人类发展报告》显示[②]，中国的人类发展指数从1990年的0.484上升到2021年的0.768，从低人类发展指数组升至高人类发展指数组。其间，性别平等和妇女赋权（GEWE）也取得很大进展。中国女性的人类发展指数值从1995年的0.522上升到2021年的0.761（男性为0.773）。此外，2021年中国的性别发展指数（GDI）值从1995年的0.912上升到0.984，表明男女在教育、健康和经济资源支配方面的差距正在缩小。然而，劳动力性别不平等现象依然存在。2021年的性别不平等指数为0.192，其中收入方面的性别差距为33.1%，女性的平均收入只有男性的66.9%。

从新中国成立至20世纪70年代末，中国是全球推动妇女解放和性别平等最成功的国家之一。自20世纪80年代以来，随着计划经济向市场经济的转型，国家福利体制的式微和效率优先的市场逻辑的兴起，计划体制下统一的公私领域开始分离，女性逐渐脱离国家体制的庇护。这一过程中，妇女发展和性别平等状况呈现喜忧参半的现象。

一方面，随着家庭生育水平下降和教育事业的进步，新生代女性受教育程度显著提高并出现性别平等化趋势。自1999年大学扩招以来，年轻女性教育机会急剧增加。女大学生（普通本专科生）入学人数从2007年开始持续超过男

---

① 参见"Global Gender Gap Report 2023", https://www.weforum.org/reports/global-gender-gap-report-2023。

② 参见 https://hdr.undp.org/reports-and-publications。

生，2021年本科招生中女性占比高达61.04%。同时，2009—2021年间硕士研究生招生中的女性占比也超过50%。① 这表明在高等教育入学率方面，性别平等已经基本实现，甚至在西方发达国家普遍存在的教育性别差异逆转现象，近年来在中国也开始显现。

然而，另一方面，妇女的劳动参与率持续下滑，两性间的差距不断扩大。在改革开放前的计划经济时期，妇女被视为劳动力市场中男性的平等伙伴，劳动参与率一度与男性相当。但随着体制和观念的转变，劳动参与率的性别差距开始拉大。据国际劳工组织测算，2021年15—64岁女性的劳动参与率已从1990年的79.1%下降至70.8%，远低于男性的80.5%。② 同时，男女间的收入鸿沟持续存在甚至有扩大趋势（参见李实等，2014）。这与我国促进性别平等的政策目标和承诺形成了鲜明对比。

自1949年以来，《中国共产党章程》承认女性在生活的各个领域与男性享有平等地位。1968年，毛主席提出"妇女能顶半边天"。随后，我国政府通过扩大公共托育服务和社会保障制度来确保妇女的劳动力参与。20世纪90年代后重新强调对两性平等的关注。1992年颁布的《中华人民共和国妇女权益保障法》保障妇女在政治、教育、有偿劳动、财产所有权、婚姻家庭等领域的平等权利。2005年对该法做了修订，进一步明确规定服务合同或协议中任何限制女工结婚或怀孕行为的规定都是禁止的。此外，自2008年起生效的《中华人民共和国劳动合同法》和《中华人民共和国就业促进法》，规定禁止任何基于性别以及地域、种族或宗教信仰的歧视。除了制定法律规章以及规划外，我国政府还积极加入关于性别平等的主要国际公约。包括1995年在北京举行的第四次妇女问题世界会议。中国批准了1951年的《同工同酬公约》以及国际劳工组织1958年、1988年和2006年的《就业和职业歧视公约》。

劳动力市场的性别不平等是一个持续存在且备受关注的问题。国内外学者基于人力资本和性别歧视的经典分析框架，对这一议题进行了大量研究，旨在揭示性别差异的根源。这些根源涵盖了教育、职业选择、在职培训、工作时间

---

① 资料来源于相应年份的《中国教育统计年鉴》。
② 详见 https://data.worldbank.org。

和经验、家务分工等多个方面，以及劳动力市场的性别歧视(Blau and Kahn, 2017)。尽管我们对劳动力市场性别差异及其形成机制的理解在不断深化，并且在某些领域，如高等教育，性别差异正在缩小甚至发生逆转，但"性别平等革命"的进展却显得迟缓。

传统的经济理论已无法全面解释持续存在的性别差距，这促使学术界寻找替代性解释因素，并激发了新的研究思路和框架，以深化对性别不平等根源的认识。在所有新的解释因素中，与性别角色相关的社会规范作为一个潜在因素引起了人们的关注。相关研究发现，性别不平等，尤其是在发展中国家，深植于父权制和以男性为中心的传统文化和性别规范(Jayachandran, 2015)。这些文化习俗可能导致发展中国家的性别不平等持续存在，即使在经济社会有所发展的背景下也是如此。

社会规范赋予了女性和男性不同的角色，这使得男性和女性并没有在平等条件下或性别中立的环境中参与竞争(Lips, 2013)。性别角色观念体现在人们的想法中，反映在个人价值观和信仰以及他们周围的社会中。育儿和家务仍然被视为主要是女性的职责，而男性则主要专注于他们的职业生涯。同样，社会对男女有着难以磨灭的刻板印象，即使社会规范发生了变化，但对女性和男性的期望仍然存在差异。这些持续存在的规范对劳动力市场的选择、机会和结果产生了重大影响。换言之，即使女性和男性拥有相同的人力资本，他们也不一定能获得与人力资本理论相一致的同等回报。这意味着要理解劳动力市场的性别差异，需要结合特定的社会文化背景以及该背景下个体、家庭、市场的互动机制。

事实上，就中国文化背景而言，根深蒂固的性别刻板印象影响着人们的认知和行为，社会规范有助于我们理解劳动力市场的性别失衡。根据联合国开发计划署《2021/22年人类发展报告》中的性别社会规范指数(Gender Social Norms Index)，当前中国分别有94.01%的男性和89.92%的女性在政治、经济、教育和生育权利等领域对性别平等持有至少一种明显的偏见。例如，认为男性比女性更适合担任政治领导人、男性比女性更有权利获得工作或男性比女性更适合担任企业高管等。

基于上述观点，本书以性别规范为研究视角，在理论建构的基础上，利用翔实的全国性入户调查数据，探究性别角色观念的生成机制及其对两性劳动力市场行为和结果的影响。我们希望通过这项研究能更深入地理解劳动力市场性别不平等的成因，推动性别分层理论体系的传承与创新，并助推中国性别平等实践的优化。

二、研究问题与发展趋势

（一）核心概念界定

1. 性别差异与不平等

劳动力市场的性别不平等，不仅涉及客观上存在的差异，还涉及价值观上的"不公平"和"不合理"。比如，女性在劳动参与和工资收入上低于男性的现象，反映了两性之间的结果差异。这种差异的形成受到多种因素的影响，除了不合理的歧视因素外，还可能存在合理的成分。因此，劳动力市场的性别差异并不一定就是不公平或不合理。

本书基于劳动力市场性别差异的特征事实和研究者观察体验，对性别差异的形成机制和原因进行分析。我们所指的劳动力市场性别差异，首先是指两性在劳动行为和工资收入上的结果差异；其次，针对潜在的不平等因素，从价值观层面提出促进性别平等的政策建议。

有些学者认为，两性差异主要是由生物性因素造成的，例如女性需要生育等。促进性别平等难道是不要女人生孩子或是要男人也去生孩子吗？[①] 答案当然不会那么简单。因为我们不能简单地将性别差异归咎于生物因素。虽然生理上的差异确实存在，但社会文化和制度也可能夸大这些差异，加剧两性之间在能力、机会和结果上的差异。其中一种途径就是通过构建性别角色观念来夸大性别差异。合理的制度和政策能够破除传统文化观念对女性的束缚，拓宽男性和女性的能力和选择范围；而不合理的政策则强化传统性别角色观念及其影响。因此，性别差异并非完全由与生俱来的生物因素造成，而是可以通过社会

[①] 在笔者的前期研究过程中，确实有学者向我们提出这样的疑惑或疑问。

变革和实施相应的政策来改变的。至少在一定程度上，通过制度和政策设计，可以减轻生理因素对女性的不利影响，从而促进两性平等。

需要强调的是，本研究并不在哲学和微观家庭层面上探讨究竟何种模式的性别分工是"合理"的。我们所追求的性别平等，是建立一个以个体差异而非性别角色差异为基础的社会分工机制。这意味着所有人，无论男女，都不受既定的社会规范以及各种歧视的限制，能够在个体差异的基础上真正实现自由发展和自由决策。当然，性别平等并不意味着"男女都一样"，而是指他们在机会、权利、责任、义务、资源、待遇和评价方面，不应由他们生来是男还是女来决定。

2. 性别角色观念

性别文化与制度作为社会文化的核心组成部分，与社会的其他文化制度相互影响、相互演变。在这一过程中，个体或群体的性别角色观念逐渐形成并发生变迁。在各种社会形态中，工作或任务的分配往往部分地基于性别。然而，社会分工的方式并非一成不变，而是随着时间的推移而发生变化，并因社会背景的差异而有所区别。早期的工业化和市场劳动的出现导致了有偿工作与无偿工作之间的明确区分。这种区别导致的社会分工，使得男性成为养家糊口的人，而女性成为家庭主妇。如今，这种性别分工通常被称为传统的性别角色。然而，自20世纪70年代以来，大多数国家的女性劳动参与率有了显著的提高（中国的情况较为特殊）。随着时间的推移，越来越多的夫妻开始摆脱传统的性别分工模式，双职工家庭模式逐渐成为主流。与此同时，对于传统性别角色分工的观念已经逐渐淡化，尽管女性通常仍负责与家庭相关的任务。

性别角色观念(gender role attitudes)是指对两性"合适的"社会角色、行为规范及权利、责任的态度和认知，即人们对于男女两性在社会中应扮演何种角色的看法。它是在个体或群体的社会化过程中形成和变迁的，与性别分工、劳动市场和家庭模式的变迁紧密相关。在英文文献中，与此相关的术语包括性别意识(gender ideology)、性别平等主义(gender egalitarianism)，以及性别身份认同(gender identity)等。尽管这些术语在具体含义上存在细微的差异，但它们主要源于不同学科的使用习惯，因此在某些文献中经常交替使用而未做明确的区分。本书统一采用"性别角色观念"这一术语，但在某些情况下也会参考国内文献的习惯简称为"性别观念"。

在实证研究中，主要利用个人对市场工作与家务劳动分工模式的倾向性观点加以操作化测量，并按类型学划分为传统和现代倾向的性别角色观念。当个人赞同男女之间传统的分工模式——男性承担养家糊口的角色，女性负责家庭主妇的角色时，我们将其视为具有传统的性别角色观念。相反，如果他们不赞同这种分工模式，而是倾向于更为平等的分工，则被视为持有平等主义（egalitarian）或现代的性别角色观念。

这里的"性别"是指社会性别（gender），以区别于生理性别（sex）。[①] 社会性别的基本观点是，任何一个社会中的男性或女性性别并非仅由生理因素决定，而是由后天的社会文化和制度所塑造的。实际上，性别角色观念的形成虽然受到生理因素的影响（如荷尔蒙的作用），但更多的是由社会文化因素所建构的。一般认为，性别角色观念是通过社会化的过程逐渐塑造的，个体在与其所处的环境（如父母、朋友、学校、媒体等）互动过程中逐渐内化这些观念。因此，性别角色观念既是个人特征的体现，也是社会产物。

在大多数社会中，特别是在所谓的父权制社会中，性别角色观念是等级制的。男性通常被视为养家糊口的人，而女性则被视为家庭主妇。这种传统的等级观念对劳动的性别分工、社会行为规范以及男女两性的社会身份和责任权利意识产生了直接影响。在社会中，人们会根据这种观念或价值观不断调整自己的行为模式，从而维持和强化性别等级秩序。因此，男女两性之间的差异在一定程度上源于性别角色观念的不同。

本书从社会性别的视角出发，关注个体与市场、社会、家庭互动及社会化

[①] 社会性别（gender）一词最先由美国人类学家盖尔·鲁宾（Gayle Rubin）于1975年提出。她将社会性别定义为"一种由社会强加的两性区分"，"是性别的社会关系的产物"。正是这些组织安排，将社会和文化意义强加在生理结构上，才导致了现实生活中的诸多性别不平等问题。因此，对那些与性别有关问题的关注应该从生物学意义上的差异转向其社会学意义。社会性别通常被用来指男人或女人的社会含义，即由特定文化规定的被认为是合适其生理性别身份的行为举止和形象特征，包括男女两性之间的社会关系，以及社会文化中形成的属于女性或男性的社会角色的行为准则、社会期望、权利义务、社会责任和社会地位等。也就是说，社会性别的内涵要比生理性别广。

过程中性别角色观念是如何形成并影响人们的劳动力市场行为与结果，深刻认识性别分层机制及性别不平等的文化根源。通过深入研究性别角色观念在社会化过程、劳动力市场和家庭模式中的作用机制，我们可以更深入地理解性别分层的文化根源以及其对个体行为和社会结构的影响。同时，了解和改变传统的性别角色观念对于促进性别平等和推动社会发展具有重要意义。

(二) 研究现状述评

关于劳动力市场性别差异的原因，经典叙事方法强调人力资本和性别歧视的基础性解释。[①] 人力资本差异则被认为是来源于个体的"理性决策"，并认为由此导致的性别差距是"合理的"，而性别歧视则是不合理的因素。既有的研究范式和已取得的成果对性别差异的形成机制及其变化趋势具有较好的解释力，但在理论和经验分析上仍面临挑战和困境。

理论上颇具争议的根本性问题，就是生产力特征的差异（如果有的话）究竟肇因于生物性差异或个体的理性选择，还是不合理的社会文化和制度所建构的。因为男女两性在社会化成长过程中的文化环境并非性别中立，用来解释性别差距的生产力特征变量，其本身的差异也有待进一步"解释"（Lips，2013）。从这个意义上讲，两性之间即使存在人力资本差异，也并非性别不平等的根源。经验分析上的困境，就在于即使纳入和控制人力资本、社会资本、劳动力市场和家庭结构，以及其他所有的可观测变量，依然有大部分性别差距无法解释。由此，不得不质疑：我们是不是忽视了更为重要的解释因素？影响机制又是如何产生的呢？这些困境和现实问题呼唤新的理论建构，以便拓展性别分层机制并提出相应的对策，这亦是本研究之动机。

纵观国内外研究进展，劳动力市场性别差异问题研究逐渐出现和存在两条改进路径。一是拓展人力资本理论的内涵及其对性别差距的解释作用，主要是在劳动供给主体方的因素中引入更多因素，如人格特质[②]和心理特征，包括风

---

① 性别隔离（包括职业、行业、单位等）是重要的性别分层机制，不过性别隔离也可以利用人力资本和性别歧视加以理论解释。
② 人格特质也被称为非认知技能，对应于认知技能而来，并被认为是能够获得经济回报的新的人力资本要素。

险偏好和竞争意识等。然而，这类文献仅仅是在内部完善人力资本范式，依然难以回避人格特质或心理特质是否也是社会建构的，即天生的，抑或是后天的文化塑造的。二是强调制度和性别文化对性别不平等的形塑作用，以此探究两性行为模式及差异的文化根源。对于后者而言，社会学家或女性主义学者，甚至是经济学家也很早就意识到偏好、文化规范或制度因素对性别不平等的潜在影响，但由于概念界定与测量困难而鲜有直接的证据。直至近年来，动机、观念和期望等心理特征，尤其是社会建构的性别角色观念得以实现操作化测量，使得性别分层问题的实证研究得以拓展(参见 Bertrand，2011)。

事实上，与性别角色相关的文化观念是解释性别差异的重要理论视角。社会角色理论或性别角色理论都指出，社会强加在男性和女性身上的角色期待和规范是两性社会行为差异的基础。传统文化和性别刻板印象使得家庭角色与女性相关联，社会期望她们专注于操持家务或从事传统女性职业并掌握与之相关的技能，男性则承担家庭经济支柱角色并积累获取市场资源的能力。因此，性别文化观念强有力地规范男性和女性的角色定位并鼓励投资于不同的领域，这是造成两性人力资本投资行为和能力差异，以及收入差异的重要力量。在一代又一代的儿童社会化过程中，这些性别角色观念潜移默化地内化为主体意识，并在社会生活中无意识地实践自己的社会行为，最终强化和再生产角色定位与性别结构(Eagly and Wood，1999)。

经济学家引入社会心理学的身份认同理论也推导出类似的命题。借鉴社会学和心理学概念，阿克洛夫(Akerlof)和克兰顿(Kranton)指出身份认同(identity)或自我意象(self-image)对个体效用具有直接影响(Akerlof and Kranton，2000)。与身份认同相关的效用，不仅来源于个人所属的社会类别，而且取决于个人的行为特征是否符合所属群体的社会规范。如果个体行为偏离其所属类别的行为准则，则会因认知冲突而降低身份效用(identity utility)。就性别认同而言，一旦个体有了自身的社会性别认同，便产生了自身的性别角色观念，而其他人往往从生理外观以及行为上认识这个人的社会性别属性。所以，性别角色观念是双向性的，除了自身对自己社会性别认同的属性外，还有他人对自己的看法。当我们形成自我的性别认同时，对异性的性别也就产生了认同，社会就是在此基础上产生了对女性和男性不同的社会期望。一旦人们的行为偏离主流的性别角色规范，就会被看作是异类并遭受社会其他人员的歧视或自己内心的不安。此外，身份认同是一个动态投入和强化过程，一旦认可某个角色或身份，人们会通过资源和行为投入不断强化它，同时弱化与之相冲突的身份认同(Bénabou and Tirole，2011)。例如，家庭主妇和职业女性角色是相互竞争的，当选择认可现代倾向的职业角色，女性可能通过增加教育等人力资本投入和减少家务劳动时间等方式，不断升级对职业角色的认同或承诺。性别角色观念通过影响个体效用的方式对市场劳动参与行为发挥作用，而且这种影响是持续和长期的。因而可以预见，性别角色观念能够影响两性在家庭、工作和社会生活中的行为和关系(Davis and Greenstein，2009)。

在此背景下，性别角色观念如何形成演变以及其对劳动力市场性别差异有着怎样的影响成为最近十几年性别研究领域的热点，大量研究利用社会和人口学特征解释性别角色观念的影响因素，如政治经济体制、宗教信仰，以及民族和年龄、受教育程度、婚姻和生育状况等(Davis and Greenstein，2009)。然而，上述这些因素依然不能完全解释世界各国之间性别角色观念的差异。近期一些学者转向从人类历史发展进程来寻求答案。阿莱斯纳(Alesina)等人(2013)、汉森(Hansen)等人(2015)的最新研究发现，性别角色观念源于农业生产方式及犁耕历史，并发现由传统性别分工所孕育的性别角色观念即使在几千年后仍然存在，且对当前劳动领域的性别差异状况具有显著影响。其中，社会化过程中父母观念的代际传递是性别角色观念持续存在的重要机制(Alesina, et al.，2013)。这一结论充分表明，传统性别角色观念在演化过程中具有毋庸置疑的延续性和持续影响力。

那么，作为一个具有几千年农业文明和儒学传统的国家，父权制文化对中国性别不平等的深远影响理应受到重视。事实上，中国社会性别分工模式受到文化和体制转型的深刻影响，并深嵌于社会现代化转型之中。中国本体论意义上的阴阳学说和以儒学为基石的父权社会，使得男性处于绝对的支配地位，女性则居于从属地位且主要承担相夫教子的家庭角色。自五四新文化运动以来，尤其是20世纪50年代，中国通过自上而下、多层次和具有工具性的妇女解放运动，对传统性别文化进行前所未有之改造。在国家行政力量的强制保护和"男女都一样"的性别意识作用下，性别平等取得显著成就。

城镇女性劳动参与率曾与男性相当，大量女性进入政府公共管理部门或成为农业、国有企业的劳动模范（高小贤，2005；金一虹，2006），同工同酬原则也得到普遍执行。不过，在强调男女"社会义务或贡献平等"的同时，以"去性别化"的方式模糊或掩盖了性别差异，甚至造成新的事实上的性别不平等，特别是家庭内部仍然保留传统性别分工和父权文化特征（宋少鹏，2012；左际平，2005）。同时，女性扮演的更多是"辅助性劳动和重要蓄水池的角色"，在经济紧缩的情况下，妇女往往成为最早的裁员对象，被动员要求回归家庭角色。例如，改革开放前夕，由于经济发展缓慢和大批"知青"返城，城市就业压力突增，社会上曾多次讨论提出"妇女回家"和"阶段就业"，作为缓减失业问题的方案（宋少鹏，2011）。何况市场转型和制度变迁以来，中国社会的性别话语发生了明显转型（吴小英，2009）。"男女都一样""妇女能顶半边天"等官方话语失去体制土壤，并在市场扩张和媒体渲染之下，性别角色观念尤其是社会分工领域的观念有复归传统的趋势（Shu and Zhu, 2012；贾云竹，马冬玲，2015；杨菊华，2017）。

综上可见，中国社会性别角色观念的传统回归与两性不平等之间存在潜在关联，这为探究性别角色观念是否以及如何影响劳动力市场性别差异提供了特殊的素材，是性别分层理论纵深发展的重要契机。厘清作为性别文化核心的性别角色观念的形成演变机制及其对劳动力市场结果的影响，是性别分层研究的一个关键问题。国内学术界对性别角色观念的变迁趋势及其影响的关注渐渐变多，但这方面的经验研究缺乏系统性并存在局限。相比之下，国内目前对性别角色观念的研究中，学者们常常关注其变迁趋势，以及性别观念对家务劳动的影响，而很少对其本身的形成演变机制及对劳动力市场性别差异的影响进行深入的理论和实证分析。

首先，现有研究关注宏观体制变革背景下性别角色观念的变迁，但大多集中于考察时期变化趋势而忽视队列差异。相关研究主要分析改革开放以来，性别话语或性别角色观念随体制改革的变迁趋势（贾云竹，马冬玲，2015；杨菊华，2017）。一些研究也从微观的个体和家庭特征角度，解释中国城乡居民性别角色观念的形成影响因素（风笑天，肖洁，2014；刘爱玉，佟新，2014；孙晓冬，赖凯声，2016）。至于性别角色观念的演变机制和持续性，有研究指出计划体制下国家行政力量对传统性别文化变革不彻底，或是市场体制下国家干预的减少，使得当前性别角色观念具有回归传统趋势（顾辉，2013）。然而，性别观念的变化必然受到年龄、时期、队列的共同影响，而队列的更替又是性别角色观念走向平等化的核心推动力。近期仅有少数研究关注到这一点，从队列视角进行了探讨（Luo，2021；Qian and Li，2020；吴愈晓等，2022）。本研究在此基础上，从性别角色观念的总体指数以及细分维度揭示队列变化。

其次，代际传递是性别文化观念传承和持续存在的首要途径，但遗憾的是，鲜有文献对中国社会情境下性别角色观念的代际传递进行专门研究。在性别角色观念影响因素的研究中，有学者已经关注到原生家庭特征在子代性别角色观念形成过程中的作用（风笑天，肖洁，2014；刘爱玉，佟新，2014）。他们都发现父母受教育程度对子代性别角色观念没有显著影响。不过，也有研究则表明，由传统的母亲（14岁时母亲未参加工作）抚养大的儿子更有可能持有传统性别角色观念（Chen and Ge，2018）。此外，胡（Hu）还发现家务性别分工模式具有代际传递性，即父母之间的家务性别分工方式对10—15岁青少年家务劳动时间具有显著影响。[①] 上述两篇文献对结果的解释或推理，都蕴含着性别文化特征的代际传递，但遗憾的是没有测量性别角色观念并提供其代际传递的直接证据。本书通过研究代际传递如何在性别角色观念形成方面发挥作用，弥补这一缺憾并为中国社会性别角色观念的持续性提供解释。

最后，尽管人们认识到性别是社会建构的，但对性别角色观念在职业选择、职业地位获得等方面的影响力的理解仍然不足。相比家庭领域，性别角色观念对市场领域性别分工及不平等状况的影响研究相对较少。大量文献发现传统性别规范对家务劳动分工具有显著影响（Kan and He，2017；佟新，刘爱玉，2015；杨菊华，2014）。而且在传统观念作用下，女性存在"性别表演"，即当她们的相对收入地位提高到一定程度后反而增加家务劳动时间来弥补违背性别认同造成的损失（刘爱玉等，2015）。与之相比，少数针对已婚女性的研究发现，传统的性别认同对其劳动参与和工资收入具有负面影响（Chen and Ge，

[①] Hu Y. 2015. Gender and children's housework time in China: Examining behavior modeling in context [J]. Journal of Marriage and Family. 77 (5): 1126-1143.

2018；Ye and Zhao，2018；续继，黄娅娜，2018）。事实上，家务劳动与市场劳动的性别分工，是性别分工议题的一体两面。在体制转型的背景下，性别角色观念回归传统可能对公私领域性别不平等的变化趋势都具有重要预测作用。因此，本研究进一步探析性别角色观念对市场劳动参与、职位获得及工资收入差距的影响，试图解释劳动力市场性别不平等的文化根源。

综上所述，劳动力市场性别差异为何持续存在，一个关键的促成因素可能在于传统性别角色观念的延续性与持续影响力。从这一基本论断出发，本书延伸和发展分析框架，不仅分析性别角色观念在体制转型、队列变迁、家庭日常以及代际互动过程中的形成演变特征，并深入探究其对女性劳动参与、职位获得和工资收入的影响，尝试对劳动力市场性别差异背后的文化机制进行探索分析。同时，通过关注中国性别角色观念复归传统趋势下的性别差异问题，也是基于中国的具体实践对性别差异问题的研究进行丰富和深化，以期更好地领悟和理解性别不平等的深层次原因。

三、研究内容与创新

（一）研究目标

在体制转型和社会结构急剧变迁背景下，作为社会分层的重要组成部分，中国劳动力市场性别差异问题引起国内外学者广泛关注。在已有的文献中，学术界主要从受教育程度等人力资本、婚姻生育模式、社会资本等个体家庭角度，以及市场化和经济发展、全球化等宏观政策制度环境的层面，对劳动力市场性别差异及其变化趋势进行了分析研究。

研究表明，在改革开放也就是市场化转型过程中，随着单位福利体制的瓦解和国家性别平等制度影响式微，性别角色观念和两性分工出现"传统回归"。原来受计划体制保护的女性，在市场化竞争下受到不公平对待（李春玲，李实，2008），尤其是与再分配中心距离较远或等级地位较低的女性，受到的性别歧视越严重（葛玉好，曾湘泉，2011；王天夫等，2008）。由此表明，随着社会转型的推进，强制性政策驱动的性别平等出现反转迹象，父权制度依旧主宰当今中国的性别关系和性别结构。

本书旨在以性别规范为切入点，利用中国综合社会调查(CGSS)和中国家庭追踪调查(CFPS)等具有全国代表性的翔实入户调查数据①，深入探究性别角色观念的生成演变机制及其对两性劳动力市场结果的影响，深化劳动力市场性别差异的成因分析，推动性别分层理论体系的传承与创新，助推中国性别平等实践的优化。

(二) 主要内容

达成和实现上述研究目标，在介绍研究背景和提炼核心研究问题，以及梳理相关理论的基础上，本书具体从以下几个路径展开研究(见图1-1)：

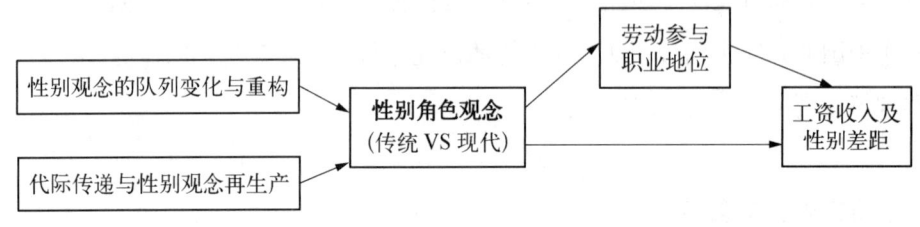

图1-1 本书主要内容框架

1. 探究国家-市场机制转型背景下性别角色观念的队列变化，并比较分析不同维度性别观念在队列变化中的差异。利用2010—2021年中国综合社会调查(CGSS)数据，我们采用分层年龄-时期-队列(HAPC)模型，对性别角色观念变化中的年龄、时期和队列效应进行分解，并特别关注性别角色观念的队列变化趋势。此外，我们还对不同维度的性别观念在队列变化中的差异进行了比较分析，揭示了性别角色观念变化的复杂性和多样性。

2. 揭示性别角色观念的代际传递机制，深入理解传统性别角色观念的持续性和延续性。通过分析家庭代际互动与社会化过程中性别角色观念的传递，我们发现了传统性别文化的持续性和延续性。利用全国性家庭亲子匹配数据，结合性别角色观念的操作化测量，我们深入探究了父亲和母亲对子女性别角色观

---

① 作者感谢中国人民大学中国调查与数据中心、北京大学中国社会科学调查中心(ISSS)提供的数据协助。

念的独立影响，从代际传递的视角揭示了传统性别角色观念及性别差异持续存在的原因。

3. **性别角色观念对女性劳动参与行为的影响及其作用机制。**为了提供更全面的视角，我们从个体、夫妻、区域三个层面综合考虑性别角色观念对女性劳动参与决策的影响。利用具有全国代表性的数据，我们考察了女性自身的性别角色观念对劳动参与（包括劳动参与和市场工作时间）的影响。同时，在控制女性自身的性别角色观念和其他相关因素的情况下，我们直接衡量男性配偶的性别角色观念以及夫妻性别角色观念的配对组合对女性（妻子）劳动参与的影响。此外，我们还探究了区域集体的性别角色观念对个体女性劳动参与行为的独立作用。

4. **探讨性别角色观念对女性职位晋升及纵向职位隔离的影响。**利用中国家庭追踪调查（CFPS）数据，分析性别角色观念对职位晋升、晋升期望以及隔离职务层级的影响及作用机制，从而解释了女性在高层管理职位代表性不足的问题。这一研究为理解女性职业发展面临的挑战提供了新的视角。

5. **整合构建综合性分析框架，弥补人力资本和性别歧视理论的不足，立足深层次的社会文化因素，从"是否"以及"如何"两个维度探究传统性别角色观念对男女收入差距的影响，为审视和理解性别收入差距的成因及其持续性提供新的视角。**不仅引入性别角色观念作为两性收入差距的一个新的解释因素，还阐述了这一观念如何通过影响人力资本等生产力特征来作用于两性收入差距的机制。这为我们深入理解生产力特征及两性收入差距的社会文化根源提供了重要启示。

最后，在总结部分，我们提炼了本书的主要结论，并对现有实践进行了反思。基于研究结果，提出了一系列缩小男女差距和促进性别平等的政策建议，以期推动性别平等实践与制度的优化和创新，为促进性别平等和社会进步提供有益的思路和方向。

（三）研究创新与价值

劳动力市场性别差异是多个学科领域经典而又极富活力的议题。尽管已有研究为剖析中国劳动力市场性别差异的成因提供了基础与方向，但理论解释的视角和路径仍有待拓宽。传统的观点往往将劳动力市场的性别差异归因于人力资本差异或性别歧视。然而，这些观点往往不足以全面解释性别差异的根源。

本研究在体制和社会转型背景下，从深层次的社会文化机制出发，拓展研究框架，为学术界和政策制定者深化理解性别差异的成因提供新的视角。本书在内容、理论和方法上具有特色和创新。

（1）内容具有系统性。从个体、家庭、社会等多个维度充分论证性别文化的再生产或生成机制，阐述传统性别角色观念在演化过程中的延续性，并透视其对劳动力市场性别差异的深层次影响。

（2）交叉学科的视角。劳动力市场性别差异问题具有多学科属性，需要融合和发挥多学科交叉研究优势。本书在这方面作出了尝试和贡献，以研究问题为导向，既有社会学的理论基础，又有人口学、经济学的研究范式，进而深化对劳动力市场性别不平等问题的认识。

（3）推动性别分层理论传承与创新。不仅引入性别角色观念作为劳动力市场性别差异的解释因素，而且拓展了人力资本、职业隔离或性别歧视对该问题的经典解释框架，阐述性别角色观念直接以及间接通过人力资本等生产力特征而作用于两性收入差距的机制。这为劳动力市场性别差异溯源提供了新的视角。

总之，本研究从深层次的社会文化机制出发，拓展研究框架，展示了传统性别角色观念的持续性及其如何决定劳动力市场经济结果的完整图景。这一研究为学术界和政策制定者深化理解性别差异的成因提供了新的视角。更好地理解劳动力市场性别差异的内在驱动机制，将有助于学术界和政策制定者更深入地理解性别差异的成因，从而具有重要的学术与应用价值。

促进两性平等与社会和谐是本研究的重要初衷，而探究劳动力市场性别不平等的根源是提出针对性建议的前提基础。构建包容平等的性别文化，从根源和骨子里促进性别平等观念的形成，是整个学界有识之士的一贯主张。本书为这个主张提供了学理依据，论证了其合理性和必要性，期望能够为解决劳动力市场性别不平等问题提供新的思路和方法，为构建更加和谐、包容的社会提供科学依据和政策建议。

四、结构安排

全书共分为八章。第一章是本书的导论部分，介绍了研究背景、国内外研究现状、研究目标与主要研究内容，以及章节内容安排等。

第二章回顾性别差异尤其是劳动力市场性别不平等的理论，构建本书的理论框架。性别不平等问题具有典型的跨学科属性，相关的多学科交叉研究对于开拓中国性别分层问题的研究视野具有启示和借鉴意义。这一章主要阐述了人力资本理论、偏好歧视和统计性歧视，以及非认知技能与偏好、性别文化观念等对劳动力市场性别不平等的解释。批判分析理论与研究方法上的问题与不足，尝试建构新的理论框架，揭示性别角色观念对劳动力市场性别差异的根源性影响与作用机制，丰富和发展了学术界对性别不平等尤其是劳动参与和工资差距成因的认识。

第三章使用七期具有全国代表性的中国综合社会调查数据（CGSS2010—2021），从性别角色观念的多维度视角出发，利用分层年龄-时期-队列（HAPC）模型分解性别角色观念在不同维度上的年龄、时期和队列效应，并考察男女性别角色观念在不同维度的队列变化模式，以期回应我国性别角色观念回归传统的论断。

第四章基于社会化和文化传承理论，构建家庭亲子匹配数据，实证探究性别角色观念社会化过程中父母与社会文化环境的独立影响。研究指出父母有意的态度传播与其他榜样共同塑造了个体的文化观念，并构成性别角色再生产的主要驱动因素。具体来说，家庭内部的社会化在子代性别角色观念的形成传播过程中具有显著影响，父亲和母亲起着同样重要的作用。同时，社会文化环境，即当地平均的性别角色观念也与个体性别角色观念显著相关。基于性别角色观念对公私领域两性行为和结果的潜在影响，这些发现意味着性别角色观念及其代际传递为解释性别差异的持续性提供了新的视角。

第五章利用中国家庭追踪调查数据，从个体、夫妻、社会三个层面探讨了性别角色观念对女性劳动供给行为的影响，丰富了关于劳动力市场性别不平等的文献。研究结果显示，女性个体持有的传统性别角色观念会显著降低其劳动参与概率，但对已就业女性的工作时长无显著影响。在夫妻或家庭层面，配偶的观念对女性就业影响有限，仅"男主外女主内"的传统性别分工观念阻碍妻子参与市场劳动，表明女性个人的态度和偏好对其就业选择影响更大。然而，夫妻双方性别观念的正向匹配会强化性别观念的作用。纳入区域层面平均的性别观念，发现传统的性别规范对女性劳动参与概率具有显著的负效应，尤其对已婚女性的劳动参与制约更大。这表明社会和文化环境对女性的劳动参与决策具有重要影响。本研究综合考虑了女性个体性别观念、家庭和社会规范，为深入理解女性劳动参与行为和劳动力市场性别不平等机制提供了新的视角，为制定完善相关的经济社会政策提供有益的微观基础。

第六章基于中国家庭追踪调查数据，探究性别角色观念对职位晋升、管理职务层级的影响，并从家庭性别分工等角度检验其作用机制，为纵向职位隔离提供新的认识。研究发现，性别角色观念对女性职业地位的获得具有显著影响。女性的性别角色观念越偏向于传统，拥有行政或管理职务的概率越低，职务层级自然也越低。

第七章立足深层次的社会文化因素，从"是否"以及"如何"两个维度探究传统性别角色观念对男女收入差距的影响。基于中国综合社会调查数据，利用工具变量等因果推断方法，研究发现性别文化规范具有双重价值属性。以"男主外女主内"为核心的传统性别角色观念，对女性的工资收入具有直接的抑制作用，但对男性收入没有显著影响。多元回归与收入差距分解结果都表明，性别角色观念对两性收入的不同影响机制是形成和影响两性收入差距的重要原因。而且性别角色观念还通过教育获得、劳动参与、工作时间及职业地位等中介机制对收入差异产生间接而又广泛的影响。研究有助于深化理解性别收入分层的社会文化机制，为教育平等化趋势下两性收入差距为何持续性存在提供新的认识，对性别平等政策具有启示意义。

第八章在提炼研究发现和结论的基础上，总结了研究不足，提出了未来值得研究的方向。结合中国的历史和现实条件，为促进性别平等，从而提高人力资源的使用效率，提出了相应的政策建议。具体包括性别意识主流化、清理阻碍性别平等的公共政策、完善反歧视的法律法规，以及加强执法等。

第二章　理论基础与研究框架

劳动力市场性别差异这一经典话题在当代社会依然是研究热点，受到国内外学者持续的关注。自英国工业革命始，社会经济领域中的性别不平等，特别是女性劳动者的平均工资低于男性的问题即进入经济学家的视野。从工场作坊时代的亚当·斯密（Adam Smith），到后工业化时代的加里·贝克尔（Gary Becker），都曾试图对劳动市场中的性别差异和不平等加以理论解释。

人力资本理论与性别歧视（包括偏见和统计性歧视）是解释性别差距的经典理论，甚至性别隔离也可以从人力资本和歧视角度加以解释。近年来，随着学科之间的交叉融合发展，相比经典的人力资本和性别歧视理论，学术界现在可以利用更多因素和机制对劳动力市场性别差异加以解释。比如拓展人力资本的内涵，纳入非认知技能、偏好对性别差异的影响，以及从观念和偏好等性别文化和规范角度解释劳动力市场性别差异。

新古典人力资本理论分析范式存在局限，受到女性主义和社会心理学研究的批判。一是忽略社会文化观念（如性别角色观念）对性别差异的直接作用。二是忽视人力资本与社会文化观念的互动作用。因为教育投入、职业选择、工作时间和工资收入是相互关联的，受到并非性别中立的社会规范的共同影响，用来解释性别差距的人力资本，其本身就需要从源头进行成因解释，而不能简单地按照既定的事实或当作理性选择对待。事实上，学术界越来越认识到研究性别差异问题需要融合多学科视角，任何单一学科的分析范式都无法完全解释性别差距（Lips, 2013；Tharenou, 2013）。当然，融合多学科研究优势，不仅仅是简单地纳入新的因素，而是需要整合和建构综合性分析框架（Tharenou, 2013），拓宽性别分层问题的研究视野。

有鉴于此，本章旨在优化传统理论分析框架，梳理和总结人力资本理论、性别歧视、非认知技能、偏好和性别文化观念对性别差异的影响机制，并批判分析理论与研究方法上的问题与不足，尝试建构新的理论框架，以期进一步开拓研究视野，为后续研究奠定理论基础，推动相关领域尤其是中国性别差异问题的研究。

一、人力资本理论

人力资本理论在分析性别差异中具有显著地位。在性别差异的研究框架中，人力资本理论作为早期解释劳动力市场的两性差异的主流理论被广泛提及。人力资本理论解释了职业和报酬差异，强调劳动供给方的原因和妇女本身自愿的选择。也就是说，人力资本理论的兴起从劳动供给角度为性别收入差距提供了解释。

在新古典人力资本框架下，收入的系统性差异是由劳动技能的差异所导致的。劳动技能是指个人投入生产过程的人力资本特征，它是天生的能力或通过教育和培训等方式获得的技能要素。在竞争性市场，劳动者把自己的技能按照均衡的市场价格出售给雇主。因此，劳动者的全部的工资收入就取决于自己所拥有的技能类型及其数量，以及各技能要素在特定职业的回报。明瑟(Mincer)和波拉切克(Polachek)[1]、波拉切克[2]以及其他经济学家发展了有关性别收入差异的人力资本解释，即女性较低的人力资本投资使她们的劳动参与率和收入水平低于男性。由于女性预期其职业生涯比男性更短，总的人力资本投资回报低，于是，女性的人力资本投资水平及投资的类型与男性存在系统差异。

学术界有关男性和女性在教育、就业和收入上的差异现象已经积累了大量的经验研究。然而，在许多西方发达国家，两性在教育水平上开始趋同甚至出

---

[1] Mincer J. and Polachek S. 1974. Family investments in human capital: earnings of women [J]. Journal of Political Economy. 82 (2): S76 – S108.

[2] Polachek S. W. 1981. Occupational self-selection: a human capital approach to sex differences in occupational structure [J]. The Review of Economics and Statistics. 63 (1): 60 – 69.

现反转，但是女性在教育水平上的赶超为其所带来的劳动力市场相对地位的提高却非常有限。人力资本理论对劳动力市场性别差异的解释力显然已经非常有限(Blau and Kahn，2017)。在研究中，学者们不断拓展人力资本的要素，如纳入工作时间、累积的工作经验等。

在此基础上，得益于赫克曼(Heckman)等学者在新人力资本理论的开创性工作，继智力因素(IQ)、数学成绩等认知能力之后，非认知技能或人格特质(personality traits)也被引入人力资本模型(Heckman, et al.，2006)。非认知技能这个术语是对应于认知能力而被提出的，其概念内涵包括人格特质。而人格特质广泛认可的测量模型是"大五"(Big Five)人格模型，包括责任心(Conscientiousness)、外倾性(Extraversion)、宜人性(Agreeableness)、情绪稳定性或神经质(Emotional Stability / Neuroticism)和经验开放性(Openness to Experience)。① 这些非认知技能被认为是个体能力禀赋的一部分，与生产率直接相关，对工资水平的直接作用就体现为技能的市场价格。同时，非认知技能也是影响教育获得、职业选择以及工作绩效的重要机制，从而间接作用于工资收入。

最新研究表明，除了传统的人力资本或认知技能的性别差异，劳动力市场性别差异也源自两性非认知能力(人格特质)及其市场回报率的差异。一些跨文化的比较研究发现，非认知技能(人格特质)的总体评价得分和维度结构的性别差异在国际范围内普遍存在。② 同时，非认知技能回报率也存在性别的差异，例如，赫克曼等人的研究发现，非认知技能对男性对数工资的净效益高于其对女性对数工资的影响，尤其是在低技能劳动力市场(Heckman, et al.，2006)。因此相关的经验研究已经跳出教育、工作经验等传统人力资本框架，利用非认知技能的差异来解释劳动力市场性别差异。这一领域的研究依然延续新古典人

---

① 责任心是五因素人格理论中最重要的因素，包括成就感，对工作敬业、认真，自律和遵守规章制度等品质。外倾性是衡量内外向性格和社交能力的指标，包括广泛社交、健谈、合群、充满热情等性格特征。宜人性是衡量能否与他人和睦相处、相互协作的指标，包括和善友好、利他与协作、值得信任等性格特征。情绪稳定性是衡量情绪化程度的指标，包括冷静、低焦虑、自信、遇事沉着等性格特征，适合于复杂、紧张的工作环境。经验开放性是衡量智慧水平的指标，包括经验丰富、富于想象力和创造力、求知欲强烈等特点。

② Schmitt D. P. et al. 2008. Why can't a man be more like a woman? Sex differences in big five personality traits across 55 cultures [J]. Journal of personality and social psychology. 94 (1)：168.

力资本理论的框架，重点是女性和男性在人格特质方面的禀赋是否不同，女性是否拥有不利于劳动力市场的特质，以及市场是否对女性和男性的人格特质给予不同的回报，从而成为性别歧视的证据。①

然而，必须提及的是，人力资本理论的一个重要假设或前提是：个体对于选择投入什么类型以及投入多少人力资源都是基于理性的考量。然而，对于社会性别而言，这些所谓的理性决策大多是在社会结构和性别规范下建构和塑造出来的，人力资本理论因此具有内在的局限性(Lips，2013)。

在社会价值观念的影响下，每个人自出生就被打上性别刻板印象，并根据不同性别的社会角色期待逐渐建构出了一套自身生产与再生产的机制。从来就没有完全脱离社会情境的、绝对理性的个人决策。即使新人力资本中的人格特征，也是在一定的社会背景下发展出来的，社会角色和文化环境对人格发展产生了重大影响。正因为如此，女性主义经济学、社会或制度经济学的观点认为，教育、经验以及人格特征不能视为外生的、可以独立对待的解释变量。因为他们认为人格特质和个体偏好是内生的，也就是说，是由社会规范无意识地塑造的。于是，人力资本究竟能否解释以及能解释多少性别差异仍然是一个问题。

二、劳动力市场性别歧视

歧视是指拥有同样生产力特征的劳动者在职业获得、工资收入或劳动条件等方面没有得到平等对待。该劳动者个体具有相同的生产率，只是由于所属的群体特征不同，如性别、年龄、民族、宗教信仰、观念、地域、出身、健康状况等。就两个群体(如男性与女性)的平均工资差异来说，一般可分解为两个部分。一是进入劳动力市场时的生产力特征存在群体差异，即前市场差异(premarket differences)。前市场差异可能是由很多因素造成的，包括前市场歧视，如女性或黑人等少数族裔无法获得平等的教育机会。二是在劳动力市场中被差别性对待，就是我们所说的劳动力市场歧视(labor market discrimination)。②

---

① 郑加梅，卿石松.2016.非认知技能、心理特征与性别工资差距 [J].经济学动态(7)：135-145.
② 在保险市场针对高风险群体或行为征收更高的保险费率，这被认为是合理的而非歧视。

歧视存在两种潜在的来源或成因。歧视的第一种来源是个人偏见，这种情况主要是由于雇主、作为同事的雇员以及顾客不喜欢与某些特定标志的雇员打交道而造成的。第二种常见的歧视来源是先入为主的统计性歧视，这种情况主要是由于雇主将某种先入为主的群体特征强加在个人身上而引起的。

建立在个人偏见基础上的模型一般都假设雇主、顾客或是雇员存在"歧视偏好"（taster discrimination）。含义是某些人宁愿承担一定的费用，也不愿与某个群体的成员打交道，否则就会导致"身心不悦"（physical disutility）。当歧视行为发生时，效用最大化的个体，要么是为此直接支付费用，要么是承担间接的成本（放弃一部分收入）。也就是说，非经济动机是理解偏见歧视的精髓。其中，贝克尔在新古典经济理论中引入外生[①]的"歧视偏好"对市场歧视的来源和程度作出了解释。[②]

"统计性歧视"，是指雇主在甄选劳动力的过程中，常面临在信息不完全或不确定的情况下作出决定，所以雇主通常会利用群体的特征来代替个人特征识别劳动力的能力。因为雇主很难知道某个求职者的实际生产率是怎样的。利润最大化的理性雇主会对群体平均能力（来源于历史的统计信息或是社会流行的观点）和观察到的个体能力（真实能力的一个替代变量，如能力测试分数）进行加权，得到个体真实能力的估计值，然后再根据这个估计的能力来进行雇佣决策并确定工资水平。

然而，群体的特征信息（比如女性）只不过是某个个体实际生产率的一种不完全的"指示器"。当雇主或社会对群体的特征存在认知偏差，或者即使群体的平均特征一致，但个体特征能力远远高于其所在群体的平均值时，就会导致不合理的结果。因此，在某种程度上，群体特征往往只是对于决策中的主观要素提供一种辅助性信息，而即使在没有个人偏见的情况下，这种主观要素也会造成歧视性的后果。

劳动力市场的性别歧视主要表现为两种形式。首先是直接的工资歧视，即女性在同一职业承担同样或类似的工作，但其获得的工资收入却低于男性。在

[①] 与米达尔（Myrdal）的种族偏见类似，贝克尔的模型中没有解释歧视偏好的产生，都假定是外生存在的。
[②] Becker G. S. 1971. The economics of discrimination [M]. Chicago：University of Chicago press.

劳动力市场，劳动者的工资水平取决于生产力特征（如受教育程度和工资经验等）及其价格（市场回报）。因此，举例来说，男女受教育程度的差异可能导致性别工资差距（这被认为是公正合理的结果），当然也可能是因为女性和男性的教育回报存在差异。后者被认为是劳动力市场存在工资歧视的证据，即生产力特征的支付价格存在系统的群体差异。换句话说，如果男女具有同等程度的生产力特征，但获得不同的工资回报，就可推断工资歧视的存在。

其次是相对于男性来说，具有同样生产力潜力的女性被市场排斥进入低收入职业或职位层次较低的工作岗位，即相对隐蔽的职业歧视。在很长的历史时期，大部分时间女性的领域都限于家庭并被限制进入劳动力市场，或被限制于某些特定职业。即使在当下的劳动市场中，经常存在的一个现象是在一些职业中男性占主导而形成"男性"职业，而在另一些职业中女性占主导并形成"女性"职业。这一现象，不管原因是什么，只要男性和女性的职业分布存在差异，就可以判断存在职业隔离。

相对职业隔离来说，职业歧视则难以检验和证明。如果职业选择受到直接的限制，由此形成的职业隔离则意味着劳动力市场存在职业歧视。否则，职业隔离有可能只是体现偏好或家庭责任的差异，是市场机制作用下的合理结果。然而，也有观点认为，职业选择偏好的差异有可能是前市场歧视（premarket discrimination）的结果，即女性进入低收入职业是因为在进入劳动力市场之前的成长阶段，社会、家庭和学校对她们进行区别对待。

就中国情况而言，在工资收入方面，性别歧视是影响性别工资差距的重要因素，学历低、职业层次低的女性劳动者受到较为严重的歧视（葛玉好，曾湘泉，2011）。在职业机会方面，很多文献发现女性在就业与晋升上与男性劳动者存在着显著差距，这些差距体现在女性缺乏向上流动的机会（宋月萍，2007），职位晋升标准对女性要求更高和职位晋升歧视等（卿石松，2011）。职业歧视并不单单造成职业分布或职位层次的差异，它必然使受歧视群体的工资下降。由于妇女被排除在某些职业之外，妇女只能挤入数量有限的职业，这就使得这些职业的工资降低到没有职业歧视所应有工资的水平之下。或者在职业或企事业单位内部，女性过度集中于工资收入较低的底层职位上，使得女性平均的工资收入低于男性。由此可见，性别歧视也是理解劳动力市场性别差异的重要理论视角。

三、偏好的性别差异

在新古典理论中,男女之间持续存在的不平等主要归因于人力资本积累方面的性别差异和对妇女的歧视。近年来,虽然这些传统因素的相关性是无可争议的,但我们对性别不平等根源的理解已经有了显著的发展。特别是,行为经济学和实验经济学的最新进展最终突出了偏好的性别差异。这些差异主要表现在:女性相比男性,更加厌恶风险、更不喜欢或不适应竞争环境。[①] 然而,由于高收入工作的挑战性、竞争性和风险压力较大,不愿承担风险的劳动者自我选择进入稳定的低收入工作。[②] 因此,男女之间风险偏好和竞争态度的系统差异就会通过职业选择行为而对性别工资差距产生重要影响。即使在同一行业或职业内部,由于女性逃避竞争,甚至不愿积极参与工资议价行为,获得的收入也会较低。以上来自自然和社会角色的差异影响到女性的偏好,进而影响到女性的行为决策,最终导致劳动力市场中的性别差异。因此,偏好或行为特征的性别差异,为性别工资差距尤其是无法被传统的生产力特征变量所解释的部分提供了新的理解。就像金泽(Kanazawa)指出的那样,如果内在的偏好存在系统的性别差异,外在因素(如性别歧视)对性别工资差距的解释是站不住脚的。[③]

然而,与人力资本一样,偏好在解释劳动力市场性别差异的研究中,并非完全是外生的变量。偏好的性别差异也可能缘于社会规范的影响,因为男女在成长过程中有意识地形成不同性别角色期待,从而形成不同的偏好或定位,也导致男女面对同一经济现象会采取不同的行为并表现出不同的结果。

(一) 风险厌恶

女性相比男性更加厌恶风险得到实验研究和抽样调查的证据支持。通过

---

① Croson R. and U. Gneezy. 2009. Gender differences in preferences [J]. Journal of Economic Literature. 47 (2): 448 – 474.
② Le A. T. et al. 2014. Attitudes toward economic risk and occupational choice [J]. Industrial Relations: A Journal of Economy and Society. 53 (4): 568 – 592.
③ Kanazawa S. 2005. Is discrimination necessary to explain the sex gap in earnings? [J]. Journal of Economic Psychology. 26 (2): 269 – 287.

博彩游戏、模拟的行为测试以及真实的行为观察等实验研究发现,风险偏好存在显著的性别差异,女性对风险的估价或参与风险行为的意愿较低。查尼斯(Charness)和格尼兹(Gneezy)对此所做的相关综述性研究中宣称,女性的风险规避程度高于男性得到实验证据的强有力支持。[1] 现实劳动力市场的抽样调查证据也表明,女性的风险偏好程度低于男性。然而,内尔松(Nelson)对此结论质疑,发现男女两性风险规避程度的统计差异并没有实质意义,因为男女之间风险规避的平均值差异不到一个标准差,在分布上超过80%是重叠的。[2] 此外,风险偏好的测量结果也可能受到实验研究框架设计的影响,同时表现出一定的种(民)族和社会文化差异。

毋庸置疑,风险规避通过职业筛选效应而对工资收入产生影响。在效用最大化决策机制中,个体的效用函数受其风险偏好的影响,由此预期风险偏好将对劳动力市场行为(如教育投资、职业选择以及工资收入等结果变量)产生显著影响。例如,博宁(Bonin)等人利用德国经济社会追踪调查数据发现,不愿承担风险的劳动者主要从事低风险职业,相应的收入变化程度也较小。[3] 类似地,福瓦尔热(Fouarge)等针对荷兰的调查数据发现,学校毕业生的风险偏好程度与初次进入职业的收入风险及就业风险高度正相关。[4] 如果毕业生风险偏好与初始职业不匹配,随后发生职业转换的概率相对较高,从而为风险偏好的职业筛选效应提供证据支持。贝勒马尔(Bellemare)和希勒(Shearer)在企业内部进行的实地实验也发现风险偏好与收入风险之间的正相关关系,风险容忍度高的人被吸引进入高风险职业。[5] 由于在其他条件一样的情况下,收入变动大的职业需要提供额外的补偿性工资,以便人们能够容忍较高的收入或就业风险。在

---

[1] Charness G. and U. Gneezy. 2012. Strong evidence for gender differences in risk taking [J]. Journal of Economic Behavior & Organization. 83 (1):50-58.

[2] Nelson J. A. 2015. Are women really more risk-averse than men? A re-analysis of the literature using expanded methods [J]. Journal of Economic Surveys. 29 (3):566-585.

[3] Bonin H. et al. 2007. Cross-sectional earnings risk and occupational sorting: the role of risk attitudes [J]. Labour Economics. 14 (6):926-937.

[4] Fouarge D. et al. 2014. Occupational sorting of school graduates: the role of economic preferences [J]. Journal of Economic Behavior & Organization. 106:335-351.

[5] Bellemare C. and B. Shearer. 2010. Sorting, incentives and risk preferences: evidence from a field experiment [J]. Economics Letters. 108 (3):345-348.

特定的职业(如风投经理人),风险偏好也会影响其工作绩效。这就意味着,风险厌恶程度较高的女性劳动者避免进入高风险职业,并获得比男性相对较低的工资收入(Bertrand,2011)。

然而,就现有证据而言,风险偏好的性别差异对性别工资差距的影响程度并不大。例如,勒(Le)等利用澳大利亚的双胞胎研究数据,在控制教育程度、年龄以及遗传基因和共同成长环境(家庭)因素之后研究发现,女性的风险厌恶程度高于男性,且风险偏好程度与收入水平正相关。[①] 其中,风险态度的评价得分(10分制量表)每增加1个单位,男性的工资收入增加3.4%,而女性的工资收入则提高2.4%。尽管风险偏好及其回报存在性别差异,但风险厌恶的性别差异仅能解释男女收入差距中的3%,影响程度并不大。这一结论的可能原因是,风险偏好的差异只能通过职业筛选效应解释一部分职业之间的性别工资差距,不能解释职业内部的性别工资差距(Blau and Kahn,2017)。

(二) 竞争意愿

在教育、求职和职位升迁等各个阶段,竞争无处不在。在同等能力条件下,竞争意识以及竞争环境下的行为反应,对竞争性资源分配结果具有重要影响。然而,实验证据表明,相比男性,女性更羞于竞争,且在竞争环境下的绩效表现也较差。因此,竞争态度的性别差异在理论上对劳动力市场行为与结果的性别差异具有广泛而深远的影响。

竞争意愿的性别差异得到大量实验研究的证据支持。在尼德勒(Niederle)和韦斯特隆德(Vesterlund)的实验研究中(要求参与者在限定时间内完成5个两位数的加法计算),尽管女性的平均成绩(答对题目的数量)在计件工资和锦标赛工资支付方式中都与男性没有显著差异,但男性随后选择锦标赛工资制度的人数是女性的两倍,即使是表现最优秀的女性选择进入锦标赛竞争的比例也很低。在排除风险厌恶和过度自信的作用之后,依然发现竞争意愿存在显著的性别差异。[②]

[①] Le A. T. et al. 2011. Attitudes towards economic risk and the gender pay gap [J]. Labour Economics. 18 (4): 555 - 561.

[②] Niederle M. and Vesterlund L. 2011. Gender and competition [J]. Annual Review of Economics. 3 (1): 601 - 630.

其他同类研究也得到类似结论。①

同时有证据表明，女性在竞争环境下的绩效表现也不如男性，尽管结论混杂且不一致。格尼兹等关于网络迷宫游戏的实验研究发现，在排除风险偏好的作用后，竞争环境（锦标赛工资制度）能够提高男性的绩效（走出迷宫的次数），而对女性的绩效没有显著影响，由此使得绩效的性别差异扩大（Gneezy, et al., 2003）。② 此后的一些研究通过改变任务内容等方式对研究结果进行了稳健性分析，金特（Günther）等的迷宫游戏验证了格尼兹等人的结论，即竞争可以改善男性的绩效而不能提高女性的绩效，不过组词游戏（用字母组成更多单词）实验研究没有得到类似的结果。③ 舒奇科夫（Shurchkov）的实验研究也包括数学和语言两项任务，但研究发现，只有在高压工作环境下（如限定完成任务的时间），男性在数学任务锦标赛中的绩效表现优于女性。④ 而在没有时间压力的环境下，女性在语言任务锦标赛中的表现甚至好于男性。在实验研究之外，男性在竞争中的表现优于女性的结论也得到实践的检验。例如，奥尔斯（Ors）等研究发现，高中和大学阶段，女生的平时成绩优于男生，但在竞争性的高中入学考试中，女生的平均成绩却低于男生。⑤ 类似地，莫林（Morin）基于外生的教育改革使得大学学习竞争加剧的背景研究发现，男生的平均绩点及按期毕业的比例明显高于女性，原因主要是男生在竞争环境下的学习努力程度大大提高。⑥

竞争态度会影响接受教育的机会以及随后的职业选择。比塞（Buser）等人

---

① Dohmen T. and Falk A. 2011. Performance pay and multidimensional sorting: productivity, preferences, and gender [J]. The American Economic Review. 101 (2): 556 - 590.
② 第一轮游戏执行计件工资制度（每完成一次迷宫获得 0.5 美元），男性和女性分别在 15 分钟内平均完成 11.2 和 9.7 次，绩效的性别差距只有 1.5 次。第二轮游戏执行赢者通吃的锦标赛薪酬制度，即只有小组排名第一的参与者才获得较高回报，结果发现，男性参与者平均完成的游戏次数增加到 15 次，女性平均的绩效没有显著提高，性别之间的绩效差距扩大到 4.2 次。
③ Günther C. et al. 2010. Women can't jump? — an experiment on competitive attitudes and stereotype threat [J]. Journal of Economic Behavior & Organization. 75 (3): 395 - 401.
④ Shurchkov O. 2012. Under pressure: gender differences in output quality and quantity under competition and time constraints [J]. Journal of the European Economic Association. 10 (5): 1189 - 1213.
⑤ Ors E. et al. 2013. Performance gender gap: does competition matter? [J]. Journal of Labor Economics. 31 (3): 443 - 499.
⑥ Morin L. 2015. Do men and women respond differently to competition? Evidence from a major education reform [J]. Journal of Labor Economics. 33 (2): 443 - 491.

针对高中生的实验研究发现,阿姆斯特丹地区高中男生的竞争意愿强于女生(Buser,et al.,2014)。排除学习能力的影响,竞争意愿较强的学生选择职业前景更好的教育轨道(数学和科学课程较多),进而对以后的职业选择产生重要影响。鲁本(Reuben)等人为竞争意愿与职业选择提供了直接的证据支持,研究发现,入学时竞争意愿较强的MBA学生毕业后进入竞争程度较大的高收入职业的概率较大。[1] 弗洛里(Flory)等进行了一项网络求职实验,首先发布不含薪酬信息的招聘广告,然后随机给予求职者一种比较稳定或竞争性的薪酬制度,研究发现女性求职者不成比例地避开竞争性薪酬的工作。[2] 类似地,萨梅克(Samek)在排除风险厌恶的影响之后的实地实验研究依然发现,竞争性的薪酬体系妨碍女性选择此类工作。[3]

综上所述,竞争意愿和行为的性别差异将通过非歧视性的选择和绩效机制影响性别工资差距。一方面,羞于竞争将通过教育和职业的自选择行为而使得女性错过获取高工资回报的工作机会。这就意味着,即使女性的能力或表现与男性一样好,也会产生性别工资差距。另一方面,则是因为竞争环境下,女性的绩效表现不如男性而导致性别工资差距。然而,竞争态度的性别差异对实际的性别工资差距有多大的解释力呢?其中,鲁本等人发现竞争意愿的性别差异能够解释男女大学生毕业后预期收入差距的18%。[4] 然而,与实验测量研究不一致,曼宁(Manning)和赛义迪(Saidi)利用1998和2004年英格兰工场雇佣关系调查数据,以绩效工资作为竞争意愿的衡量指标进行研究发现,女性接纳绩效工资的比例与男性的差距很小,竞争意愿的差异对性别工资差距的解释非常有限。[5] 麦吉(McGee)等人利用美国青年追踪调查数据也得到绩效工资制度对

---

[1] Reuben E. et al. 2017. Preferences and biases in educational choices and labour market expectations: shrinking the black box of gender [J]. The Economic Journal. 127 (604): 2153 - 2186.
[2] Flory J. A. et al. 2015. Do competitive workplaces deter female workers? A large-scale natural field experiment on job entry decisions [J]. The Review of Economic Studies. 82 (1): 122 - 155.
[3] Samek A. 2019. Gender differences in job entry decisions: a university-wide field experiment [J]. Management Science. 65 (7): 3272 - 3281.
[4] Reuben E. et al. 2017. Preferences and biases in educational choices and labour market expectations: shrinking the black box of gender [J]. The Economic Journal. 127 (604): 2153 - 2186.
[5] Manning A. and Saidi F. 2010. Understanding the gender pay gap: what's competition got to do with it? [J]. Industrial & Labor Relations Review. 63 (4): 681 - 698.

性别工资差距影响程度不大的类似结论。[1] 在竞争意愿的性别差异以及由此导致的性别工资差距方面，实验研究和劳动力市场的调查研究发现存在较大差异。原因可能是，在其他条件都被控制为一样的实验研究中，参与者对工资制度的态度和选择能够较好地衡量他们的竞争意愿，但在实际的工作生活中，工作特征和竞争环境要相对复杂，工资制度仅仅能够反映竞争的某个维度，以至于绩效工资制度的接受与否不能有效衡量劳动者的竞争意愿。另外一种可能的解释就是，调查数据分析忽视了竞争意愿通过歧视定价机制对性别工资差距的作用。因为最新的实验研究发现，雇主在锦标赛工资制度下不存在性别歧视，但在计件工资制度下则可能针对女性采取歧视性的工资定价策略。[2] 由此可见，进一步融合实验室研究与现实劳动力市场的调查研究优势，客观准确地评估竞争意识对劳动力市场行为和绩效的影响机制和程度，还有待更多和更加细致深入地研究。

(三) 工资议价

工资议价行为是劳动力市场重要的工资决定机制。新古典经济学认为，在完全竞争的劳动力市场，工资应当等于劳动者的边际产品价值，供求关系就可解释工资水平变动。然而，劳动力市场存在搜寻和匹配等摩擦性问题时，企业对工资决定特别是内部的收入分配方面具有较大的话语权和谈判权，工资水平一般由雇主的固定报价即工资公告模式或谈判模式决定。工资决定机制及其结果决定了劳资双方从工作中所获得的相对盈余份额，工资谈判自然也就成为有限资源的竞争性分配方式。调查研究显示，在美国、德国等发达国家，三分之一以上劳动岗位的工资是由劳资双方谈判决定的，尤其是那些受过高等教育或岗位技能要求相对较高的工作更是如此。[3] 这就意味着，工资水平并非完全由

---

[1] McGee A. et al. 2015. Performance pay, competitiveness, and the gender wage gap: evidence from the united states [J]. Economics Letters. 128: 35-38.
[2] Heinz M. et al. 2016. How competitiveness may cause a gender wage gap: experimental evidence [J]. European Economic Review. 90: 336-349.
[3] Brenzel H. et al. 2014. Wage bargaining or wage posting? Evidence from the employers' side [J]. Labour Economics. 29: 41-48.

市场出清时的宏观供需因素决定，工资议价是获取高工资收入的必由之路。然而，大量实验研究和调查证据表明，女性在求职以及日常工作中主动发起工资议价行为（negotiation）的概率远低于男性（Leibbrandt and List，2015），而且工资议价所得也低于男性（Bertrand，2011）。例如，斯莫尔（Small）等的实验研究发现，男性主动发起议价行为且要求高薪的概率是女性的九倍。[①] 正所谓"会哭的孩子有奶吃"，如果要想获得与男性同等的机会和资源，女性应当主动寻求而不是减少议价行为。可能的原因是，工资议价行为与社会规范所建构的女性角色存在冲突。因为参与工资谈判可能被认为是专横跋扈而不符合女性化气质，参与工资议价行为的女性甚至由此获得负面评价并产生不利的经济后果。[②]

正因为工资议价是重要的工资决定和增长机制，议价行为的性别差异是性别工资差距潜在的解释因素。它对性别工资差距的影响也来自两个方面：一是工作筛选效应，女性因为不喜欢参与工资议价，从而进入工资决定机制模糊且需要谈判决定的工作相对不足，自然也就无法获得议价盈余；二是女性即使进入由议价模式决定工资的工作岗位，但由于议价能力或结果不如男性，从而获得的谈判盈余较低而产生性别工资差距。也就是说，议价行为的性别差异使得劳动力市场观察得到的性别工资差距不依赖于人力资本的性别差异或性别歧视。尽管直接的经验证据非常有限，但相关研究为此提供了支持。例如，卡德（Card）等人使用葡萄牙数据考察了企业的工资溢价（wage premium）及其对性别工资差距的影响，并区分谈判和筛选两个渠道的相对作用。[③] 结果显示，企业之间的工资差异能够解释20%的性别工资差距。其中，大约三分之二的作用产生于筛选效应，即女性在高工资企业的代表性不足。另外三分之一的作用则是女性的谈判力量不足，因为女性所获得企业内部的工资溢价只有男性的90%。由此推理，工资议价行为及能力的差异对性别工资差距具有重要影响。

---

① Small D. A. et al. 2007. Who goes to the bargaining table? The influence of gender and framing on the initiation of negotiation [J]. Journal of personality and social psychology. 93 (4): 600-613.
② Bowles H. R. et al. 2007. Social incentives for gender differences in the propensity to initiate negotiations: sometimes it does hurt to ask [J]. Organizational Behavior and Human Decision Processes. 103 (1): 84-103.
③ Card D. et al. 2016. Bargaining, sorting, and the gender wage gap: quantifying the impact of firms on the relative pay of women [J]. The Quarterly Journal of Economics. 131 (2): 633-686.

上述研究似乎表明，提高女性的竞争意识和参与工资议价的意愿与能力，有助于降低性别工资差距。然而，需要注意的是，竞争意识受到性别角色观念和社会规范的影响，议价行为及结果也受到外部选择的影响。例如，与传统女性或平等主义者相比，传统男性可能会更自信地协商自己的收入。这类男性认为他们的性别角色要求他们成为养家糊口的人，因此他们更看重收入，并更有可能通过频繁而积极的谈判实现更高的收入。与此相反，传统妇女认为自己的角色应该是家庭主妇，不太可能参与工资谈判。即使她们进行谈判，她们也更有可能接受较低的工资。换言之，进行谈判的传统女性，尤其是为自己进行谈判的女性，违反了内化的性别角色和刻板印象。同时，考虑到劳动力市场普遍存在的性别歧视和女性的劣势地位，女性对工资议价的预期结果低于男性，由此主动减少议价行为或收窄议价空间。由此推理，男性和女性的工资议价决定和结果在很大程度上取决于文化背景。改变社会文化环境，预期将对偏好和行为的性别差异产生重要影响，最终促进性别平等和妇女发展。

四、性别角色观念的作用

（一）新古典理论的不足

综上所述，在人力新古典资本理论和性别歧视基础上，非认知技能、偏好和性别规范是劳动力市场性别差异的最新解释因素。与过去相比，学术界现在可以利用更多因素和机制对劳动力市场性别差异加以解释。特别是当女性平均的教育程度接近甚至超过男性的时候，性别差异仍有很大一部分无法被教育、工作经验及认知能力所解释，非认知技能与偏好等因素影响性别差异的研究显得尤为重要。然而，这些因素对性别差异的解释，在理论和经验研究上依然存在一些不足和改进余地。

一方面，非认知技能与偏好对性别差异的影响程度还没有一致的实验或经验证据。例如，有实验研究发现，中国社会文化背景下的风险偏好不存在显著的性别差异（周业安等，2013）。而且值得注意的是，非认知技能水平与结构的性别差异，并不一定就意味着女性总是处于劣势地位。例如，女性在人际交往或社会技能(social skills)方面的良好表现在服务行业就是一种优势。[1]

另一方面,非认知技能与偏好的性别差异是先天的还是后天形成的,仍然是颇具争议的根本性问题。在先天或生物学因素方面,一些研究强调了睾丸素在竞争意愿或风险偏好中的作用。然而,大量研究提供证据支持后天环境即文化起着一定的作用,甚至比生物因素更重要。例如,格尼兹等人研究了两种不同文化中竞争意愿的性别差异:坦桑尼亚马赛的父权社会和印度卡西的母系社会。作者指出,在父权制的马赛社会中,男性比女性的竞争意愿更高,但结果在卡西人中发生了逆转。[2] 这些发现表明,偏好的性别差异不仅源于生物学或进化的原因,还受到环境的影响。安德森(Andersen)等人提供了关于后天环境作用的更引人注目的证据(Andersen,et al.,2013)。他们研究了印度东北部母系(Khasi)和父权制(Kharbi)村庄7至15岁儿童竞争意愿的性别差异。研究表明,在这两个社会中,7岁时没有性别差异。然而,在父权制社会中,15岁的男孩比7岁的男孩更有可能参加比赛,而女孩的竞争意愿则下降。相反,在母系社会中,儿童的平均行为没有改变。布思(Booth)等人的实验研究也证明,女性的风险偏好程度受到性别组成结构及生活环境的影响。[3] 这些结果强调了社会化过程在偏好性别差异出现中所起的作用。按照性别社会化理论,作为生物个体的两性男女向社会人转变的成长过程中,社会环境(如父母、同伴、学校和大众媒体等)传递和教化有关社会文化信念和性别角色规范。个体同样加入这一社会化过程,学习和遵守社会规范,发展形成性别化的人格特质和偏好,并最终影响劳动力市场行为和结果。事实上,非认知技能并非完全由基因决定或出生后就固定不变,而是随着年龄、干预措施的调整而变化,它相比认知能力更具有可塑性。风险偏好、竞争态度和工资议价意愿也受到社会文化环境和制度的重要影响(Bertrand,2011)。类似地,莱布兰特(Leibbrandt)和李斯特(List)(2015)的实地实验证据也表明,当求职者被明确告知工资水平可以商量

---

[1] Deming D. J. 2017. The growing importance of social skills in the labor market [J]. The Quarterly journal of economics. 132(4):1593-1640.
[2] Gneezy U. et al. 2009. Gender differences in competition:evidence from a matrilineal and a patriarchal society [J]. Econometrica. 77(5):1637-1664.
[3] Booth A. et al. 2014. Gender differences in risk aversion:do single-sex environments affect their development? [J]. Journal of Economic Behavior & Organization. 99:126-154.

的情形下，工资议价行为的性别差异消失了。最近的研究更是明确指出，性别角色观念能够调节性别与工资议价行为之间的关系(Demirović, et al., 2023)。研究发现，非传统的男性和女性工人选择参加工资谈判的比例相似，但随着性别角色态度变得更加传统，这种差距急剧扩大。传统男性工人参加谈判的比例远高于传统女性工人。既然如此，非认知技能与偏好即使存在显著的性别差异，也无法在理论上完全解释性别差距的本质来源。因为非认知技能或偏好的性别差异完全可能是不合理的制度、社会规范以及预期的性别歧视的反馈作用造成的。

何况，国内相关研究发现，风险偏好和竞争意识的性别差异在中国社会并不显著。例如，卿石松(2011)以绩效工资作为竞争态度的代理指标，研究发现竞争意愿的性别差异并不显著。这一点得到张(Zhang)在云南进行的实验研究的证据支持。[①] 他发现汉族女性和男性的竞争意愿没有显著差异，但彝族女性的竞争偏好显著低于彝族男性，也低于汉族女性。文章对此的解释是，中国于20世纪50年代鼓励和提倡女性平等参与劳动力市场，提高了汉族女性的竞争意识，而边远山区的彝族女性受此影响较小。

女性教育程度不断提升但性别平等进展缓慢甚至已经停滞的事实，使得学术界日益重视性别观念和社会规范在解释性别不平等中的重要性。性别角色，这一概念是指社会文化根据个体的生物性别赋予男性或女性的相应行为、价值观或动机等，它反映了关于男性或女性各自适宜的行为方式和活动的个体认识。换言之，人们对男性或女性的期望和行为方式是不同的。普遍认为，性别角色的形成更多的是在后天的环境中逐渐塑造的，这主要表现为孩子们逐渐形成与社会性别相符的行为的过程。因此，可以说性别角色是社会文化的产物。

值得注意的是，尽管性别角色是社会文化的产物，但它也对个体和社会产生深远的影响。例如，性别角色观念可能影响个体的自我概念、自尊和动机，从而影响他们的职业选择和发展。此外，在劳动力市场中，性别规范和刻板印象可能导致雇主对男性和女性的职业选择和工作表现产生不同的期望和评价。两性在劳动力市场上的差异，反映的远不止是男女在受教育程度等人力资本水

[①] Zhang Y. J. 2019. Culture, institutions and the gender gap in competitive inclination: evidence from the communist experiment in china [J]. The Economic Journal. 129 (617): 509-552.

平，以及非认知技能或偏好上的差异这么简单。在很大程度上，其反映的是隐性性别文化在不同生物性别个体身上的显性表达，以及国家、家庭、市场之间的互动对两性关系的动态形塑过程。因此，解释劳动力市场性别差异问题，需要结合特定的社会文化情境以及该情境下家庭、市场、国家制度间的互动机制，才能真正理解隐藏于该显性性别差异背后的深层次根源。

综上所述，性别角色是解释性别不平等现象的一个重要因素。然而，要深入理解性别角色对劳动力市场性别不平等的影响，我们需要进一步探讨性别角色的起源和发展过程，并考虑如何消除社会文化中对性别角色的刻板印象，以促进个体和社会的和谐发展。

(二) 性别角色观念的起源与演变

在关注个体性别角色是如何培养和形成的过程中，我们需要首先回答性别角色的起源问题，以及它对劳动力市场性别不平等的深远影响。对于性别角色的起源，一些学者认为它可能与人类的生物性别有关，例如男性通常具有更大的肌肉量和更多的体力，而女性则通常具有更强的感知和沟通能力。然而，更多的研究指出，性别角色的形成和发展更多地受到社会文化因素的影响，例如父母对孩子的期望、教育和职业机会的有限性以及社会对性别角色的刻板印象等。

1. 性别角色观念的起源

性别角色和规范通常是由文化和历史因素形成的，一般认为不存在适用于所有国家的普遍社会规范。即使在一个国家内，特定时期或特定地区也可能存在不同的社会规范。政治经济体制、宗教信仰等因素可以部分解释性别角色观念与性别不平等的国别或地区差异。例如，坎帕(Campa)和塞拉菲内利(Serafinelli)研究发现，与女性劳动力市场结果相关的性别角色观念内生于政治经济体制(Campa and Serafinelli, 2019)。探究政治经济体制对性别角色观念的影响面临较大的挑战，因为在现实中一个国家的体制往往不是随机设计的。不过，作者巧妙地借助二战后中东欧社会主义国家的兴起这一自然实验对该问题进行了研究。该地区社会主义国家(如东德)大力鼓励妇女在家庭以外从事有偿就业，而西德等其他欧洲地区则鼓励女性在家中照顾孩子或者兼职工作。通过对比分析发现，西欧国家所形成的性别角色观念，相比中东欧地区社会主义国家的性别角色观念要传统得多。由此表明，政治经济体制与性别角色观念之间具有强烈的关系。而塞圭诺（Seguino）则使用世界价值观调查数据，发现宗教信仰与各国性别不平等的角色观念密切相关。① 因为宗教信仰可以通过对日常经济社会行为的"无形影响"而形塑人们的性别角色观念。

然而，上述这些因素依然不能完全解释世界各国之间性别角色观念和性别不平等的起源问题，近期一些学者转向从人类历史发展进程来寻求答案。来自哈佛大学的阿莱斯纳等几位学者，在他们的一篇名为《论性别角色的起源：妇女与犁》（"On the Origins of Gender Roles：Women and the Plough"）的文章中（Alesina, et al., 2013），利用前工业社会民族志数据资料，考察世界范围内不同民族群体及国家在历史上是否采用犁耕作为主要农业生产方式对其当前男女性别态度以及女性劳动参与率之间的联系。其研究结果表明，一个国家或民族群体历史上的犁耕农业生产方式实践的差异与该国或民族群体当前男女性别不平等之间具有显著的影响。其中，根源于历史文化的传统性别角色观念与妇女劳动参与、创业、政治参与度之间有显著的负向相关关系。这一发现，与丹麦著名历史学家博斯拉普（Boserup）对各国之间性别不平等的解释相吻合。②

与以上关于当前性别不平等的历史根源类似的发现也得到了来自丹麦哥本哈根大学和南丹麦大学的三位学者最新研究的证实（Hansen, et al., 2015）。但不同的是，他们的研究不仅表明犁的使用本身和犁耕文明的历史的确对现代社会的性别角色产生重要影响，而且随着历史的演进，父权制性别文化和价值观念会越来越强烈。当然，他们的证据也揭示了历史上农业的起源与发展与当前妇女社会地位和劳动参与率之间密切关联。研究发现，如果一个国家在原始社会时期从采集狩猎生产方式向农业生产方式转变时间每提前1000年，当前妇女的劳动参与率将下降4%～6%。

为什么农业起源时间的先后会影响当前的性别角色观念及世界各国的性别

---

① Seguino S. 2011. Help or hindrance? Religion's impact on gender inequality in attitudes and outcomes [J]. World Development. 39 (8)：1308-1321.
② Boserup E. 1970. Women's role in economic development [M]. New York：St Martin's Press.

不平等呢？主要源于两个性别分工机制，一是家庭内外的性别分工，一是农业生产内部或任务之间的性别分工。相比采集和狩猎生产模式，农耕需要更多的劳动力投入，农业社会的女性趋于生产更多的人口以增加劳动力供给。[①] 人口学家对此提供了相应的实证证据，表明新石器革命出现得越早或农耕文明越长的地区，拥有相对较高的人口生育率。[②] 因此，在这些社会中，妇女较早经历更高的生育水平，使得她们育儿时间增加而从事野外农业活动的时间相对较少。相应的，父权制价值观可能会变得更强。由此，农业社会不仅导致了社会的不平等，而且引起和加剧了性别不平等。除此之外，农业起源历史之所以会影响性别角色及男女平等，还源于农业生产内部或任务之间的性别分工。[③] 农业社会出现之前，妇女的采集活动为家庭提供了安全、稳定的食物来源和热量，而男子狩猎活动所捕捉的肉类并不是生存所必需的，此时女性相对独立且性别关系相对平等。相比之下，进入农业社会后，在耕作和其他重农工作中男性肌肉获得溢价，这种溢价尤其体现于谷物农业而非根作物农业。通常，这意味着女性花更多的时间在家庭领域处理谷物而不是野外农业劳动。可以说，新石器时代革命之后的农业社会，建立了以父权制为基础的新的社会规范。事实上，有证据显示，在种植谷物或新石器时代革命出现越晚的国家或地区，当今社会的性别角色更加平等（Hansen，Jensen and Skovsgaard，2015）。反之，性别分工模式就越不平等。

上述分析表明，两性关系并不是孤立的存在和发展的，性别分工是两性关系历史发展的内在结果。采集和狩猎社会的性别分工是以纯生理因素为基础的自然的分工，男人和女人各尽其能，互相协作，"原始互补"是采集社会两性关系的状态。农业社会导致家庭内部的性别分工，男人利用自己的体力优势进行粮食生产，而妇女负责抚养子女、食品加工和生产，以及其他与家庭有关的职责。结果是，女性在社会中的角色不再具有经济上的独立性而必须依赖于男

---

① Diamond J. 1987. The worst mistake in the history of the human race [M]. Worthington: Discover.
② Ashraf Q. and Galor O. 2011. Dynamics and stagnation in the malthusian epoch [J]. American Economic Review. 101 (5): 2003-2041.
③ Iversen T. and Rosenbluth F. 2010. Women, work, and politics: the political economy of gender inequality [M]. New Haven: Yale University Press.

性。这增加了家庭内部的男性的讨价还价能力,这种能力在几代人之间转化为规范和行为,并塑造了社会性别角色的文化观念。尽管工业社会的到来打破了公私领域的严格界限,女性大规模充实到劳动大军中来。但是,根源于农业社会的传统性别分工模式依然占主导地位,使男性在社会生产和经济生活中起支配性作用。总而言之,性别角色观念的起源可以追溯到早期的人类社会,受到生物学、文化、历史、经济和社会结构等多种因素的影响。现有研究证据表明,新石器时代农业革命通过其对性别分工和文化观念的影响,不仅产生父权制性别角色,并在国家政治经济体制、文化和制度的互动作用下的观念演化和强化,使得其在现代社会依然存在并对公私领域的性别分工具有持续影响力。

2. 性别角色观念的形成演变

社会学家将性别视为习得的行为和文化产生的认同,因此,性别是一个社会范畴。我们通过社会化的过程来学习性别或"做性别"(doing gender)。对许多人来说,这一过程甚至在他们出生之前就开始了,父母根据胎儿的性别并以反映文化期望和刻板印象的颜色编码和性别方式装饰即将出生的婴儿的房间,选择玩具和衣服。然后,从婴儿时期起,我们就被家庭、教育工作者、宗教领袖、同龄人和更广泛的社区所社会化,他们根据我们是男孩还是女孩的身份来教导我们在外表和行为方面的期望。媒体和流行文化在教授我们性别方面也发挥着重要作用。

性别角色观念通常被认为是通过社会化过程学到的。性别角色社会化是社会机构(如家庭、同伴、学校、工作场所和媒体)对不同性别灌输社会期望和愿望的过程,包括着装、言论、个性和行为等。受成人社会化影响的三个主要领域是工作、婚姻和为人父母。通过性别角色社会化,男性和女性能够学到什么是适合男性和女性的行为。在传统上,对女性来说,这意味着照料儿童和做家务,而对男性来说,意味着为家庭提供经济支持。人们普遍认为,青少年时期,一个人的母亲是否参与市场劳动对他或她的性别角色观念特别重要。

代际传递是性别角色观念持续存在的重要机制。代际传承一直被认为是儿童和青少年价值观念形成的核心过程。个体的信念首要地来源于上一代的文化传承,然后受到个体经验的影响而发生缓慢更新并传递至他们的下一代(Guiso, et al.，2008)。而且代际之间的生活环境越稳定，文化的代际传递及其持续性就越稳定(Giuliano and Nunn，2021)。具体到性别角色观念，通过和父母以及其他家庭成员的日常亲密互动，观察学习父母的性别分工、家庭等级以及家庭成员的性别关系，孩子学会了如何"做性别"，并潜移默化地形成与之相关的态度(Platt and Polavieja，2016)。换句话说，性别角色观念通过垂直社会化而得以在代间相传、重构并再生产。

由此可见，性别社会化复制和再生产了现实社会中的两性关系。性别社会化是将社会对性别的期待与角色加以内化的过程。在这一过程中，潜移默化地塑造着男女两性的性别角色，最后成为观察他人和塑造自我的标准和准则。除此之外，性别规范又是完成性别社会化的一种强制性力量。它以性别制度和社会习俗的形式出现在社会生活中，具有一种制度性和习俗性的意义。同时经过文化的浸染和意识形态的强化，它已经积淀在人们深层的心理结构之中，变成某种根深蒂固的东西。就这样，社会秩序按照性别规范的标准和期待来建构个体的性别角色，个体又按照这一标准和期待来塑造自己的性别角色，从而完成了性别社会化。当社会规范强化了男性和女性将扮演不同的、不平等的社会角色的预期时，它们就会复制并延续在获取资源和机会方面的性别不平等。也就是说，社会中普遍存在的性别差异并非由生理上的性别差异所决定，而是后天性别社会化的结果。

(三) 性别角色观念的影响机制

上文指出，经典的人力资本理论无法解释性别平等的停滞，从而导致学者们考虑其根本原因，例如与性别角色相关的社会规范。性别规范在不同文化中以基本相似的方式展现出来。例如，男性被期望是独立的、主动的和以市场为导向的，而女性被期望是温顺的、贤淑的和以家庭为导向的。考虑到这种规范性的期望，人们往往会主动选择或无意识地采取相应的行动来适应和遵从这种规范。这种遵从可能广泛影响个体行为和经济结果，如教育获得、专业选择、劳动参与、职位晋升，以及工资收入等。

大量研究印证支持社会规范与人们的行为有关。因为个体对社会类别(不限于性别)的归属及其对群体行为规范的认知，构成日常生活和社会互动行为的动机基础。偏离其所属社会类别的行为规范会降低效用，甚至遭受社会偏见和惩罚。其中，性别作为一个基本的社会类别，男女两性有着各自不同的角色期待和行为规范，并通过鼓励趋同、排斥异类的机制来维持和强化性别身份认同。从社会学和心理学的角度来看，符合社会规范的行为被视为从众（conformity），而对从众的抵制是有代价的（Akerlof and Kranton，2010）。如果人们的行为偏离了社会规范，他们可能会受到制裁。因此，大多数人都遵守社会规范。而且有研究表明，女性遵从性别规范的压力要超过男性。例如约翰斯顿（Johnston）等人（2014）的研究表明，父母的性别角色观念传递至女儿和儿子，但似乎只有女儿的劳动力市场结果受到性别观念的影响。

按照社会角色理论或社会结构理论，社会角色形塑了人们的观念意识，并使之采取适切的行为。在生理上，男性与女性之间的实质区别其实很少，甚至并不存在。然而，文化却夸大了这些区别，有时还无中生有。文化夸大性别差异的其中一个途径就是建构性别角色观念。我们每每按照人们的年龄、族群、国籍、外表特征等进行归类，社会性别也是其中一种归类方式。在日常行为和生活中，尽管物体或行为本身不具有性别，我们也会把很多物体和行为看作是男性化或女性化的，并在观念中为两性分配各自合适的选项。因此，社会性别角色观念具有重要影响，它是标准规范、社会地位、禁忌和特权的基础。例如，社会通常认为男性能力更强，应该得到领导权和占支配地位，女性即使不是在家里操持家务也只能做辅助性的工作。然而，这些性别联系往往弱化并贬低了个体的独特性。

事实上，性别角色观念对经济行为和结果的影响，可能在青少年甚至更早的时期就产生了。因为按照性别社会化理论（Fagot, et al., 2000），作为生物个体的两性男女向社会人转变的成长过程中，社会环境（如父母、同伴、学校和大众媒体等）传递和教化有关性别角色规范和期望。我们按照自己的认识和经验，向孩子们传授区分社会性别的重要性，使他们认识到男性和女性的二元价值观念。个体同样加入这一过程中，学习和遵守性别规范，以此支配自己的行为，并发展形成影响劳动参与的个体特征、偏好和经历的性别差异。因此，孩子们从小就知道辨别性别的重要性，他们小小年纪就开始按照性别观念来进行思考和规划自己的人生。例如，性别角色观念是影响自我能力评估与职业期望、教育期望与教育获得的重要因素(Davis and Greenstein，2009)。也就是说，男女两性早期形成的性别角色观念，将导致他们采取一些行为和决策，进而影响之后的职业行为和结果。在传统的汉文化体系中，女人被要求在家"相夫教子"。在家之外，她们的工作也应当是家庭内部工作的延伸，去照顾、服侍人。男性则是刚强、勇敢的，所以他们往往应该在外面打拼，占据关键岗位并承担养家糊口的责任。

传统性别角色观念及其持续影响是公私领域性别不平等的重要原因。最近的研究发现，童年时期形成的性别意识形态及行为习惯与之后的性别实践和工作家庭期望都有着密不可分的关系。例如，通过传承性别角色的态度，父母可以强烈影响女儿对女性在社会中的作用的态度，并通过这种渠道影响她们的教育程度和劳动力参与(Farré and Vella，2013；Johnston, et al.，2014)。

教育获得是性别角色观念影响劳动力市场性别差异的重要途径。传统性别角色观念将男性定位为"养家糊口"的角色，并形成了"男主外女主内"的劳动性别分工模式，由此造成女性人力资本投资与积累动机相对不足，进而形成和影响人力资本水平的差异。例如，来自美国的追踪调查研究发现，坚持"男主外女主内"传统性别角色观念的中学生尤其是女生，不仅教育期望较低(Davis and Pearce，2007)，而且最终实际获得的正规教育甚至是进入劳动力市场之后的在职培训也较低(Kosteas，2013)。而且在"女子不如男"，尤其是数学计算能力不如男生的传统观念作用下，促使男孩和女孩从高中阶段就开始选择不同的教育轨道(van der Vleuten, et al.，2016)。由此不难发现，传统性别角色观念通过影响教育获得的性别差异，从生命历程的早期阶段就开始形成和影响劳动力市场的性别收入差距。

性别角色观念还通过职业偏好或价值观影响性别隔离与收入不平等。与上文关于教育获得的研究一致，传统性别观念不仅影响受教育专业的选择，而且会进一步形成与某一特定性别和能力相对应的职业期望(Correll，2004)。同时，性别角色观念也形塑了男女不同的职业偏好和价值观(Sinclair and Carlsson，2013)。研究发现，持有传统性别角色观念的女性更加看重工作本身的人际关系和社会利他性，男性则希望从工作中获得物质回报、声望和地位(Diekman, et al.，2010；Su, et al.，2009)。于是，男性和女性带着这些不同的期望和偏好进入劳动力市场,由此选择不同的职业并形成性别隔离和收入差距(Okamoto and England,1999)。此外,传统性别角色观念和文化规范还妨碍女性进入管理层尤其是高层岗位(Haveman and Beresford,2012)。主要原因是社会感知或认同的女性形象与管理者角色不一致,"女管理者"可能遭受社会偏见(Eagly and Karau,2002)。最新的一项实验研究发现,未婚女性为了塑造成男性心目中的"贤妻"形象而刻意降低职业追求(Bursztyn, et al.,2017),由此必然造成纵向的职位性别隔离和收入差距。

劳动参与和市场工作时间是性别角色观念影响性别平等的另一途径。传统父权制或性别角色观念强调男女在生育功能和家庭照料能力上的差异,以此迫使女性过多地承担无报酬的家庭劳动,而且这一性别分工模式并不会因为女性资源或相对地位的上升而逆转变化。研究发现当妻子收入超过丈夫时,她们甚至会多做一些家务劳动以弥补其在劳动力市场对传统性别文化的偏离(Bertrand, et al.,2015)。家庭私领域的性别不平等,不可避免地会渗透影响到公共空间和市场领域。为了腾出时间和精力承担家庭责任,信奉传统性别角色观念的女性即便进入了劳动力市场,往往也会减少市场工作的时间(Corrigall and Konrad,2007),甚至是专司家庭角色而退出劳动力市场(Fortin,2015)。由此可见,传统文化观念同时影响私域的权力关系、公域的资源分配,并迫使女性主动或被动地接受不平等的现状。

总之,人力资本和性别歧视是理解性别收入差异的经典理论,但因低估社会建构的规范影响,而无法洞察其根源。用于解释性别差异的人力资本特征,其本身也有待"解释"和溯源。有鉴于此,本书尝试拓展经典分析框架,在人力资本和性别歧视理论基础上,进一步揭示性别角色观念对劳动力市场性别差异的根源性影响与作用机制,为性别差异溯源提供新的认识,形成较为系统的理论架构。

如图2-1所示,在传统的性别差异解释因素中,如受教育程度、劳动参与和职业地位等,它们不再是独立的外生解释变量。因为这些因素本身也受到个体内化的性别角色观念和社会建构的性别规范的影响。换言之,虽然人力资本和性别歧视理论具有经典地位,但它们并不足以解释性别差异的根源。个体内化的性别角色观念和社会建构的性别规范被低估了其影响,导致学术界对性别差异的真正原因缺乏深入理解。性别角色观念通过社会化的过程传递和教化有关社会文化信念和性别角色规范，进而影响个体的认知和非认知技能，以及偏好和行为，从而间接影响劳动力市场的性别不平等。劳动力市场的性别差异实际上是隐性性别文化在不同生物性别个体身上的显性表达，同时也是国家、家庭和市场之间互动对两性关系的动态塑造过程。值得注意的是，个体内化的性别角色观念也会直接影响工资收入和性别间的收入差距。

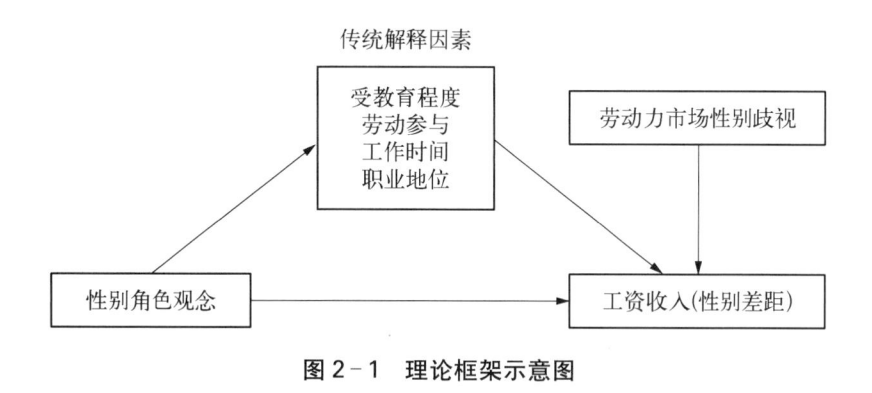

图 2-1 理论框架示意图

性别角色观念不仅在个人层面上发挥作用，国家或地区的普遍观念（通常被称为性别文化或社会规范）也会影响女性的劳动参与、职业发展以及工作与家庭生活的平衡选择。社会规范约束并指导人们的行为，塑造了人们在特定社会环境中的行为预期。我们遵循这些规则，是因为我们看到周围的人在遵循这些规则（如果别人不遵循，我们就期望其他人遵循这些规则），并且相信其他人也希望我们遵循这些规则。社会规范有别于其他行为驱动因素（如法律、道德、习俗或个人态度），因为它们是由相互依存的期望维系的。如果我们不遵循期望的行为，就会受到社会制裁（如流言蜚语、孤立、身体伤害等）。因此，一些社会规范长期支持了不平等的性别结果的存在，例如在经济参与、经济收入以及在政治机构中的代表性方面的差异。国家层面的文化和性别规范的差异被认为可以解释国家之间的性别不平等状况的差异以及这种差异的变化。

在改革开放40多年的时间里，中国经历了从计划经济主导的落后农业国家到新兴工业化的社会主义市场经济国家的快速转型，从相对孤立于世界经济体系之外到全面引领全球化的大潮。与此同时，公共领域（主要指劳动力市场）和私领域（主要指私人家庭）也出现了分离的趋势，而且这一过程还在持续，从根本上重塑了中国人的家庭生活和工作。公私领域的分离和互动造成了女性在劳动力市场和家庭中的双重劣势地位。

因此，本书试图进一步拓展研究框架，阐述性别角色观念的生成机制及其对劳动力市场性别差距的深层次影响。我们希望通过这一研究为学术界和政策制定者深化理解性别差异的成因提供新的视角，为解决劳动力市场性别不平等问题提供新的思路和方法。

第三章 性别角色观念的队列变化

一、研究缘起

迈向两性平等的现代社会需要深层的观念和行为的转变。过去，儒家文化主导下的社会对男性和女性有刻板印象。随着社会的进步和女性受教育程度的显著提升，越来越多的人开始质疑这种传统的性别角色观念，并追求平等、多样性和个体选择。然而，当前的社会和就业形势似乎减缓了性别平等的步伐，性别冲突加剧。为了更好地理解社会对性别平等的认知程度以及推动性别平等的力量，我们需要观察不同年代人群对性别角色的态度和行为的变化。这有助于揭示不同时期和不同队列的个体在性别角色观念上的差异及其背后的影响因素。

中国共产党致力于推动男女平等，中华人民共和国成立初期进行了社会主义改造，缩小了男女差距，但家庭领域的不平等仍然存在。改革开放后，女性面临全新机遇与挑战，传统角色模式被打破，但市场化进程中传统与现代诉求的平衡问题浮现。首先，市场化改变了国家性别话语的叙述方式和内容，由国家主导的性别平等话语模式转变为市场导向的模式，并与传统文化结盟，表现为一种在现代性和个体自由的诉求中利用国家、市场和传统文化的各方力量平衡作出主体选择的精打细算的应对策略（吴小英，2009）。其次，市场体制转型和性别角色模式的变迁，使得性别角色观念近年来有复归传统的趋势（杨菊华，2017）。

然而，值得注意的是，过去的研究往往只关注性别角色观念的时期变化趋势，而忽略了代际差异（Cotter, et al., 2011；Scarborough, et al., 2019）。这种做法基于一种假设，即不同的队列构成对性别角色观念的变化没有影响。然而，这种假设通常很难成立。因为观念的改变涉及时期、队列、年龄的共同影响。可以说，我们以往观察到的时期变化趋势中混入了因队列构成不同而产生的队列效应。注意到这一点的西方学者使用年龄-时期-队列（Age-Period-Cohort，APC）模型分解性别角色观念变化中年龄、时期和队列的净影响，以期解开"性别革命"停滞之谜（Shu and Meagher，2018）。

实际上，队列更替是性别角色观念走向平等化的主要机制（Brewster and Padavic，2000；Brooks and Bolzendahl，2004）。年轻一代由于受教育程度较高，且生活在更为开放的环境中，通常持有更为现代化的性别角色观念。理论上，随着年轻一代逐渐成为社会的主导力量，整个社会的性别角色观念应朝着更为平等的方向发展。然而，实际情况并不总是如此。尽管一些研究发现年轻一代更倾向于支持平等的两性关系，但也有研究指出，我国的性别角色观念似乎正在经历一种"回潮"现象（许琪，2016；杨菊华，2017）。这一现象与传统的性别角色观念有所共鸣，与队列更替理论的预期相悖。目前，对于性别角色观念的队列转变路径仍需进一步探讨。尽管已有研究从队列视角进行了初步探索，但这些研究文献要么只重点关注公领域（劳动力市场）的性别观念（Su and Ottervik，2023），或就某个指标如"男主外女主内"探讨性别分工观念的队列变化（吴愈晓，王金水，王旭洋，2022），要么考察性别角色观念的综合指数而不区分领域（闫辰聿，和红，2022）。要全面理解性别角色观念的转变，必须考虑到不同领域和维度之间的差异。不同领域或不同维度的性别角色观念及其变化趋势并不总是一致（Luo，2021；Qian and Li，2020）。不平衡的性别革命，使得性别角色观念的改变比一端是传统主义，另一端是平等主义的单一连续体更复杂。

随着对性别观念认识的深入，我们逐渐意识到它正由一维向多维（multidimensional）转变。然而，对于多维性别观念的实证研究仍然处于初级阶段，而且几乎仅限于西方社会。首先，过去对性别角色观念的研究主要通过综合指标来衡量其变化趋势（Cotter，Hermsen and Vanneman，2011；Shu and Meagher，2018；张乐，2017）。这种方法虽然能够减少单一维度波动的影响，但它无法捕捉到性别角色观念在不同维度上的变化趋势和相对差异。这限制了我们对性别角色观念的异质性和复杂性的深入理解（Scarborough，Sin and

Risman，2019）。其次，性别观念的多维性在公领域和私领域之间存在显著差异（Fan and Qian，2022）。特别是在"性别革命"停滞的背景下，学者们发现公、私领域的性别角色观念存在不均衡性（Qian and Li，2020）。此外，国内的研究结论显示，性别角色观念在某些维度上出现了"回潮"趋势，尤其是在家庭分工方面（贾云竹，马冬玲，2015；许琪，2016；杨菊华，2017）。然而，我们不能仅从个别维度的变化推断出整体趋势，因为社会系统的各个部分是相互依存的，工作中的性别不平等也会影响家庭中的性别不平等（Cech，2013；Jacobs and Gerson，2016；Pepin and Cotter，2018）。因此，只关注私领域的观念"回潮"会忽视对公领域的认知。综上所述，将性别角色观念视为一个多维概念，能够更全面、完整地考察不同维度的变化趋势。

为此，本章将利用七期中国综合社会调查数据（CGSS2010－2021），采用分层年龄-时期-队列（Hierarchical Age-Period-Cohort，HAPC）模型来分析性别角色观念中的年龄、时期、队列效应。我们将重点考察我国性别角色观念在不同维度上的队列变化趋势，并探讨男女性别角色观念的队列差异及差异的变化趋势。此外，我们还将研究教育对性别角色观念的影响是否存在男女差异。希望通过这些研究，更好地了解新时期我国性别关系的动态发展，丰富性别研究的本土化理论。在传统观念受到挑战、新观念尚未完全确立的当下，队列变化显得尤为重要。不同的出生队列成长于不同的社会背景和文化环境，这直接影响了他们的性别角色观念的形成和发展。理解这种变化不仅可以帮助我们更好地理解当前的社会现象，还可以为未来的政策制定提供依据。

本研究在多个方面展现了其独特的价值和特色：首先，不仅将性别角色观念视为一个多维度的意识形态，而且综合考察了不同维度在队列间的变化趋势。这一视角极大地拓宽了我们对性别角色观念发展趋势的理解，使我们能更全面地审视这一复杂的社会现象。其次，研究方法也是本研究的亮点。通过利用HAPC模型，对性别角色观念的队列变化趋势及影响因素进行了细致的分解。这一方法不仅弥补了以往研究集中关注时期变化趋势的不足，还对传统的性别现代化理论进行了补充和完善，特别是关于性别角色观念线性发展的观点。最后，本研究还深入探讨并比较了性别角色观念在男性和女性之间的变化趋势。这不仅丰富了我们对性别角色观念变化的认识，还有助于我们更深入地理解性别不平等现象的根源和动态。

总体而言，本研究为我们提供了一个全新的视角来审视和理解性别角色观念在队列推进中的发展趋势。这不仅有助于我们更好地理解和预测社会中性别不平等现象的变化，还能为相关的政策制定提供宝贵的科学依据。

二、理论基础与文献述评

（一）性别现代化理论

性别现代化理论源于现代化理论，该理论认为随着社会的现代化进程，性别角色观念将逐渐从传统转向现代，即趋向于平等主义（Jackson，2006）。然而，近年来，这一理论所隐含的传统到现代的线性转变假设受到了学者的质疑。自20世纪90年代中期后，性别角色观念的现代化随着"性别革命"的停滞而裹足不前（Cotter，Hermsen and Vanneman，2011；Goldscheider, et al.，2015）。这引发了对性别角色观念单向现代化过程的思考。

研究表明，"性别革命"停滞的部分原因在于性别角色观念转变的不均衡性和群体异质性（England，2010）。首先，市场公领域和家庭私领域的发展变革速度存在差异（Pepin and Cotter，2018；Scarborough, et al.，2021）。尽管人们在公领域对性别平等的支持程度有所提升，认为女性在政治参与和就业上应享受与男性同等的权利，但私领域的性别平等发展却相对滞后。这种混合了女性平等主义和传统母亲角色的性别角色观念被称为"平等-本质主义"（egalitarian essentialism）。它被认为是传统主义和现代主义之外解释性别角色观念转变的第三种文化规范，也是导致"性别革命"停滞的重要因素。其次，男女性别角色观念现代化的速度存在差异（Qian and Li，2020），男性的观念相对更为传统，这也会影响性别角色观念整体现代化的进程。这些研究不仅深化了我们对性别角色观念变化机制的理解，还为未来的政策制定提供了科学依据。

（二）生命历程理论

生命历程理论也为性别角色观念的转变提供逻辑与机制解释。它认为观念的转变受到社会背景、生活经历以及个人特征等多重因素的共同影响。具体地说，社会背景的作用体现在它如何制约和塑造个体的性别角色观念，这些观念深深地嵌在历史的脉络中。例如，上世纪女权主义的兴起使得女性得以进入劳动力市场、政治领域等传统上由男性主导的领域，从而推动了性别角色观念向更加平等的方向转变。

同时，生活经历和个人特征也在不断地塑造我们的性别角色观念。一系列重要的生活事件，如教育、婚姻、生育、迁移以及就业等，都可能在个体的生命历程中留下深刻的烙印，导致性别角色观念发生或多或少的变化。青少年和成年早期形成的性别角色观念在成年后往往保持相对稳定(Kroska and Elman, 2009)，但重要生命事件的发生可能会引发这些观念的转变。早期的社会化过程与日后的生活经历共同构建了个体的性别角色观念，也因此产生了不同出生队列(cohort)之间的差异。这种差异反映了不同历史时期和社会背景下成长的个体在性别角色观念上的独特性。

根据生命历程理论，社会背景、生活经历和个人特征对性别角色观念的影响是相互交织的，它们共同作用于个体，形成独特的性别角色观念。然而，以往的研究往往只关注这些观念随时间变化的趋势，而忽略了队列效应的影响(Luo, 2021)。这可能导致我们在观察性别角色观念转变趋势时混入了队列构成的效应，从而难以准确地揭示其背后的机制和逻辑。总而言之，性别角色观念的变化是一个复杂而多维的过程，它同时受到年龄、时期和队列等多重因素的影响。为了更深入地理解这一现象的本质和规律，我们需要综合考虑各种因素的作用及其相互关系，并重视队列效应在其中的重要作用。

其中，年龄效应(Age Effect)是指个体年龄对目标变量的影响，可以由生理上的变化、社会经验的积累、社会角色或地位的变化等因素引起，反映了个体生命历程的生物和社会过程。性别角色观念的年龄效应反映在个人生命历程中的生物和社会化过程。研究发现，在个体成长的过程中，教育、就业和收入等特征影响着人们的性别角色观念。具有启蒙作用的教育被认为是影响性别角色观念最核心的因素(Davis and Greenstein, 2009)，这主要体现在随着受教育程度的提高，社会总体的性别角色观念更趋于平等。同时，收入对性别角色观念有着正向影响，原因在于收入越高的群体拥有越多自由选择的权利，其性别观念更为开放。除上述基本的人口特征外，来自英国面板数据的分析指出，个体经历的生命事件对性别角色观念的变化有着重要影响（Perales, et al., 2019）。有研究发现已婚的女性相较于未婚女性表现出更强的传统主义（王鹏，吴愈晓，2019）；也有研究发现有孩子的母亲相较于没孩子的母亲表现出更强的传统主义，且在有生育经历的女性中，有儿子能够显著增强母亲对传统性别角色观念的认同。以上因素均反映了性别角色观念变化中的年龄效应。

时期效应（Period Effect）是指目标变量跟随时代而变化，包括一组复杂的历史事件和环境因素，通常在纵向分析中体现出来。时期效应反映了宏观层面性别角色观念的历史转变，其对性别角色观念的影响体现在观测时期的社会发展状况。在1977—1985年间，美国女性家庭性别角色观念更为平等，暗含的时期效应是更多的女性进入劳动力市场（Mason and Lu, 1988）。舒（Shu）和马尔（Meagher）（2018）利用GSS的20期截面数据发现，20世纪90年代中期美国性别角色观念停滞不前的原因有60%可归因于宏观层面因素的变化。此外，利用HAPC模型发现观测时期的经济水平、男性每周工作的小时数与性别平等的观念呈负相关，妇女的劳动参与率与其呈正相关（Shu and Meagher, 2018）。而舒和朱（Zhu）利用1995、2001和2007年世界价值观-中国调查数据发现时期效应对国内性别角色观念的影响不大，但其净效应依然不确定（Shu and Zhu, 2012）。过去几十年，我国经历了改革开放、确立市场经济体制等重大社会变革，探究性别角色观念的时期效应具有重要意义。

队列效应（Cohort Effect）是指目标变量随个体出生队列而变化。个人态度或观念是由生活早期的制度、结构和文化背景塑造的，这就导致了同一队列中价值观的相似性。就性别角色观念而言，相较于年长队列，年轻队列成长于思想更开放的社会环境中，这使得他们持有更平等的性别角色观念，这表明队列更替在推动性别角色观念变化方面发挥着主要作用（Brewster and Padavic, 2000；Brooks and Bolzendahl, 2004；Pampel, 2011）。尤其是年轻女性群体对年长女性群体的取代，显著推动了女性对性别平等主义的支持（Thijs, et al., 2017）。伴随着性别革命趋缓甚至停滞的现象，瑞士与日本的相关研究发现队列的替代效应逐渐减弱（Bornatici, et al., 2020；Piotrowski, et al., 2019）。而国内的研究多从时间的角度考察性别角色观念转变的趋势，忽略了队列构成的影响，这隐含着一个假设，即每一个观测时期，不同的队列和年龄构成对性别角色观念的转变没有影响，但这个假设往往是不合理的。

此外，研究发现国家背景在性别态度的变化中起着重要作用(Bornatici，Gauthier and Goff，2020)，性别意识受到文化和制度的深刻影响。在成长时期，如果遭受社会制度的巨大变故，个人的态度和行为将会发生深刻改变。关于德国的研究发现，在德国统一前(1949—1990年)，社会主义东德地区的性别平等程度高于资本主义的西德地区，表现在女性劳动参与率(全职工作)的比例较高等方面，性别观念也相对平等，但在统一后，原东德地区的女性劳动参与率开始下降，女性更多地从事兼职工作(Rosenfeld，et al.，2004)，性别观念变得相对传统。

再观我国，中华人民共和国成立后社会主义改造和建设，以及改革开放确立市场经济体制等一系列社会转型事件，无一不影响着人们对两性关系的态度。新中国成立前，受传统儒家文化的影响，女性被限制在家庭私领域以维持男性的统治地位(Koo，et al.，2020)。1949年后，国家和政府颁布一系列法律法规赋予女性离婚的权利、选择伴侣的自由以及获得更多工作机会的权利。1954年，《中华人民共和国宪法》明确规定："妇女在政治的、经济的、文化的、社会的和家庭的生活各方面享有同男子平等的权利。"[①] 此外，国家在一定程度上保障了女性的就业权利，鼓励女性从事与男性相同的工作，女性的产假、儿童保育、医疗保健等服务也进一步完善。这一时期，工作与家庭中的性别平等成为了重要社会议题，中国劳动分工的"去性别化"一度达到顶峰。社会制度的变革提升了社会整体性别平等的水平。然而，也有研究指出，这一时期对性别平等的关注更多聚焦于公共领域，而忽视了男女之间生理上的差异以及家庭私领域的性别不平等(Zuo and Bian，2001)。

改革开放后，党和国家积极从法律、制度等各方面赋予女性同男性平等受教育权利，女性的教育事业取得了前所未有的发展。受教育水平的提高促进了女性对平等两性关系的追求。此外，1982年《中华人民共和国宪法》、1992年《中华人民共和国妇女权益保障法》、1995年《中国妇女发展纲要(1995—2000

---

① 参见1954年《中华人民共和国宪法》第九十六条。

年)》都确定了女性与男性平等的社会生活权利。正如《中国妇女运动史话》中所说,"男女平等权利在法律层面得到进一步体现"。但与此同时,我国逐渐向市场经济转变,社会结构发生巨变。一方面,国家对女性就业和薪酬方面的直接保护减少了;另一方面,市场化程度的提高加剧了职业中的性别隔离,女性被推向弱势地位,"让女性回归家庭"的呼声一度再起。此外,我国的独生子女政策也进一步加剧了女性的家庭负担。原因可能在于提高孩子质量成为家庭育儿的重心,女性对家庭的付出被认为是对社会生产的贡献。可见,队列的转变是性别角色观念变化不可忽视的重要推动力。

国内少许考察队列构成对性别角色观念转变的研究中往往依据日历年将队列机械地划分为五年或十年一组,但这会将具有相似生活经历的人分开(Yang and Land, 2008)。而本研究结合我国体制变革的时间来划分出生队列,考察队列构成对性别角色观念转变的影响。

综上,性别角色观念的变化是一个复杂而多维的过程,受到年龄、时期和队列等多种因素的影响。社会背景、生活经历和个体特征对性别角色观念转变的影响具有交叉性,且重要性有增有减。因此,在我国背景下,分解年龄、时期、队列对性别角色观念的净影响及其变化趋势成为当前亟待解决的问题。

三、研究设计

(一)数据来源

本研究所使用的数据源自中国综合社会调查(CGSS)。CGSS对性别角色观念的测量项目自2010年起保持一致,具有较高的信度。通过多阶段分层PPS抽样,CGSS提供了全国代表性的数据支持,使得研究具有广泛的适用性和可靠性。[①]

考虑到本研究的重点在于利用HAPC模型分解性别角色观念中的年龄、时期、队列效应,我们选择了覆盖2010年至2021年的七期CGSS数据。这样的

---

① 参见CGSS官网 http://cgss.ruc.edu.cn/。

时期跨度确保了数据的丰富性和代表性，为深入分析提供了足够的数据支撑。

在数据处理方面，由于CGSS的受访者年龄在18岁及以上，我们没有对年龄进行额外的限制，以充分利用数据资源。在删除关键变量缺失的样本后，最终共获得71 416个样本，其中包括34 650名男性（占48.52%）和36 766名女性（占51.48%）。从早到晚七期（CGSS2010—2021）数据的样本量分别为10 974、11 064、10 764、9 379、11 060、11 358、6 817，占比为15.37%、15.49%、15.07%、13.13%、15.49%、15.90%、9.55%。这样的样本分布确保了研究的广泛性和深度，为全面理解性别角色观念的变化趋势和影响因素提供了有力的数据支持。

（二）变量测量

1. 被解释变量：性别角色观念

本研究的被解释变量是性别角色观念。为了准确衡量这一变量，我们采用了四道测量题目来评估受访者对于性别角色的态度：①"男性能力天生比女性强"；②"在经济不景气时，应该先解雇女性员工"；③"男人以事业为重，女人以家庭为重"；④"干得好不如嫁得好"。受访者被要求使用李克特量表法对这四个问题进行评分。为确保数据易于理解，评分进行了重新编码，1—5表示从"非常同意"到"非常不同意"。分值越高，代表性别角色观念越现代化，对性别平等的支持度越高。在此基础上，构建了一个连续型的性别角色观念总指数。

这四道题目各有侧重，涵盖了社会分工、能力观念和职场观念等多个方面。一般可将其划分为两大领域，问题③、④衡量家庭私领域的观念，分别代表性别分工、婚嫁观念维度。问题①、②衡量公领域的观念，分别代表两性天生能力、职场工作维度。本研究的分析包含性别角色观念总指数和以上四个维度的分析。其中，性别角色观念综合指数的构建，先通过因子分析法求出因子值，得到性别角色观念总指数的得分，再进一步将因子值转换为1—100的数值，[1]

---

[1] 具体转换公式为：转换后的因子值=（因子+B）×A，其中A=99/（因子最大值－因子最小值），B=（1/A）－因子最小值。

数值越大，性别角色观念越现代化，越支持男女平等。

表 3-1 展示了样本中被解释变量的总指数和不同维度的均值。可以看出，总指数的均值为 54.26，且女性高于男性。其中女性为 55.22，男性为 53.25，相差 1.97。这表明，在我们的样本中，女性对性别平等观念的支持度略高。

表 3-1 被解释变量的描述性特征

	总样本	男 性	女 性
性别角色观念总指数	54.26	53.25	55.22
职场工作	3.88	3.80	3.96
天生能力	3.08	3.04	3.12
婚嫁观念	2.94	2.98	2.91
性别分工	2.66	2.60	2.74
样本量	71 416	34 650	36 766

此外，公领域的性别角色观念（职场工作维度和天生能力维度）相对更为现代化。而私领域的性别角色观念（婚嫁观念维度和性别分工维度）则较为传统。但值得注意的是，除婚嫁观念外，女性的其他三个维度的均值都高于男性。下文将进一步探索性别角色观念在不同维度中的变化趋势，并比较男性和女性的差异。

2. 核心解释变量：出生队列

本研究的核心解释变量是出生队列，参照以往研究并结合我国体制变革的背景，依据受访者出生年份将总样本划分为六个出生队列：战争时期（1921—1948年）、中华人民共和国成立初期（1949—1955年）、"文革"前期（1956—1966年）、"文革"时期（1967—1977年）、改革开放初期（1978—1991年）、市场经济体制确立时期（1992—2003年）。需要说明的是，因 1921 年以前的出生队列样本量较少（N=29），在分析过程中便将其归入战争时期的队列中。表 3-2 展示了不同队列的基本信息。

表 3-2 样本的队列分布

出生队列	1921—1948	1949—1955	1956—1966	1967—1977	1978—1991	1992—2003
频数	11 661	9 827	15 572	15 500	14 537	4 319
百分比(%)	16.33	13.76	21.80	21.70	20.36	6.05

3. 控制变量

结合以往研究和数据的可及性，模型中也控制了其他影响性别角色观念的基本人口特征和社会经济特征变量。具体可分为三个层面：个体层面、家庭层面、宏观层面。其中个体层面的变量包含政治面貌、户口类型、民族、受教育程度、工作类型、婚姻状态。因我国城乡表现出独特的二元特性，城镇地区经济较为发达，人们更易接受平等的性别观念。

教育是性别角色观念现代化进程中最核心的推动力，高等教育总是与性别平等相联系(Zagrebina，2020)。本研究依据问卷中受访者的最高受教育程度将教育编码为连续变量①，并依据出生队列对教育变量进行中心化处理。② 工作类型编码为四类：从事非农工作、从事农业工作、目前没有工作、从未工作过。家庭层面的变量包含孩子数量、是否有儿子(有儿子＝1，没有儿子＝0)、父母的受教育年限。德罗斯(DeRose)等利用35国的数据发现家中有孩子的父母更倾向于支持传统的性别分工观念(DeRose, et al.，2019)。孙晓冬和赖凯声(2016)利用CGSS2013发现子女数量、家中有儿子会加强父母的传统性别观念，原因在于子女的出现是父母生命历程中的重要事件，是社会建构父母身份的表现，这一身份的转变对父母的性别观念起着重大影响。与此同时，也有研究从社会化理论的视角发现家庭对男性和女性在社会中适当角色的规范性信念方面起着

---

① 私塾＝2年，小学＝6年，初中＝9年，职业高中＝11年，高中、技校、中专＝12年，成人专科＝13年，大学专科＝15年，成人本科和大学本科＝16年，研究生＝20年。
② 依据出生队列对受教育年限进行中心化处理，具体实施步骤为将受访者的受教育年限减去所在出生队列受教育年限的均值。由于研究中队列的跨度较大，中心化处理有利于缓解不同队列因受教育机会不同而带来的差异，减少模型估计的误差。本研究也对父母的受教育年限变量进行了中心化处理，同与受访者本人教育的处理过程一致。

关键作用(Perales, Lersch and Baxter, 2019)。父母的社会经济特征(以受教育程度为衡量指标)对子女的性别角色观念有着积极作用。此外,性别观念的代际传递也已被国内外研究证实(Perales, Lersch and Baxter, 2019)。因此,在研究中,本研究将父母的受教育年限作为家庭社会经济地位的测量加入了模型。宏观层面的变量为区域特征,依据国家政策划分出四个区域:东部地区、中部地区、西部地区、东北地区。

表3-3和表3-4分性别和出生队列描述了控制变量的具体信息。从表中可以看出,随着队列的变化,女性的受教育年限逐渐赶上并超过男性。具体而言,在最年长的出生队列中,男性的平均受教育年限为6.97,女性为4.53,但在最年轻的队列中女性(13.26)的均值已超过男性(13.16)。这与以往的发现是一致的(陆万军,张彬斌,2016)。一方面可以看出个人受教育程度不断提高,另一方面可知男女之间的教育差异不断缩小,印证了我国女性教育事业的蓬勃发展。

表3-3 控制变量的定义及分队列描述(男性,N=34 650)

变量名	均值/百分比					
	出生队列(年)					
	1921—1948	1949—1955	1956—1966	1967—1977	1978—1991	1992—2003
年龄	73.56	62.63	53.41	42.87	30.67	21.57
政治面貌(%)						
党员	26.55	20.76	15.74	14.07	12.06	95.5
非党员	73.45	79.24	84.26	85.93	87.94	4.50
户口类型(%)						
非农户口	32.40	29.48	30.76	30.30	34.31	32.11
农业户口	67.60	70.52	69.24	69.70	65.69	67.89
民族						
汉族(%)	93.06	92.61	92.45	91.38	91.87	92.85
受教育年限	6.97	7.70	9.40	9.85	12.00	13.16

续　表

变量名	均值/百分比					
	出生队列(年)					
	1921—1948	1949—1955	1956—1966	1967—1977	1978—1991	1992—2003
工作类型(%)						
从事非农工作	5.15	18.71	49.55	67.70	78.37	45.99
从事农业工作	23.01	31.48	28.01	22.54	10.54	2.32
目前没有工作	70.64	49.01	21.68	9.26	7.33	10.12
从未工作过	1.20	0.80	0.76	0.51	3.76	41.58
婚姻状态						
已婚(%)	97.93	98.17	97.77	96.22	71.58	11.51
孩子数量	2.25	1.67	1.48	1.34	0.81	0.11
有儿子(%)	86.14	76.23	72.23	67.24	40.87	5.61
父亲受教育年限	1.86	2.42	3.66	5.44	8.00	9.48
母亲受教育年限	0.64	1.02	1.97	3.52	6.42	8.37
区域划分(%)						
东部地区	36.93	36.85	37.13	35.28	46.85	39.77
中部地区	32.42	31.06	29.85	28.66	23.75	30.49
西部地区	20.45	19.65	19.93	23.35	17.03	19.49
东北地区	10.20	12.44	13.09	12.70	12.37	10.26
调查年份(%)						
2010年	17.52	15.27	16.29	16.95	14.94	2.23
2012年	19.80	16.42	17.13	17.30	14.78	6.77
2013年	16.37	15.35	15.68	16.46	16.06	10.95
2015年	12.59	12.82	12.46	12.63	13.13	14.90
2017年	13.91	15.39	15.18	14.06	16.01	19.40
2018年	13.54	15.55	14.80	14.58	16.24	23.67
2021年	6.27	9.20	8.45	8.03	8.84	22.09
样本量	5 981	4 977	7 587	7 250	6 700	2 155

表3-4 控制变量的定义及分队列描述(女性,N=36 766)

变量名	均值/百分比 出生队列(年)					
	1921—1948	1949—1955	1956—1966	1967—1977	1978—1991	1992—2003
年龄	74.00	62.69	53.50	42.93	30.81	21.71
政治面貌(%)						
党员	9.12	6.82	5.13	5.54	7.50	5.78
非党员	90.88	93.18	94.87	94.46	92.50	94.22
户口类型(%)						
非农户口	32.61	29.38	28.94	29.38	30.83	26.76
农业户口	67.39	70.62	71.06	70.62	69.17	73.24
民族						
汉族(%)	92.82	93.48	92.45	91.31	90.47	90.34
受教育年限	4.53	5.64	7.64	8.76	11.39	13.26
工作类型(%)						
从事非农工作	2.38	6.74	24.08	50.50	58.34	39.51
从事农业工作	15.40	25.55	27.65	23.56	9.80	2.40
目前没有工作	75.06	63.07	43.92	21.19	24.73	17.47
从未工作过	6.16	4.64	4.35	4.75	7.13	40.62
婚姻状态						
已婚(%)	99.61	99.51	99.55	98.90	83.79	76.71
孩子数量	2.39	1.79	1.55	1.42	1.03	0.23
有儿子(%)	89.00	80.45	75.00	69.78	51.42	10.81
父亲受教育年限	1.77	2.49	3.56	5.35	7.71	9.03
母亲受教育年限	0.61	1.04	1.95	3.43	6.11	7.92
区域划分(%)						
东部地区	39.91	39.38	38.48	35.87	43.32	37.06
中部地区	30.48	29.65	30.52	29.54	25.93	31.19
西部地区	18.59	18.74	17.97	22.48	19.09	23.01
东北地区	11.02	12.23	13.02	12.11	11.66	8.73

续 表

变 量 名	均值/百分比					
	出生队列(年)					
	1921—1948	1949—1955	1956—1966	1967—1977	1978—1991	1992—2003
调查年份(%)						
2010 年	17.38	15.07	16.96	17.37	14.15	1.76
2012 年	16.67	14.76	14.28	15.52	14.41	7.44
2013 年	15.86	14.95	14.25	14.47	14.80	9.61
2015 年	14.56	12.93	12.65	13.72	13.19	13.68
2017 年	14.38	16.39	15.77	15.12	15.86	20.29
2018 年	15.39	16.72	16.44	14.95	16.43	22.04
2021 年	5.76	9.18	9.66	8.86	11.15	25.18
样本量	5 680	4 850	7 985	8 250	7 837	2 164

(三) 模型方法和思路

本研究意在分解性别角色观念中的年龄、时期、队列效应，以重点考察我国不同出生队列性别角色观念的变化，但因年龄、时期、队列具有完全共线性(年龄＝时期—队列)而无法使用标准回归模型独立地估计每个要素的影响，即APC模型的"识别问题"(Fosse and Winship，2019)。近些年来，对该问题比较突出的解法是杨扬和兰德提出的分层年龄-时期-队列(HAPC)模型，该模型将年龄、时期、队列放在不同的层面以打破三者的线性约束(Bell and Jones，2018；Yang and Land，2013)。HAPC模型本质上是分层模型，优势在于可以对个体层面和宏观层面的数据同时分析，并在一个模型中同时检验个体变量和宏观变量对结局变量的影响，且能够修正因数据非独立性而导致参数标准误的估计偏倚，并检验宏观变量如何调节个体变量对结局变量的影响。此外，HAPC模型可以直接用来分析微观数据。结合研究目的，文中将队列变量设为固定效应，放在模型的第一层，年龄和时期设为随机效应，放在模型的第二层。因年龄、时期和队列属于交叉关系而非嵌套关系，该模型又被称为年龄-时期-队列交叉分类随机效应模型(Yang and Land，2006)。模型的具体设定如下。

第一层模型：

$$Y_{ijk} = \beta_{0jk} + \beta_1 * Cohort_{ijk} + \beta_2 * X_{ijk} + \varepsilon_{ijk} \tag{1}$$

其中，Y_{ijk} 为属于 j 时期和队列 k 的个体 i 的性别角色观念得分，β 表示回归系数，$\varepsilon_{ijk} \sim N(0, \sigma^2)$ 是随机误差，X 代表控制变量。

第二层模型：

$$\beta_{0jk} = \gamma_0 + \mu_{0j} + \nu_{0k} \tag{2}$$

其中，β_{0jk} 为总截距，$\mu_{0j} \sim N(0, \sigma^2)$ 代表时期随机截距，$\nu_{0k} \sim N(0, \sigma^2)$ 代表年龄随机截距，γ_0 为控制时期和年龄效应的固定截距。

将以上两公式结合，可得到综合模型：

$$Y_{ijk} = \gamma_0 + \beta_1 * Cohort_{ijk} + \beta_2 * X_{ijk} + \mu_{0j} + \nu_{0k} + \varepsilon_{ijk} \tag{3}$$

需要说明的是，学者们提出了多种方法解决 APC 模型的识别问题，但每种方法都有局限性，因此研究者至少使用两种方法对 HAPC 模型结果进行验证。本研究除了使用 HAPC 模型外，也采用了两种虚拟变量分组回归法(Yang and Land，2008)，第一种为将年龄作为连续变量(将年龄、年龄的平方、年龄的立方同时加入模型中)，队列和时期作为虚拟变量纳入模型；第二种为将年龄、时期、队列均作为虚拟变量纳入模型。虚拟变量分组回归法的数学表达式如下[①]：

$$Y_{ijk} = \beta_{0jk} + \beta_1 * Cohort_{ijk} + \beta_2 * Age_{ijk} + \beta_3 * Age_{ijk}^2 +$$
$$\beta_4 * Age_{ijk}^3 + \beta_5 * X_{ijk} + \beta_6 * Period + \varepsilon_{ijk} \tag{4}$$

其中，Y_{ijk} 为属于 j 时期和队列 k 的个体 i 的性别角色观念得分，β 表示回归系数，Age 表示年龄，$Cohort$ 表示队列虚拟变量，$Period$ 表示时期虚拟变量，X 表示控制变量，ε_{ijk} 为随机误差。

本研究的具体分析思路包含三部分：(1)利用 HAPC 模型分别考察男女性别角色观念在总指数以及五个分维度的队列变化。此部分主要采用逐步回归，

---

① 因两种虚拟变量分组回归法模型类似，为节省篇幅，仅列出了第一种的数学表达式。

首先建立空模型(仅包含队列固定效应、时期和年龄的随机效应),其次在空模型的基础上加入其他控制变量。(2)利用HAPC模型对总样本进行建模,并在模型中逐步加入性别与队列的交互项、性别与教育的交互项,以考察性别角色观念的队列变化中的男女差异和差异的变化趋势,以及教育在推动两性关系平等化的过程中是否存在性别差异。(3)利用虚拟变量回归模型进行稳健性检验。鉴于APC模型的"识别问题"暂未找到学界一致认可的解决办法,本研究使用两种虚拟变量分组回归法对HAPC模型的分析结果进行稳健性检验。

四、描述性分析

(一)分队列的性别角色观念

图3-1展示了性别角色观念在总指数和四个分维度上的队列变化趋势。从图3-1-a中可以看出,随着队列的更替,性别角色观念总指数呈现上升趋势,即年轻队列比年长队列更支持性别平等,这与队列更替理论相符。在图3-1-b中,可以看到性别角色观念在四个维度上的得分均值也随着队列的年轻化呈现出上升趋势,这表明年轻队列的性别角色观念更加现代化,同样符合队列更替理论的预测。

进一步分析这四个维度,我们发现在公领域(职场工作、天生能力)的性别角色观念相对于私领域(婚嫁观念、性别分工)更为现代化。具体来说,职场工作的现代化程度在所有队列中都保持了最高的水平。从图3-1-b中可以清晰地看到,公、私领域的性别角色观念变化可以分为三个阶段:1921—1948年出生队列中,两个领域的变化均较平稳。1949—1977年出生队列中,公领域的现代化速度快于私领域。这主要得益于国家自上而下的政策推动,特别是中华人民共和国成立后,党和政府高度重视促进男女平等和妇女事业发展。这期间,女性大规模参与社会劳动、国家和社会事务的管理,国家也颁布了一系列保护妇女劳动权益的法律法规、提供托育服务缓解家庭压力,这些都进一步促进了公领域性别角色观念的现代化。1978—2003年出生队列中,公、私领域均呈现加速增长趋势。这一变化主要归因于改革开放及市场经济体制的确立,使得人们的生活环境更加自由开放。同时，我国教育事业的发展也为人们提供了更多接受平等主义的机会(Du, et al., 2021)。

此外，从图3-1中可以明显看出性别角色观念的队列变化在不同维度上存在差异，这也进一步证实了对性别角色观念进行分维度考察的必要性。

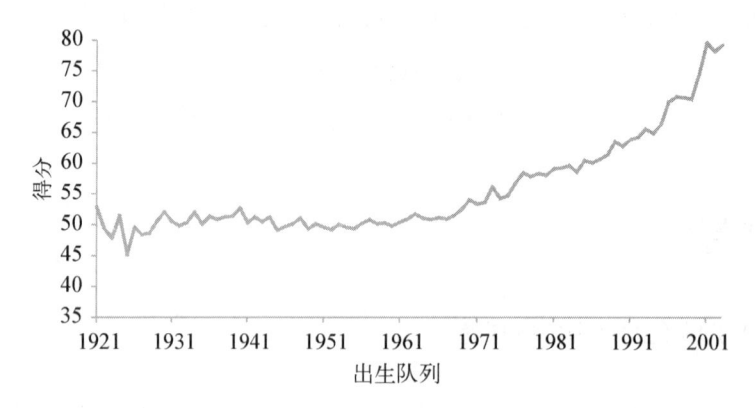

图3-1-a 总指数

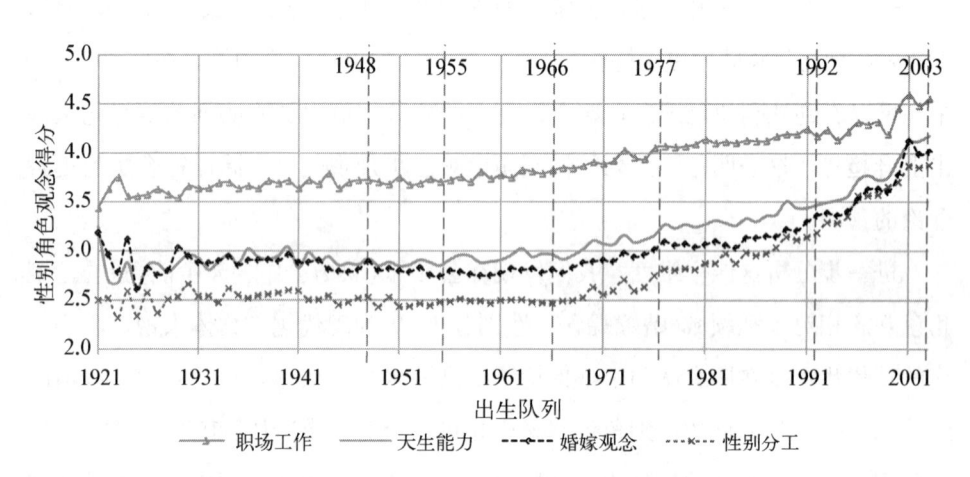

图3-1-b 分维度的性别角色观念

图3-1 性别角色观念的队列变化

（二）分男女的性别角色观念

分性别的比较发现，男性和女性的性别角色观念具有共同的现代化趋势。这一趋势在总指数和各个维度上都有所体现，具体变化趋势可见图3-2和图3-3。

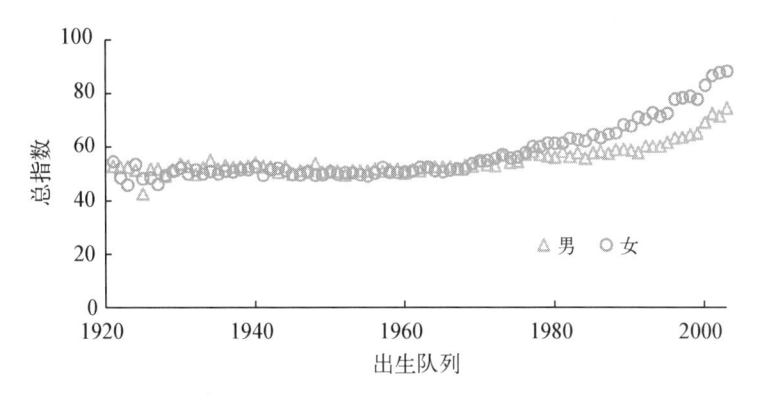

图 3-2 性别角色观念总指数的队列变化

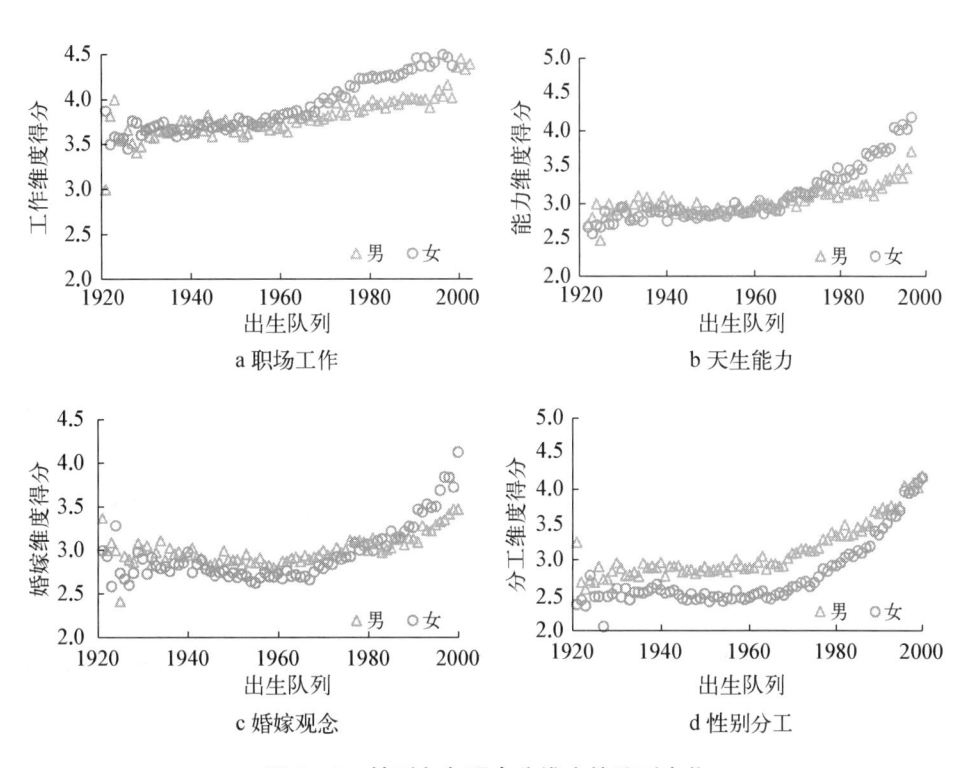

图 3-3 性别角色观念分维度的队列变化

相较于男性，女性性别角色观念显得更为现代化，而且她们的现代化速度更快。在总指数、职场工作、天生能力与婚嫁观念这四个维度上，男女之间的得分差异在 20 世纪 70 年代中期以前相对较小。然而，自这一时间点之后，这种差异开始逐渐增大。这说明在这几个维度上，男性和女性性别角色观念的转变速度和方向开始出现分歧。而在性别分工这一维度上，变化趋势与其他维度有所不同。起初，男性在这一维度上的得分高于女性，男女之间的得分差异也相对较大。但随着时间的推移，男女之间的差异逐渐缩小，并且两者在这一维度上的得分都逐渐升高。

通过以上分析，我们可以得出以下结论：男性和女性在性别角色观念上的现代化趋势是存在的，但在不同维度上，这种现代化的速度和方向存在差异。因此，为了更全面地理解性别角色观念的变化，我们需要分维度、分男女进行探讨。这样的研究方法不仅可以揭示出不同群体在性别角色观念上的差异，还能为我们理解整个社会性别角色观念的演变提供更深入的视角。

（三）分城乡的性别角色观念

城乡性别角色观念的各维度得分展现了一个明确的趋势：随着队列的年轻化，得分呈现出不断增长的趋势。在各个队列中，无论是男性还是女性，城镇居民的性别角色观念得分普遍高于乡村居民。此外，女性性别角色观念得分的增速在各个队列中均超过了同一地区的男性（见图3-4）。

这种城乡差异背后存在多方面的原因。首先，我国特有的户籍制度导致了城乡的二元分化，这种分化不仅体现在经济和社会资源上，也影响了人们的观念和态度。乡村地区由于环境限制和资源有限，更容易受到传统性别刻板印象的影响，这在一定程度上减缓了性别角色观念的现代化进程（风笑天，肖洁，2014）。其次，城镇地区由于经济和社会发展较快，人们更容易接触到新的观念和信息，这为性别角色观念的现代化提供了土壤。此外，城镇地区的教育水平普遍较高，这也有助于人们形成更为开放和包容的性别角色观念。

（四）分教育程度的性别角色观念

受教育程度对性别角色观念的影响深远，各维度的得分均随着受教育程度的提高而增加（见图3-5）。这进一步证实了教育在推动性别角色观念现代化方面的重要作用（Du, Xiao and Zhao, 2021）。值得注意的是，随着受教育程度的提高，女性性别角色观念得分的增幅普遍高于男性。

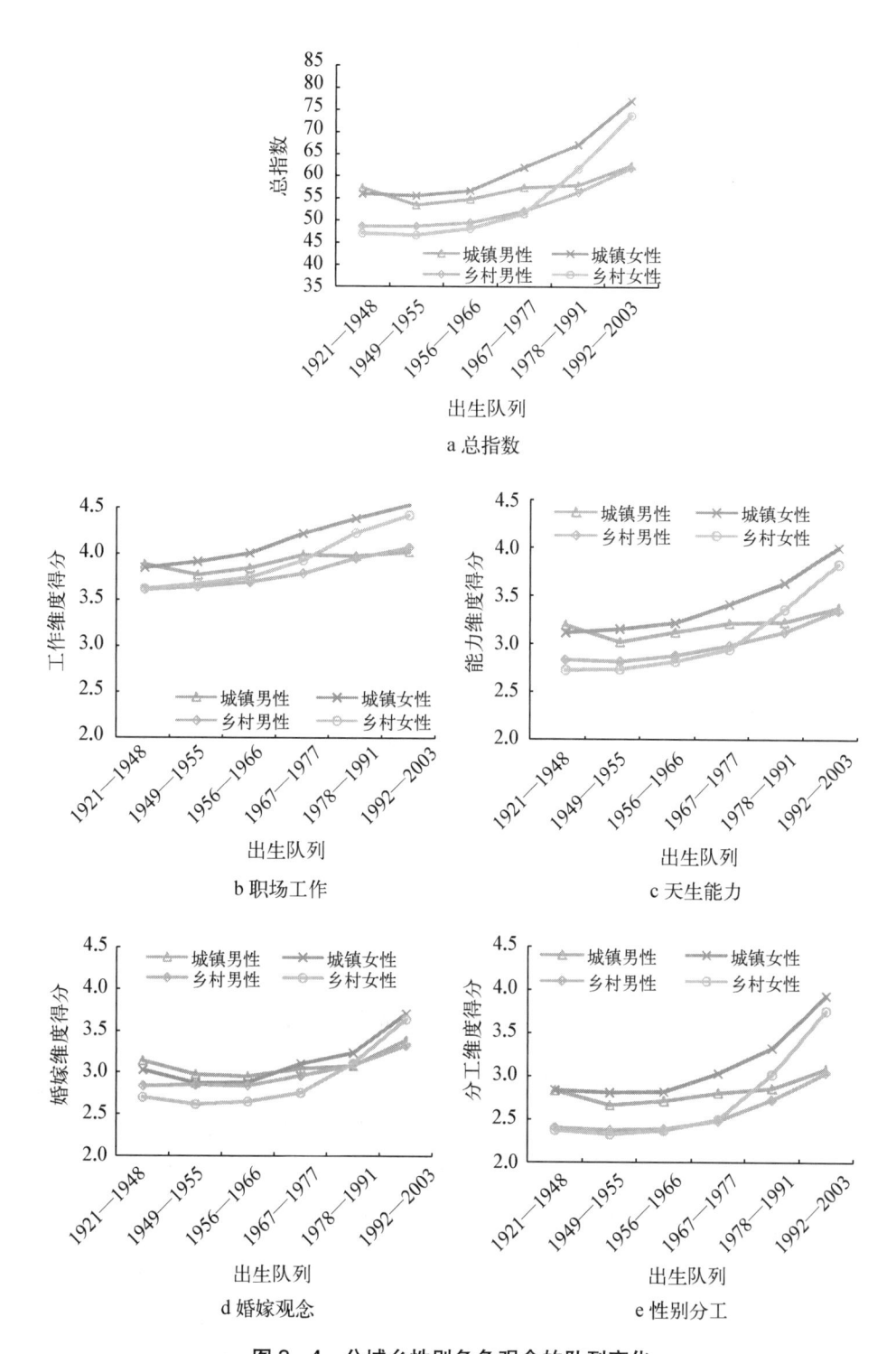

图 3-4 分城乡性别角色观念的队列变化

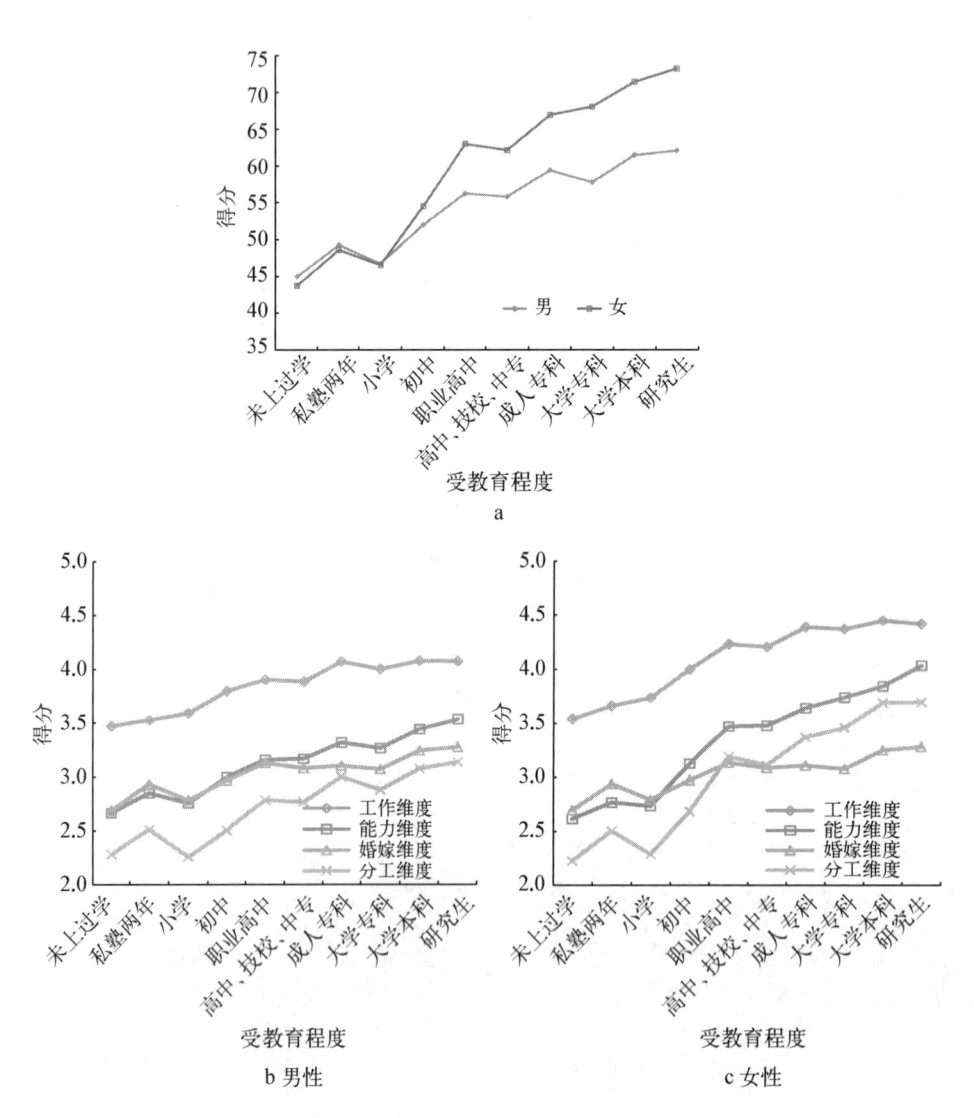

图3-5 受教育程度与性别角色观念的关联

在具体的数据分析中，当受教育程度从未上过学提升至研究生时，男性总指数的得分由45.2提升至62.8，提升了17.6分；而女性得分由44.0提升至74.2，提升了30.2分。这种明显的差异显示，教育对女性性别角色观念的积极影响更大。在职场工作这一指标上，男性得分的增值为0.6，由3.5升至4.1；而女性得分的增值为0.9，由3.5升至4.4。这表明教育增强了女性在职场方面的自信和能力。在天生能力指标上，男性得分的增值为0.8，由2.7升至3.5；而女性的增值为1.4，由2.6升至4.0。这表明教育提高了女性对自己能力的认识和肯定。在婚嫁观念指标上,男性和女性的得分增值均为0.6,这表明教育对婚嫁观念的影响在男性和女性之间没有明显的差异。在性别分工指标上,男性得分的增值为0.8,由2.3升至3.1;而女性得分的增值为1.5,由2.2升至3.7。这进一步证实了教育对女性性别角色观念的积极影响更大。

综上所述,随着受教育程度的提高,女性在各个指标上的得分增幅普遍高于男性。这说明教育对女性性别平等观念的推动作用明显强于男性。因此,在下文中,我们将进一步探讨这种教育推动作用的性别差异是否具有统计上的显著性。

五、分层 APC 模型结果

(一)男性性别角色观念的 HAPC 回归结果

1. 总指数的队列变化

表3-5报告了男性性别角色观念总指数的HAPC回归结果。其中,模型1为空模型,仅加入队列固定效应和年龄、时期的随机效应。模型2在模型1的基础上加入了其他控制变量。

表3-5 男性性别角色观念总指数的队列效应分析

	总 指 数	
	模型1	模型2
出生队列:以1921—1948年为参照		
1949—1955年	−1.593*** (0.389)	−1.349*** (0.392)
1956—1966年	−0.542 (0.360)	−0.207 (0.394)
1967—1977年	2.017*** (0.365)	2.404*** (0.423)
1978—1991年	5.045*** (0.370)	5.436*** (0.466)
1992—2003年	9.513*** (0.523)	10.378*** (0.704)

续 表

	总 指 数	
	模型 1	模型 2
党员		4.315*** (0.295)
非农户口		1.266*** (0.252)
汉族		−0.217 (0.386)
受教育年限		0.758*** (0.033)
从事农业工作		−2.048*** (0.314)
目前没有工作		0.251 (0.308)
从未工作过		0.565 (0.630)
已婚		2.192*** (0.452)
孩子数量		−0.530*** (0.123)
有儿子		−1.514*** (0.258)
父亲受教育年限		0.111*** (0.033)
母亲受教育年限		0.053 (0.037)
中部地区		−0.118 (0.261)
西部地区		2.076*** (0.298)
东北地区		−2.024*** (0.340)

续 表

	总 指 数	
	模型1	模型2
常数项	51.740*** (0.653)	49.947*** (0.930)
随机效应方差 　时期截距 　年龄截距	 2.477 (1.375) 0.167 (0.158)	 2.481 (1.374) 0.183 (0.155)
样本量	34 650	34 650
AIC	304 151	302 029.8
BIC	304 227.1	302 232.7

注：*** $p<0.001$，** $p<0.01$，* $p<0.05$，+ $p<0.1$；括号中的数字为标准误。本章同。

男性性别角色观念总指数的队列变化总体上呈现出现代化的趋势。模型1显示，男性总指数的队列得分变化呈现先下降后上升的趋势。在加入控制变量后，这一趋势保持稳健，模型的AIC和BIC值也相应降低，说明加入控制变量后，模型的拟合优度得到提高。与1921—1948年出生队列相比，1967年及以后出生队列的性别角色观念总指数持续上升，并在0.1%的水平上具有统计显著性。这表明，我们应对性别角色观念"回潮"的说法持谨慎态度（Knight and Brinton，2017；顾辉，2020）。

从控制变量中可以进一步看出，党员、非农户口、个人受教育年限、婚姻状况及父亲受教育年限对男性性别角色观念起着正向作用，孩子数量以及家中有儿子起着消极作用。这些结果进一步证实了以往研究指出的受教育程度、父代社会经济地位对男性性别角色观念的推动作用。

2. 公领域的队列变化

表3-6报告了男性在公领域性别角色观念的HAPC模型分析结果。其

中模型1—模型4分别对应职场工作维度、天生能力维度的空模型和全模型(含控制变量)。

表3-6 男性公领域性别角色观念的队列效应分析

	职场工作		天生能力	
	模型1	模型2	模型3	模型4
1949—1955年	−0.024 (0.020)	−0.005 (0.020)	−0.084*** (0.024)	−0.068** (0.024)
1956—1966年	0.041* (0.018)	0.065** (0.020)	−0.003 (0.022)	0.018 (0.024)
1967—1977年	0.148*** (0.018)	0.176*** (0.021)	0.101*** (0.022)	0.128*** (0.026)
1978—1991年	0.261*** (0.019)	0.302*** (0.024)	0.201*** (0.023)	0.235*** (0.029)
1992—2003年	0.339*** (0.026)	0.448*** (0.036)	0.391*** (0.032)	0.432*** (0.043)
党员		0.141*** (0.015)		0.193*** (0.018)
非农户口		0.020 (0.013)		0.065*** (0.015)
汉族		−0.051** (0.020)		0.041+ (0.024)
受教育年限		0.024*** (0.002)		0.038*** (0.002)
从事农业工作		−0.085*** (0.016)		−0.070*** (0.019)
目前没有工作		0.004 (0.016)		0.002 (0.019)
从未工作过		−0.060+ (0.032)		0.036 (0.039)
已婚		0.089*** (0.023)		0.064* (0.028)

续 表

	职场工作		天生能力	
	模型1	模型2	模型3	模型4
孩子数量		−0.002 (0.006)		−0.014+ (0.008)
有儿子		−0.038** (0.013)		−0.056*** (0.016)
父亲受教育年限		0.007*** (0.002)		0.003 (0.002)
母亲受教育年限		0.002 (0.002)		0.004 (0.002)
中部地区		−0.015 (0.013)		0.052** (0.016)
西部地区		0.026+ (0.015)		0.146*** (0.018)
东北地区		−0.120*** (0.017)		−0.046* (0.021)
常数项	3.700*** (0.033)	3.653*** (0.046)	2.970*** (0.028)	2.802*** (0.049)
随机效应方差				
时期截距	0.006 (0.004)	0.005 (0.003)	0.004 (0.002)	0.004 (0.002)
年龄截距	0.000 (0.000)	0.000 (0.000)	0.001 (0.001)	0.001 (0.001)
样本量	34 650	34 650	34 650	34 650
AIC	96 710.8	95 800.7	109 747.3	108 582.2
BIC	96 786.8	96 003.5	109 823.4	108 785.1

结果显示，在公领域中，男性的性别角色观念变化与队列更替理论相符，即年轻队列相较于年长队列展现出更为现代化的观念。具体而言，表3-6模型2和模型4的全模型分析显示，与早期的1921—1948年出生队列相比，男性在

职场工作维度上的显著增长始于 1956 年之后出生的队列，而在天生能力维度上的显著增长则始于 1967 年之后出生的队列。这一转变与这些队列在成长过程中受到妇女解放运动思想的影响密切相关，进而更加支持女性进入传统上由男性主导的劳动力市场。这不仅印证了以往的研究结论（Luo, 2021），也与我国历史发展的轨迹相吻合。中华人民共和国成立后，国家积极推动政治和工作领域的性别平等，从而引导男性在公领域中的性别角色观念朝着现代化的方向发展。

深入分析控制变量，我们发现男性在公领域的性别角色观念受到多种人口特征和社会经济特征的影响。其中，党员身份、个人受教育年限以及已婚状态均对男性在公领域的性别角色观念产生积极影响。具体来说，在其他条件相同的情况下，男性党员相较于非党员在公领域的性别角色观念上表现出更为现代化的倾向。这归因于党员群体所秉持的与时俱进、开拓创新的思想，使其更加支持先进的性别平等观念。此外，非农业户籍的男性在天生能力维度上展现出更为平等的性别角色观念，这与其成长环境中更为开放和自由的社会思想密不可分。值得注意的是，受教育年限与男性在公领域的性别角色观念呈正相关关系，且在统计上具有高度显著性。具体而言，受教育年限每增加一年，男性在职场工作维度的得分将增加 0.024，在天生能力维度的得分将增加 0.038。这一发现再次强调了教育在推动男性性别角色观念转变中的重要作用（Piotrowski, Yoshida, Johnson and Wolford, 2019）。在婚姻状态方面，已婚男性相较于未婚男性更加支持公领域中的性别平等。这与针对美国的研究结论存在差异（Gupta, 1999），可能是由于在我国当前社会竞争以家庭为单位的情况下，已婚男性更倾向于支持女性参与劳动力市场以提升家庭整体竞争力。同时，父亲的受教育年限也对男性在公领域的性别角色观念产生积极影响，而母亲的受教育年限则未表现出统计上的显著性关联。

此外，从事农业工作和家中有儿子这两个因素对男性在公领域的性别角色观念产生了负向影响。换言之，在其他条件相同的情况下，与从事非农工作的男性相比，从事农业工作的男性在公领域的性别角色观念上更为传统。同时，有男孩的家庭中的男性相比没有男孩的家庭中的男性，在公领域上的观念也更为保守。就区域特征而言，与东部地区相比，东北地区在职场工作和天生能力两个维度上表现出相对传统的倾向，而中部和西部地区则在天生能力维度上展现出更为现代化的观念。这再次说明区域经济发展水平与性别角色观念之间并非总是呈现简单的正向关系。

综上所述，研究结果揭示了男性在公领域性别角色观念的复杂性和多维性，既受到历史和社会结构等宏观因素的影响，也受到个人特征和家庭背景等微观因素的制约。这些发现不仅丰富了我们对男性性别角色观念变化的理解，也为进一步推动性别平等提供了有益的启示。

3. 私领域的队列变化

表3-7报告了男性在私领域性别角色观念的HAPC模型分析结果。与上文做法一致，其中模型1—模型4分别对应婚嫁观念维度、性别分工维度的空模型和全模型。

表3-7 男性私领域性别角色观念的队列效应分析

	婚 嫁 观 念		性 别 分 工	
	模型1	模型2	模型3	模型4
1949—1955年	−0.049* (0.024)	−0.038 (0.024)	−0.099*** (0.023)	−0.105*** (0.023)
1956—1966年	−0.061** (0.022)	−0.045+ (0.025)	−0.067** (0.020)	−0.074** (0.023)
1967—1977年	0.044* (0.022)	0.060* (0.026)	0.029 (0.021)	0.022 (0.025)
1978—1991年	0.146*** (0.023)	0.179*** (0.029)	0.207*** (0.021)	0.160*** (0.028)
1992—2003年	0.391*** (0.032)	0.447*** (0.043)	0.420*** (0.030)	0.355*** (0.042)
党员		0.184*** (0.018)		0.181*** (0.018)
非农户口		0.010 (0.015)		0.107*** (0.015)
汉族		−0.023 (0.023)		−0.005 (0.023)

续 表

	婚 嫁 观 念		性 别 分 工	
	模型1	模型2	模型3	模型4
受教育年限		0.026*** (0.002)		0.034*** (0.002)
从事农业工作		−0.063*** (0.019)		−0.113*** (0.019)
目前没有工作		0.003 (0.019)		0.033+ (0.019)
从未工作过		0.037 (0.039)		0.079* (0.038)
已婚		0.091*** (0.028)		0.113*** (0.027)
孩子数量		−0.017* (0.008)		−0.054*** (0.007)
有儿子		−0.044** (0.016)		−0.107*** (0.016)
父亲受教育年限		0.002 (0.002)		0.006** (0.002)
母亲受教育年限		−0.002 (0.002)		0.005* (0.002)
中部地区		0.022 (0.016)		−0.080*** (0.016)
西部地区		0.160*** (0.018)		0.005 (0.018)
东北地区		−0.081*** (0.021)		−0.082*** (0.021)
常数项	2.940*** (0.023)	2.845*** (0.046)	2.560*** (0.050)	2.582*** (0.066)
随机效应方差				
时期截距	0.002 (0.001)	0.002 (0.001)	0.016 (0.001)	0.018 (0.010)
年龄截距	0.001 (0.001)	0.001 (0.001)	0.000 (0.000)	0.000 (0.000)

续　表

	婚嫁观念		性别分工	
	模型1	模型2	模型3	模型4
样本量	34 650	34 650	34 650	34 650
AIC	108 746.8	108 123.3	109 120.7	107 393
BIC	108 822.9	108 326.2	109 196.8	107 595.8

结果显示，男性在婚嫁观念维度的变化与队列更替理论相吻合。然而，在性别分工维度的队列得分变化呈现先下降后上升的趋势。具体地，表3-7模型1显示，与1921—1948年出生队列相比，男性在婚嫁观念维度上的得分呈现先下降后上升的趋势。不过，在加入基本人口特征和社会经济特征变量后（模型2），仅在1967年及其后出生队列中表现出正向的统计显著性，这表明1967年之后出生队列的男性在婚嫁观念上更为现代化。模型3结果显示，男性在性别分工维度上的得分呈现先下降后上升的趋势，且在加入控制变量后（模型4），这一趋势依然稳健。

从控制变量中可以进一步看出：党员身份、非农户口、个人受教育年限以及父亲受教育年限对男性在私领域的性别角色观念具有正向影响。孩子数量和家中有儿子则产生负向影响。教育年限与男性在私领域的性别角色观念之间存在显著的正向关系。具体来说，受教育年限每增加一年，男性在婚嫁观念维度上的得分将增加0.026，在性别分工维度上的得分将增加0.034，且这一关系在0.1%的水平上统计显著。这一发现再次强调了教育在推动性别角色观念转变中的重要作用。与从事非农工作的男性相比，从事农业工作的男性在私领域的性别角色观念更为传统。目前没有工作或从未工作过的年轻男性在性别分工维度上表现得更为现代化，部分原因在于这部分人群中受过高等教育的人群占比更高，他们更容易接受男女平等的观念。孩子数量对男性在性别分工维度的性别角色观念具有负向影响，这与以往的研究结论相一致（Luo，2021）。在区域特征方面，西部地区在婚嫁观念维度上较为现代，而中部地区在性别分工维度上较为传统。东北地区在两个维度上均表现出较为传统的倾向。这些发现表明区域经济发展水平与性别角色观念之间并非总是呈现简单的正向关系。

(二) 女性性别角色观念的 HAPC 回归结果

1. 总指数的队列变化

表 3-8 报告了女性性别角色观念总指数的 HAPC 回归结果。其中，模型 1 为空模型，仅加入队列固定效应和年龄、时期的随机效应，模型 2 在模型 1 的基础上加入了其他控制变量。

表 3-8 女性性别角色观念总指数的队列效应分析

	总 指 数	
	模型 1	模型 2
1949—1955 年	−0.900* (0.442)	−1.269** (0.422)
1956—1966 年	0.546 (0.420)	−0.607 (0.415)
1967—1977 年	4.183*** (0.423)	1.649*** (0.435)
1978—1991 年	12.639*** (0.427)	8.545*** (0.461)
1992—2003 年	22.304*** (0.603)	16.289*** (0.709)
党员		4.483*** (0.423)
非农户口		2.113*** (0.251)
汉族		0.008 (0.371)
受教育年限		1.046*** (0.030)

续　表

	总　指　数	
	模型 1	模型 2
从事农业工作		−5.641*** (0.339)
目前没有工作		−2.733*** (0.276)
从未工作过		−4.877*** (0.436)
已婚		−2.974*** (0.526)
孩子数量		−0.356** (0.116)
有儿子		−1.796*** (0.252)
父亲受教育年限		0.131*** (0.032)
母亲受教育年限		0.198*** (0.036)
中部地区		−0.282 (0.257)
西部地区		1.668*** (0.295)
东北地区		−1.239*** (0.334)
常数项	50.361*** (0.777)	59.207*** (1.101)
随机效应方差 　时期截距 　年龄截距	3.528 (1.936) 0.605 (0.310)	4.357 (2.374) 0.550 (0.262)

续表

	总 指 数	
	模型1	模型2
样本量	36 766	36 766
AIC	326 382.9	321 334.5
BIC	326 459.5	321 538.8

女性性别角色观念总指数的队列变化呈现出整体现代化趋势。从表3-8的模型1中可以观察到，与1921—1948年出生队列相比，总指数的队列变化呈现先下降后上升的趋势。在加入控制变量后，这一趋势依然保持稳健。具体来说，与1921—1948年出生队列相比，1949—1956年出生队列的性别角色观念总指数呈现下降趋势（系数为−1.269），而1967年之后的出生队列的性别角色观念总指数不断上升，且在0.1%的水平上统计显著。

此外，党员、非农户籍、个人受教育年限及父母的受教育年限均对女性性别角色观念起着积极影响，已婚、孩子数量、家中有儿子变量起着消极影响。不同于男性，女性性别角色观念受到母亲的受教育年限的积极影响。其中，婚姻状态对女性性别角色观念的影响可以从社会结构的角度理解，婚姻状态的改变意味着女性所处的社会结构发生了转变，她们的利益结构也会随之改变。已婚的女性会将更多的时间和精力放入家庭，其性别角色观念会转向传统。

2. 公领域的队列变化

表3-9报告了女性在公领域性别角色观念变化的HAPC模型分析结果。其中模型1—模型4分别对应女性在职场工作维度、天生能力维度的空模型和全模型。

结果显示，女性在公领域的性别角色观念变化趋势符合队列更替理论。与1921—1948年出生队列相比，年轻队列（1949年及以后出生）在公领域表现出更为现代化的性别角色观念。具体来说，表3-9的模型1结果显示，女性在职场工作维度的得分显著增长始于1949年之后的出生队列。在加入控制变量后，这一结果依然保持稳健。模型3的空模型结果显示，女性在天生能力维度得分的显著增长始于1956年之后的出生队列，在加入控制变量后，1956年之后的出生队列中呈现显著增长。这些趋势表明，随着时间的推移，年轻女性在公领域中的性别角色观念逐渐现代化。

表3-9 女性公领域性别角色观念的队列效应分析

	职场工作		天生能力	
	模型1	模型2	模型3	模型4
1949—1955年	0.045* (0.020)	0.047* (0.020)	−0.003 (0.024)	−0.018 (0.023)
1956—1966年	0.123*** (0.018)	0.112*** (0.019)	0.075*** (0.021)	0.034 (0.022)
1967—1977年	0.314*** (0.018)	0.268*** (0.020)	0.225*** (0.021)	0.127*** (0.023)
1978—1991年	0.580*** (0.018)	0.501*** (0.021)	0.590*** (0.022)	0.407*** (0.025)
1992—2003年	0.739*** (0.026)	0.669*** (0.034)	1.003*** (0.031)	0.700*** (0.041)
党员		0.107*** (0.021)		0.217*** (0.026)
非农户口		0.051*** (0.012)		0.104*** (0.015)
汉族		−0.014 (0.018)		0.036 (0.023)
受教育年限		0.033*** (0.001)		0.048*** (0.002)
从事农业工作		−0.156*** (0.017)		−0.243*** (0.021)
目前没有工作		−0.063*** (0.014)		−0.101*** (0.017)

续　表

	职 场 工 作		天 生 能 力	
	模型1	模型2	模型3	模型4
从未工作过		−0.175*** (0.021)		−0.173*** (0.026)
已婚		−0.016 (0.026)		−0.154*** (0.032)
孩子数量		0.008 (0.006)		−0.020** (0.007)
有儿子		−0.050*** (0.012)		−0.070*** (0.015)
父亲受教育年限		0.007*** (0.002)		0.008*** (0.002)
母亲受教育年限		0.002 (0.002)		0.008*** (0.002)
中部地区		−0.044*** (0.013)		0.034* (0.016)
西部地区		−0.005 (0.015)		0.084*** (0.018)
东北地区		−0.094*** (0.016)		0.010 (0.020)
常数项	3.695*** (0.030)	3.873*** (0.045)	2.866*** (0.027)	3.203*** (0.052)
随机效应方差				
年龄截距	0.005 (0.003)	0.005 (0.003)	0.003 (0.002)	0.004 (0.003)
时期截距	0.000 (0.000)	0.001 (0.000)	0.000 (0.001)	0.000 (0.000)
样本量	36 766	36 766	36 766	36 766
AIC	101 733.4	99 885.26	118 700	115 840.8
BIC	101 810	100 089.6	118 776.6	116 045.1

此外，与男性相比，女性在公领域的得分增幅更高。与最年长（1921—1948年）队列相比，最年轻（1992—2003年）队列的男性在职场工作维度上的得分增幅为0.448，而女性增幅为0.669；天生能力维度上，男性得分增幅为0.432，女性为0.700。这表明女性在公领域的性别角色观念变化速度更快，更加现代化。

控制变量方面，党员身份、非农户籍、个人受教育年限以及父亲受教育年限对女性公领域性别角色观念具有积极影响。其中，个人受教育年限对女性在职场工作维度和天生能力维度的得分均有显著的正向影响。每增加一年的受教育年限，女性在职场工作维度的得分将增加0.033，在天生能力维度的得分将增加0.048，且这一关系在0.1%的水平上统计显著。与从事非农工作相比，从事农业工作、目前没有工作以及从未工作过的女性在公领域表现得更为传统。这是由于从事非农工作的女性在参与劳动中会意识到平等性别关系对自身的益处，从而更加支持职场工作的平等观念（Cunningham，2008）。此外，婚姻状态、孩子数量和家庭中有儿子等变量对女性公领域的性别角色观念具有消极影响。与已婚男性不同，已婚女性更认同两性天生能力上具有差异的观念，这与过往研究发现一致（Luo，2021）。孩子数量的增多会加强女性在天生能力维度的传统观念，而有儿子则加强女性在公领域两个维度的传统观念。区域特征方面，与东部地区相比，中部和东北地区在职场工作维度上较传统，而中部地区与西部地区在天生能力维度上都较现代。

总之，女性在公领域的性别角色观念变化趋势呈现出逐渐现代化的特点，且年轻女性在这方面的进步更为明显。同时，受教育程度、婚姻状态、孩子数量和地区特征等因素对女性公领域的性别角色观念具有重要影响。

3. 私领域的队列变化

表3-10报告了女性在私领域性别角色观念的HAPC模型分析结果。其中模型1—模型4分别对应女性在婚嫁观念维度、性别分工维度的空模型和全模型。

结果显示，女性在私领域的性别角色观念在队列变化上呈现先下降后上升的趋势，与队列更替理论并不一致。表3-10的模型2和模型4全模型结果表明，与1921—1948年出生队列相比，1949—1966年出生队列的女性在婚嫁观念与性别分工维度上的得分显著下降,且在 0.1% 的水平上统计显著。而 1978 年之后出生队列的女性在该维度上的得分显著上升。这一趋势的原因在于,中华人民共和国成立初期,国家强调并支持政治、工作等公领域的性别平等,但却忽视了家庭私领域的平等,认为女性仍然是家务和育儿的主要负责人。改革开放后,市场经济体制的确立、自由开放的社会环境叠加教育事业的发展,女性开始反对性别刻板印象,重视并支持私领域的性别平等。

表 3-10　女性私领域性别角色观念的队列效应分析

	婚嫁观念		性别分工	
	模型 1	模型 2	模型 3	模型 4
1949—1955 年	−0.127*** (0.025)	−0.141*** (0.025)	−0.074** (0.026)	−0.104*** (0.024)
1956—1966 年	−0.097*** (0.023)	−0.130*** (0.024)	−0.043+ (0.024)	−0.123*** (0.023)
1967—1977 年	0.038+ (0.023)	−0.045+ (0.025)	0.104*** (0.024)	−0.062* (0.024)
1978—1991 年	0.324*** (0.023)	0.190*** (0.027)	0.551*** (0.025)	0.269*** (0.026)
1992—2003 年	0.798*** (0.033)	0.570*** (0.042)	1.133*** (0.035)	0.722*** (0.041)
党员		0.154*** (0.026)		0.249*** (0.025)
非农户口		0.040** (0.015)		0.146*** (0.015)
汉族		−0.029 (0.023)		0.007 (0.022)
受教育年限		0.041*** (0.002)		0.047*** (0.002)
从事农业工作		−0.157*** (0.021)		−0.356*** (0.020)
目前没有工作		−0.064*** (0.017)		−0.213*** (0.017)

续　表

	婚嫁观念		性别分工	
	模型1	模型2	模型3	模型4
从未工作过		−0.126*** (0.027)		−0.298*** (0.026)
已婚		−0.128*** (0.032)		−0.193*** (0.031)
孩子数量		−0.019** (0.007)		−0.027*** (0.007)
有儿子		−0.033* (0.015)		−0.134*** (0.015)
父亲受教育年限		0.003 (0.002)		0.004+ (0.002)
母亲受教育年限		0.011*** (0.002)		0.012*** (0.002)
中部地区		0.008 (0.016)		−0.046** (0.015)
西部地区		0.160*** (0.018)		0.036* (0.018)
东北地区		−0.112*** (0.020)		−0.012 (0.020)
常数项	2.822*** (0.028)	3.137*** (0.053)	2.551*** (0.062)	3.156*** (0.080)
随机效应方差				
时期截距	0.004 (0.002)	0.004 (0.002)	0.024 (0.013)	0.031 (0.017)
年龄截距	0.001 (0.001)	0.001 (0.001)	0.002 (0.001)	0.001 (0.001)
样本量	36 766	36 766	36 766	36 766
AIC	117 568.7	115 822.6	118 625.2	114 570.2
BIC	117 645.4	116 026.9	118 701.8	114 774.5

此外，与男性在私领域的队列变化相比，男女之间存在差异。女性在私领域得分的增幅高于男性，与最年长(1921—1948年)队列相比，最年轻(1992—2003年)队列的男性在婚嫁观念维度上的得分增幅为0.447，而女性增幅为0.570；在天生能力维度上，男性得分增幅为0.355，女性为0.722。这表明女性在私领域的性别角色观念变化速度更快，更加现代化。

控制变量方面，党员身份、非农户口、个人受教育年限对女性私领域的性别观念具有积极影响。其中，受教育年限对女性在婚嫁观念和性别分工维度上的得分具有显著的正向影响。每增加一年的受教育年限，女性在婚嫁观念和性别分工维度上的得分分别增加0.041和0.047，且这一关系在0.1%的水平上统计显著。此外，婚姻状态、孩子数量和家庭中有儿子等变量对女性私领域的性别角色观念具有消极影响。具体来说，孩子数量的增多会显著增加女性在私领域的传统观念，家中有儿子的女性更认同性别分工的观念。与公领域不同，父亲的受教育年限对女性私领域的性别角色观念没有统计上的显著影响，而母亲的受教育年限起着显著的正向影响。

总之，女性在私领域的性别角色观念变化趋势呈现先下降后上升的特点，且年轻女性的得分增幅更大。同时，受教育程度、婚姻状态、孩子数量和地区特征等因素对女性私领域的性别角色观念具有重要影响。

(三) 男女性别角色观念的队列差异

通过上文分性别的 HAPC 模型分析结果，我们可以观察到性别角色观念的变化在队列和维度上都存在异质性。与队列更替理论的预设有所不同，年轻队列并不总是比年长队列拥有更现代化的性别观念。此外，男女在不同维度上的队列变化幅度也存在差异。具体来说，与最年长(1921—1948年)队列相比，最年轻(1992—2003年)队列中女性在每个维度上的得分增幅都大于男性。

为了更直观地展现队列变化的性别差异，图 3-6 根据 HAPC 全模型分析结果绘制了不同维度性别角色观念的队列预测值。从图中可以看出，公领域的性别角色观念相对私领域更为现代化，且女性性别角色观念在每个维度上的增长幅度都快于男性。然而，需要进一步验证不同维度队列变化存在的性别差异是否具有统计意义上的显著性。

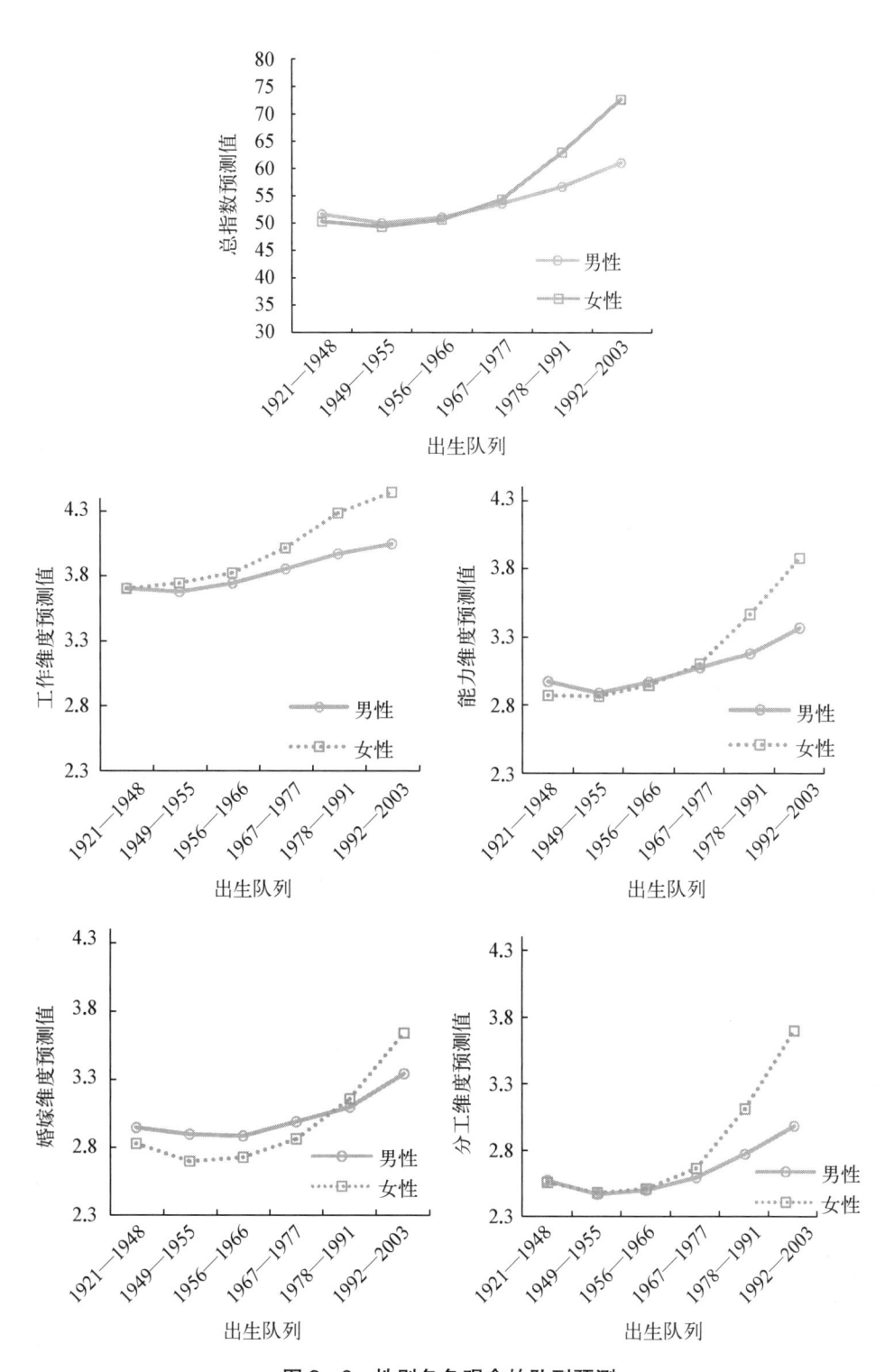

图 3-6 性别角色观念的队列预测

因此，下一小节将对全样本进行建模，以进一步分析队列变化中性别差异的变化趋势。同时，正如前文所指出的，教育在解释性别角色观念上发挥了重要作用。因此，这一部分将探讨教育对男性和女性的影响是否存在差异。为了具体分析这两个问题，将在模型中逐步引入队列与性别的交互项、教育与性别的交互项。

(四) 男女性别角色观念队列差异的变化趋势

表3-11结果显示，在性别角色观念总指数中，与1921—1948年出生队列相比，女性与男性的得分差异在1967年之后的出生队列中不断扩大，且教育对女性的正向影响大于男性。在模型1中，当只考虑队列、性别和队列与性别的交互项时，队列与性别交互项的系数显示，从1921—1948年出生队列到1967年之后的出生队列，两性在性别角色观念总指数上的差异在不断扩大。

表3-11 性别角色观念总指数的两性队列差异趋势分析

	总 指 数		
	模型1	模型2	模型3
1949—1955年	−1.621*** (0.399)	−1.610*** (0.395)	−1.604*** (0.393)
1956—1966年	−0.527 (0.370)	−1.002** (0.386)	−0.991** (0.383)
1967—1977年	1.885*** (0.375)	1.098** (0.403)	1.057** (0.401)
1978—1991年	4.923*** (0.381)	3.594*** (0.432)	3.515*** (0.429)
1992—2003年	9.103*** (0.535)	7.845*** (0.621)	7.754*** (0.619)
女性	−1.531*** (0.371)	1.607*** (0.359)	1.554*** (0.359)
1949—1955年 * 女性	0.700 (0.548)	0.302 (0.523)	0.301 (0.522)

续 表

	总 指 数		
	模型1	模型2	模型3
1956—1966年 * 女性	0.984* (0.490)	0.532 (0.470)	0.517 (0.469)
1967—1977年 * 女性	2.382*** (0.491)	1.098* (0.470)	1.095* (0.469)
1978—1991年 * 女性	7.764*** (0.498)	6.070*** (0.480)	6.061*** (0.479)
1992—2000年 * 女性	13.768*** (0.713)	10.901*** (0.684)	10.928*** (0.683)
受教育年限		0.956*** (0.022)	0.658*** (0.030)
受教育年限 * 女性			0.512*** (0.036)
常数项	51.835*** (0.706)	53.830*** (0.898)	53.811*** (0.895)
随机效应方差 　时期截距 　年龄截距	2.956 (1.606) 0.196 (0.120)	3.489 (1.890) 0.328 (0.149)	3.466 (1.877) 0.304 (0.143)
样本量	71 416	71 416	64 599
AIC	630 610	623 736.3	623 534.6
BIC	630 747.6	624 011.6	623 819.1

注：其他控制变量均已加入模型，但出于节约篇幅，表中未报告其他控制变量的结果。

在模型2中，当引入教育等其他控制变量后，两性的差异在1978年之后的出生队列中进一步显著扩大。此外，教育表现出显著的正向影响，说明教育程度的提高有助于增强女性的性别角色观念。

模型3进一步引入了教育与性别的交互项,交互项系数表明教育对女性的影响大于男性。具体来说,受教育年限每增加一年,女性和男性在性别角色观念总指数上的差异将扩大0.512,且这一关系在0.1%的水平上统计显著。

总之,随着时间的推移,女性与男性在性别角色观念上的差异逐渐增大。教育对女性的影响大于男性,且这种影响随着受教育年限的增加而增强。

表3-12报告了职场工作维度的全样本HAPC模型回归结果,发现与1921—1948年出生队列相比,女性与男性的差异随着队列的更替不断扩大,且教育在该维度上对女性的正向影响大于男性。首先,表3-12模型1的结果显示,队列与性别的交互项显著为正,表明随着队列的变化,两性在职场工作维度上的差异逐渐增大。这一趋势在0.1%的水平上统计显著,说明随着时代的进步,男性和女性在职场工作方面的观念和行为模式差异越来越大。

表3-12 职场工作维度两性队列差异的变化趋势分析

	职场工作		
	模型1	模型2	模型3
参照组:1921—1948年			
1949—1955年	−0.024 (0.019)	−0.009 (0.019)	−0.009 (0.019)
1956—1966年	0.042* (0.018)	0.049** (0.018)	0.049** (0.018)
1967—1977年	0.145*** (0.018)	0.154*** (0.019)	0.152*** (0.019)
1978—1991年	0.259*** (0.018)	0.266*** (0.020)	0.264*** (0.020)
1992—2003年	0.338*** (0.025)	0.408*** (0.030)	0.406*** (0.030)
女性	−0.003 (0.018)	0.091*** (0.018)	0.090*** (0.018)
1949—1955年 * 女性	0.068* (0.027)	0.054* (0.026)	0.054* (0.026)
1956—1966年 * 女性	0.081*** (0.024)	0.066** (0.023)	0.066** (0.023)

续 表

	职场工作		
	模型1	模型2	模型3
1967—1977年*女性	0.169*** (0.024)	0.129*** (0.023)	0.129*** (0.023)
1978—1991年*女性	0.319*** (0.024)	0.259*** (0.024)	0.259*** (0.024)
1992—2003年*女性	0.397*** (0.035)	0.302*** (0.034)	0.303*** (0.034)
受教育年限		0.030*** (0.001)	0.022*** (0.002)
受教育年限*女性			0.012*** (0.002)
常数项	3.699*** (0.031)	3.715*** (0.038)	3.715*** (0.038)
随机效应方差			
时期截距	0.006 (0.003)	0.005 (0.003)	0.005 (0.003)
年龄截距	0.000 (0.000)	0.000 (0.000)	0.000 (0.000)
样本量	71 416	71 416	71 416
AIC	198 428.6	195 752	195 705.6
BIC	198 566.2	196 027.3	195 990

注：其他控制变量均已加入模型，但出于节约篇幅，表中未报告其他控制变量的结果。

其次，模型2引入了教育等基本人口特征和社会经济特征变量，但队列与性别的交互项的显著性并未改变。同时，模型2显示受教育程度对职场工作维度有积极影响。具体来说，受教育年限提高一年，职场工作维度的得分将增加0.030，且这一关系在0.1%的水平上统计显著。

在模型2的基础上，模型3进一步引入了教育与性别的交互项。结果显示，教育与性别的交互项系数显著为正(0.012)，表明教育对女性职场工作维度的正向影响大于男性。具体来说，受教育年限每增加一年，女性与男性在职场工作得分的差异将扩大 0.012，且这一关系在 0.1% 的水平上统计显著。这说明教育对女性在职场工作方面的成长和发展的促进作用更为明显。此外，在模型 3 中，两性队列差异的显著扩大依然保持稳健（交互项系数分别为 0.054、0.66、0.129、0.259、0.303）。

表 3-13 报告了天生能力维度的全样本 HAPC 模型分析结果，发现与 1921—1948 年出生队列相比，女性与男性的差异随着队列的更替不断扩大，且教育在该维度上对女性的正向影响大于男性。表 3-13 模型 1 的固定效应仅包含队列、性别、队列与性别交互项，结果显示队列与性别的交互项显著为正，这意味着随着队列的变化，男女在天生能力维度上的得分差异逐渐增大。

表 3-13 天生能力维度两性队列差异的变化趋势分析

	天生能力		
	模型 1	模型 2	模型 3
参照组：1921—1948 年			
1949—1955 年	−0.083*** (0.024)	−0.077** (0.024)	−0.077** (0.023)
1956—1966 年	0.001 (0.022)	−0.009 (0.023)	−0.008 (0.023)
1967—1977 年	0.101*** (0.022)	0.085*** (0.024)	0.082*** (0.024)
1978—1991 年	0.202*** (0.022)	0.159*** (0.025)	0.156*** (0.025)
1992—2003 年	0.379*** (0.031)	0.322*** (0.037)	0.317*** (0.037)
女性	−0.099*** (0.022)	0.049* (0.022)	0.047* (0.022)
1949—1955 年 * 女性	0.080* (0.033)	0.059+ (0.032)	0.059+ (0.032)
1956—1966 年 * 女性	0.075* (0.029)	0.049+ (0.029)	0.049+ (0.029)

续 表

	天 生 能 力		
	模型1	模型2	模型3
1967—1977年 * 女性	0.120*** (0.029)	0.056+ (0.029)	0.056+ (0.029)
1978—1991年 * 女性	0.382*** (0.030)	0.299*** (0.029)	0.298*** (0.029)
1992—2003年 * 女性	0.618*** (0.043)	0.483*** (0.042)	0.484*** (0.042)
受教育年限		0.046*** (0.001)	0.032*** (0.002)
受教育年限 * 女性			0.023*** (0.002)
常数项	2.969*** (0.027)	2.976*** (0.041)	2.976*** (0.041)
随机效应方差			
时期截距	0.003 (0.002)	0.004 (0.002)	0.004 (0.002)
年龄截距	0.000 (0.000)	0.001 (0.000)	0.001 (0.000)
样本量	71 416	71 416	71 416
AIC	228 462	224 615.9	224 510.4
BIC	228 599.6	224 891.2	224 794.9

注：其他控制变量均已加入模型，但出于节约篇幅，表中未报告其他控制变量的结果。

在模型2中，我们进一步加入了教育等其他控制变量。结果显示女性与男性的差异只在1978年之后的出生队列中显著扩大。此外，教育在该维度总样本的分析中表现出显著的正向影响，这一关系在0.1%的水平上统计显著。

模型3进一步引入了教育与性别的交互项，结果显示教育与性别的交互项系数显著为正(0.023)，这表明教育对女性在天生能力维度上的正向影响强于男性。具体来说,受教育年限每增加一年,与1921—1948年出生队列的性别差异相比,女性与男性在该维度上得分差异将扩大0.023。

在婚嫁观念维度上,与1921—1948年出生队列相比,女性与男性的差异在1978年之后的出生队列中不断扩大,且教育在该维度上对女性的正向影响大于男性。表3-14模型1的结果显示,队列与性别的交互项显著为正,这意味着随着队列的变化,男女在婚嫁观念维度上的差异逐渐增大。这一趋势表明,随着时代的进步,男性和女性在婚嫁观念方面的差异越来越明显。

表3-14 婚嫁观念维度两性队列差异的变化趋势分析

	婚嫁观念		
	模型1	模型2	模型3
参照组:1921—1948年			
1949—1955年	−0.052* (0.023)	−0.049* (0.024)	−0.049* (0.024)
1956—1966年	−0.061** (0.022)	−0.067** (0.023)	−0.067** (0.023)
1967—1977年	0.040+ (0.022)	0.022 (0.024)	0.020 (0.024)
1978—1991年	0.141*** (0.022)	0.120*** (0.026)	0.116*** (0.026)
1992—2003年	0.373*** (0.031)	0.349*** (0.038)	0.345*** (0.038)
女性	−0.124*** (0.022)	−0.003 (0.022)	−0.006 (0.022)
1949—1955年*女性	−0.072* (0.032)	−0.090** (0.032)	−0.090** (0.032)
1956—1966年*女性	−0.035 (0.029)	−0.059* (0.029)	−0.060* (0.029)
1967—1977年*女性	−0.003 (0.029)	−0.058* (0.029)	−0.058* (0.029)
1978—1991年*女性	0.185*** (0.029)	0.109*** (0.029)	0.108*** (0.029)

续 表

	婚嫁观念		
	模型 1	模型 2	模型 3
1992—2003 年 * 女性	0.436*** (0.042)	0.316*** (0.042)	0.317*** (0.042)
受教育年限		0.036*** (0.001)	0.022*** (0.002)
受教育年限 * 女性			0.024*** (0.002)
常数项	2.939*** (0.022)	2.988*** (0.038)	2.992*** (0.039)
随机效应方差			
时期截距	0.002 (0.001)	0.003 (0.003)	0.003 (0.002)
年龄截距	0.001 (0.000)	0.001 (0.000)	0.001 (0.000)
样本量	71 416	71 416	71 416
AIC	226 345.9	224 133.3	224 012
BIC	226 483.6	224 408.6	224 296.5

注：其他控制变量均已加入模型，但出于节约篇幅，表中未报告其他控制变量的结果。

在模型 2 中，我们进一步加入了教育等其他控制变量。结果显示，与 1921—1948 年出生队列相比，女性与男性的差异在 1978 年之后的出生队列中显著扩大。此外，教育在该维度总样本的分析中表现出显著的正向影响，这一关系在 0.1% 的水平上统计显著。这表明随着教育程度的提高，个体在该维度上的得分也会相应增加。在模型 3 中，我们进一步引入了教育与性别的交互项。结果显示教育与性别的交互项系数显著为正(0.024)，这表明教育对女性在婚嫁观念维度上的正向影响强于男性。具体来说，受教育年限每增加一年，女性与男性在婚嫁观念维度上的差异将增加 0.024。此外，在模型 3 中，两性差异在 1978 年之后出生队列中显著扩大的结论依然保持稳健(交互项系数分别为

0.108、0.317)。

总之，随着时代的进步，男性和女性在婚嫁观念维度上的差异逐渐增大。教育对女性的促进作用更为明显，且这种影响随着受教育年限的增加而增强。

在性别分工维度上，与1921—1948年出生队列相比，女性与男性的差异在1978年之后的出生队列中不断扩大，且教育在该维度上对女性的正向影响大于男性。表3-15报告了性别分工维度的全样本HAPC模型回归结果，模型1的固定效应仅包含队列、性别、队列与性别交互项。队列与性别交互项系数显示，两性在性别分工维度上的差异在1967年之后的出生队列中显著扩大。模型2引入了教育等其他控制变量，交互项系数表明两性差异的显著扩大始于1978年之后的出生队列，教育在该维度总样本中依旧表现出显著的正向影响。模型3则进一步引入了教育与性别的交互项，交互项系数(0.024)表明教育对女性在该维度的正向影响大于男性，受教育年限每增加一年，女性与男性在该维度上的差异将扩大0.024，且在0.1%的水平上统计显著。与此同时，在模型3中，两性差异在1978年之后出生队列中显著扩大的结论依然保持稳健(交互项系数分别为0.303、0.657)。

表3-15 性别分工维度两性队列差异的变化趋势分析

	性 别 分 工		
	模型1	模型2	模型3
参照组：1921—1948年			
1949—1955年	−0.102*** (0.023)	−0.121*** (0.023)	−0.121*** (0.023)
1956—1966年	−0.070*** (0.021)	−0.129*** (0.022)	−0.129*** (0.022)
1967—1977年	0.025 (0.021)	−0.057* (0.023)	−0.060** (0.023)
1978—1991年	0.201*** (0.022)	0.042+ (0.024)	0.038 (0.024)
1992—2003年	0.402*** (0.031)	0.212*** (0.036)	0.208*** (0.036)
女性	−0.024 (0.022)	0.119*** (0.022)	0.117*** (0.022)

续 表

	性 别 分 工		
	模型 1	模型 2	模型 3
1949—1955 年 * 女性	0.028 (0.033)	0.015 (0.031)	0.015 (0.031)
1956—1966 年 * 女性	0.030 (0.029)	0.021 (0.028)	0.021 (0.028)
1967—1977 年 * 女性	0.090** (0.029)	0.040 (0.028)	0.040 (0.028)
1978—1991 年 * 女性	0.357*** (0.030)	0.303*** (0.029)	0.303*** (0.029)
1992—2003 年 * 女性	0.772*** (0.042)	0.656*** (0.041)	0.657*** (0.041)
受教育年限		0.043*** (0.001)	0.029*** (0.002)
受教育年限 * 女性			0.024*** (0.002)
常数项	2.567*** (0.055)	2.811*** (0.068)	2.811*** (0.068)
随机效应方差			
时期截距	0.200 (0.011)	0.025 (0.013)	0.025 (0.013)
年龄截距	0.000 (0.000)	0.000 (0.000)	0.000 (0.000)
样本量	71 416	71 416	71 416
AIC	227 785.5	222 272.4	222 153.9
BIC	227 923.2	222 547.7	222 438.4

注：其他控制变量均已加入模型，但出于节约篇幅，表中未报告其他控制变量的结果。

通过本节深入的分析，我们清晰地观察到性别角色观念在公和私领域中的队列变化呈现出显著的男女差异。女性的性别角色观念现代化进程明显快于男性，并且这种差异随着不同出生队列的推移而逐渐扩大。与1921—1948年出生的队列相比，总体来看，两性在性别角色观念上的差异自1967年之后的出生队列开始显著扩大。具体到公领域，职场工作维度上的两性差异从1949年后的出生队列开始显现，而在天生能力方面，显著的性别差异则要到1978年后的出生队列才变得明显。在私领域，两个维度上的性别差异均是从1978年后的出生队列开始扩大的。从我国社会变革的视角来看，自中华人民共和国成立以来，党和政府一直致力于鼓励女性参与劳动力市场，积极推广男女平等的理念，这一举措极大地推动了女性在公领域性别观念的平等化进程，从而不断缩小了两性间的差异。

在各个维度上，教育对女性性别平等观念的推动作用均显著强于男性。这主要归功于教育为女性提供了接触并接受自由平等主义、挑战性别刻板印象的机会。此外，随着受教育程度的提高，高教育水平的女性更容易认识到平等的性别观念能为自身带来更多的利益(Kroska and Elman，2009)。因此，教育在推动性别平等观念方面的不均衡影响，无疑是两性在性别角色观念队列变化中存在差异的重要原因。

(五) 稳健性检验：虚拟变量回归法

由于APC模型的"识别问题"并未找到学界一致认可的解决方案，本研究除使用HAPC-CCREM模型外，还采用虚拟变量回归法对结果进行了稳健性检验。具体回归方法包括两种。第一种方法是将年龄、年龄的平方和年龄的立方作为连续变量同时加入模型，同时将队列和调查年份作为虚拟变量加入模型。第二种方法则是将年龄、队列和时期均作为虚拟变量加入模型，其中每隔10岁作为一个年龄段，而90岁及以上的年龄段则被归为同一类别。由于这两种虚拟变量回归结果高度相似，为避免冗长，仅列出了第一种虚拟变量分组回归的结果。

表3-16展示了总样本的虚拟变量分组回归结果。为便于与HAPC模型分析结果进行对比，我们将HAPC模型的系数也列入了表格中。对比可见，两种模型的系数在符号上保持一致，而系数大小的差异微乎其微。从表中数据可以看出，随着队列的变化，男女间性别角色观念的差异呈现出不断扩大的趋势。

此外，教育对女性性别角色观念现代化的推动作用明显强于男性，这与上文中 HAPC 模型的分析结果基本一致。

表3-16 性别角色观念的虚拟变量分组回归结果

	总指数	职场工作	天生能力	婚嫁观念	性别分工
1949—1955 年 * 女性	0.325 (0.301)	0.054* (0.054)	0.061+ (0.059+)	−0.089** (−0.090)	0.017 (0.015)
1956—1966 年 * 女性	0.541 (0.517)	0.066** (0.066)	0.050+ (0.049+)	−0.058* (−0.060)	0.021 (0.021)
1967—1977 年 * 女性	1.102* (1.095)	0.129*** (0.023)	0.057* (0.056+)	−0.057* (−0.058)	0.040 (0.040)
1978—1991 年 * 女性	6.087*** (6.061)	0.259*** (0.259)	0.299*** (0.298)	0.110*** (0.108)	0.305*** (0.303)
1992—2003 年 * 女性	10.892*** (10.928)	0.304*** (0.303)	0.483*** (0.484)	0.316*** (0.317)	0.654*** (0.657)
受教育年限 * 女性	0.512*** (0.512)	0.012*** (0.012)	0.023*** (0.023)	0.024*** (0.024)	0.024*** (0.024)
样本量	71 416	71 416	71 416	71 416	71 416
R 平方	0.161	0.085	0.090	0.060	0.131

注：1. 其余控制变量均已加入模型，且结果同 HAPC 模型差异较小，出于节约篇幅，不再全部列出，仅展示了队列与性别、教育与性别交互项的结果；2. *** $p<0.001$，** $p<0.01$，* $p<0.05$，+ $p<0.1$；3. 括号中为 HAPC 模型的系数。

综上可得：

1. 性别角色观念总指数的队列变化整体上呈现现代化趋势，这表明我们应对以往文献中关于性别观念"回潮"或"复归传统"等论断持谨慎态度。

2. 公领域性别角色观念的发展相较于私领域更为现代化。这证实了性别角色观念作为一种多维意识形态，其变化存在不均衡性。这种不均衡性体现了在当前社会压力下，人们倾向于促进男性和女性共同参与工作以提高家庭在社会中的竞争力，但在家庭私领域，女性仍被视为家务和育儿的主要负责人。

3. 女性的性别角色观念相较于男性更为现代化，并且这种差异随着队列的变化呈现不断扩大的趋势。这主要是因为女性更容易从平等的性别观念中获益。

4. 教育在推动女性性别平等方面所起的作用强于男性。尽管教育为所有人提供了接受平等主义、反对性别刻板印象的机会，但男性较少认为性别平等会为自己带来利益，原因在于性别平等可能会对男性的既得利益造成损失，例如增加家务和育儿时长等。

六、本章小结

在探究性别角色观念及其演变的过程中，我们深刻理解到这不仅是理解性别不平等的核心要素，也是揭示人类社会文化深层结构的关键所在。性别角色观念，作为性别文化的核心，并非一成不变，而是随着社会的变迁不断地被重新建构。这种由文化所塑造，而非生物属性所决定的观念，成为人们划分社会角色和劳动分工的重要依据。传统的性别分工及其背后的权力关系，是影响两性关系发展的内在驱动因素。为深入了解性别角色观念的变化趋势，本研究利用七期中国综合社会调查数据（CGSS2010－2021），并结合HAPC模型，对性别角色观念变化中的年龄、时期和队列效应进行了分解。此外，为了从多维度视角考察1921—2003年出生队列的性别角色观念变化趋势，本研究迈出了理解性别关系多维度发展的重要一步。

研究发现，在中国的本土情境下，西方性别现代化理论所描述的性别角色观念从传统至现代的单向转变过程并不完全适用。我国性别角色观念的队列变化表现为传统与现代并存，其变化过程远比西方理论所描述的更为复杂。

具体而言，本章主要有以下四点发现：

1. 性别角色观念总体上朝着两性平等的现代化方向发展。然而，各个维度的变化并不均衡，人们对职场公领域性别平等的支持度高于家庭私领域。通过建立HAPC模型分析各个维度，研究发现总指数的队列变化总体呈现现代化趋势。具体到职场工作和天生能力维度，队列变化的趋势符合队列更替理论。然而，在婚嫁观念和性别分工维度上，队列变化则呈现出先回归传统后趋向现代化的特点。

性别角色观念队列变化所表现出的多维度异质性证实了以往研究所指明的

性别角色观念变化的不均衡性。公领域性别平等观念的快速发展得益于中华人民共和国成立初期国家和政府自上而下的推动。"单位制"的确立以及法律法规保障了女性教育、就业和参与政治活动的权利，平等的两性观念深入人心。不足的是，虽然女性进入劳动力市场的机会不断提高，但人们对女性作为家务和育儿主要负责人的刻板印象并未有大的改观。这是由于，一方面，受儒家文化影响，家庭中依然看中女性作为母亲的角色；另一方面，随着孩子之间的竞争愈发激烈，许多家长认为全职父母可以为孩子的将来做更好的支持和准备。而在我国，通常由母亲全职照料子女。

2. 性别角色观念的队列变化表现出男女差异，女性性别角色观念的现代化速度超过男性，这与美国等西方社会的研究发现相一致（Bolzendahl and Myers，2004；Thornton and Young DeMarco，2001）。1921—1948 年出生队列的男性和女性在各个维度上的表现基本一致。然而，在其后的出生队列中，女性现代化的程度超过男性，且这种差异随着队列的年轻化而逐渐增大。

以往研究指出，大多数人均从平等的性别观念中受益。但我们的分析结果却表明，女性性别角色观念的队列更替速度快于男性。这是由于以往男性至上的霸权文化导致男性和女性的利益结构被认定是不同的（Ridgeway and Correll，2004），人们对男女的期望也是不同的。这种文化观念使得男性并不相信性别平等会使自身受益，如支持性别平等意味着家务和育儿时长的增加。相反，女性在因性别而受到不平等的对待时，更可能支持平等的性别观念。

此外，男女性别角色观念变化存在差异的原因也在于当前平等性别关系的发展主要依靠女性进入了以往由男性主导的领域，而以往由女性主导的职业领域却依然被认为是贬值的，男性也较少主动进入这些领域，性别角色观念的变化是女性的单行道。也正因此，女性性别观念现代化的速度快于男性。

3. 在各个维度中，性别角色观念队列变化的性别差异随着队列的更替而不断扩大。通过对总样本进行 HAPC 建模，并在模型中加入队列与性别的交互项进行分析，我们发现与 1921—1948 年出生队列相比，总指数上两性队列差异的显著扩大始于 1967 年之后的出生队列。具体到职场工作维度，两性差异的显著扩大始于 1949 年之后的出生队列；而在天生能力维度上，这一变化始于 1956 年之后的出生队列；婚嫁观念和性别分工的变化均始于 1978 年之后的出生队列。

以往研究多总结出性别角色观念的变化存在群体差异，但并未指明这种差异的变化趋势，本研究在得出男女性别角色观念变化存在差异的基础上，进一步发现了这种差异随着队列更替而不断扩大。

4. 教育对女性性别平等观念的推动作用强于男性。受教育程度每增加一年，女性和男性在总指数上的得分差异扩大 0.512；在职场工作得分上差异扩大 0.012；在能力得分上差异扩大 0.023；在婚嫁观念得分上差异扩大 0.024；在性别分工得分上差异扩大 0.024。因教育具有传播平等和多样性思想的作用，高教育程度往往与平等的性别观念相连（Shu，2004）。接受过高等教育的人往往会反对传统的两性刻板印象，更加支持开放性的性别观念。如前文所提到的，近年来，女性的受教育水平已经赶上并超过了男性。教育对女性性别平等观念的推动成为整个社会性别角色观念现代化的重要成因。因此，随着女性受教育水平的提高，教育对推动女性性别平等观念的作用愈发显著。

研究结论具有政策启示意义。性别角色观念深刻影响着个体的教育、就业和婚育决策，不仅关乎个人生活，也与社会发展息息相关。传统观念强调女性在家庭中的主要职责，这导致女性在追求事业与家庭平衡时面临更大的压力。研究表明，女性在家庭劳动中的负担远超男性，而高教育程度的女性常常因家庭育儿责任而放弃职业发展。这不仅限制了女性的职业前景和收入，也阻碍了女性追求自身发展的机会。此外，传统观念还对女性的婚育选择产生影响，不少女性因惧怕"工作-家庭"的双重压力而选择晚婚或不婚。这不仅导致生育水平下降，还影响到女性的幸福感和人力资本的充分发挥。为进一步推动性别平等，男性需要更多地支持性别平等观念，参与家务与育儿，打破传统的性别角色刻板印象。同时，政府应构建友好的家庭政策，为女性提供更多的支持和帮助，缓解其家庭与事业的双重压力。这不仅有助于推动两性关系的平等化，也对提高生育水平、提升女性幸福感、发挥女性的人力资本优势起着重要作用。

最后讨论本研究的局限和未来研究方向。首先，完善性别角色观念的测量方法，考虑不同人生阶段和个体生命历程的影响。其次，利用更长时间跨度和更丰富的数据来分析性别角色观念的变化趋势，包括队列、时期和个体变化的综合影响。本研究使用的七期 CGSS 数据时期跨度仅 11 年，不足以分析时期效应，尽管使用了 APC 模型，也重在阐述队列变化。随着我国数据收集工作的不断完善，以后的研究除关注队列变化趋势外，还可以利用 HAPC 模型考察性别角色观念的时期净效应，以进一步准确认识性别角色观念的变化。这将有助于我们更全面、准确地认识性别角色观念的演变及其对社会发展的影响。

第四章　性别角色观念的代际传递

　　社会化及文化传承理论认为，个体的文化观念是由父母和其他榜样共同塑造的，这构成了文化再生产的核心动力。在每个人的成长过程中，性别认识和规范主要来源于父母、亲人、教师和朋友。从儿童时期开始，个体的言行举止就受到某种性别规范的约束，直到他们完全学习、接受并开始无意识地实践一套符合社会期望的性别角色观念。无论人们是否意识到自己的性别角色观念，它都潜移默化地影响他们的生活。换句话说，性别角色观念的社会化过程就如同"春风化雨"，悄无声息地渗透进人们的心灵。同时，性别角色观念对社会行为的规范引导作用也非常隐蔽，但其影响力却不容忽视。

　　可以说，社会化过程是形成性别角色观念的主要途径，而家庭则是这一过程中至关重要的一环。父母作为主要的社会化代理人，他们的观念和行为对子女性别角色观念的发展具有决定性的影响。有学者甚至将家庭比作"性别工厂"，认为家庭不仅生产物质商品和服务，还生产和重塑社会性别结构（Berk，1985）。即使父母没有刻意地将性别观念灌输给下一代，孩子们也能通过观察家庭和社会中的性别角色来获得相应的规范。因此，父母的观念和表现出的行为对性别角色观念的发展具有关键意义。

　　基于此，本章利用家庭层面的亲子匹配数据，实证探究了性别角色观念社会化过程中父母与社会文化环境的独立影响。结果表明，家庭垂直社会化机制在子代尤其是年轻子女性别角色观念的形成和传播过程中发挥着显著作用，父亲和母亲的影响力同样重要。此外，社会环境中的其他人——即当地平均的性别角色观念——也与个体性别角色观念呈显著正相关关系。考虑到性别角色观念对公、私领域两性行为和结果的潜在影响，这些发现为解释性别不平等的持续性提供了新的视角。这一研究不仅揭示了家庭和社会环境在塑造个体性别角色观念中的重要作用，还强调了父母在子女成长过程中的关键角色。通过深入理解性别角色观念的社会化过程及其影响因素，我们可以更好地推动性别平等的实现。

一、相关研究述评

在世界范围内，随着经济社会发展，教育领域呈现性别平等化趋势，但有偿和无酬工作中的性别差异依然持续存在。传统性别分工模式并没有发生根本性变化，妇女仍然承担着相对较多的家务活动，并获得相对较低的工资收入。一个关键的促成因素可能在于传统性别观念的延续性与持续影响力。阿莱斯纳等人（2013）和汉森等人（2015）等最新研究发现，由古代犁耕农业生产方式所孕育的性别角色观念即使在几千年后仍然存在，并且对当前劳动领域的性别不平等状况具有显著影响。其中，代际传递是性别角色观念持续存在的重要机制（Alesina，Giuliano and Nunn，2013）。因此，关注性别角色观念的代际传递，对于回答"性别平等革命"为何停滞不前，性别不平等是如何生产、再生产等问题都有重要的意义。

社会学家和经济学家长期以来一直对代际流动问题感兴趣，并致力于探究父母和子代文化观念之间的相关性。社会学中的社会化理论和经济学中的文化传承理论（Bisin and Verdier，2011），都强调父母在子代文化特征和观念形成过程中的重要性。事实上，家庭社会化过程即父母有意的文化观念传播对性别角色的塑造起着至关重要的作用，而且儿童或青少年早期形成的性别角色观念对成年后的性别观念，以及家务劳动时间和市场劳动参与都有显著和持久的影响（Platt and Polavieja，2016）。因此，厘清作为性别文化核心的性别角色观念是如何代代相传的，是性别分层研究的一个关键问题，但这方面的经验研究缺乏系统性并存在局限。

首先，现有研究非常关注妇女的性别角色观念，包括它们是如何形成的及其对女性行为决策的影响。因此，早期相关研究大多强调母亲的性别观念是否以及如何传递至后代尤其是女儿(Cunningham, 2001; Moen, et al., 1997; van Putten, et al., 2008)。与之相比，仅有少数文献旨在阐明父亲在性别角色观念代际传承过程中的作用(Cano and Hofmeister, 2023)，或同时考察并比较父母的不同影响(Davis and Wills, 2010; Dhar, et al., 2019; Halpern and Perry-Jenkins, 2016; Perales, et al., 2021)。因为家庭上一代的性别分工是父母双方互动的结果①，如果这种性别分工能够影响子女的性别分工及相关的态度，但由于数据限制等原因而遗漏甚至忽视父亲在性别角色观念代际传递中的作用，那是非常遗憾且不利于全面理解性别社会化过程的。

其次，尽管有研究关注并比较分析性别观念代际传递过程中父母双方的相对作用，但来自西方国家的研究结论并不一致。有学者指出，母亲相比父亲更能影响孩子的性别角色观念(Alesina, Giuliano and Nunn, 2013; Dhar, Jain and Jayachandran, 2019)，或是同性之间的传递作用更大，即性别观念代际传递主要是父传子、母传女模式(Platt and Polavieja, 2016)。然而，也有研究表明，父亲母亲对儿子和女儿性别观念的影响不存在系统差异(Johnston, Schurer and Shields, 2014)②，或者父母对子女的性别角色观念具有同等重要的影响(Davis and Wills, 2010; Perales, Hoffmann, King, Vidal and Baxter, 2021)。结论的差异可能是缘于社会情境的不同，也可能是数据及测量指标的不一致，相关研究尤其是基于中国社会文化情境的研究还有待进一步探索。

再次，性别角色观念代际传递的经验研究，大多倾向于把代际传递简单地理解为父母的垂直社会化。从某种程度上来说，代际传递被看作是一种积极的父母社会化模式，子女则似乎是被动地接受父母的观念。然而，子女也可以主动地观察学习父母与其他榜样对性别角色的认知及其相关行为(Bisin and Verdier, 2011)。换言之，除了父母的影响之外，孩子们可能通过学习模仿社会网络中其他人的所作所为而形成自己的性别角色观念，抑或社会环境对性别角色观念的形成也具有独立影响。因此，父母与子女之间性别角色观念高度相关，并不

---

① 例如基于中国情境的研究发现，丈夫的性别角色观念能够影响妻子的劳动参与和工资收入(Ye and Zhao, 2018)。
② 他们的研究发现，尽管母亲对儿子和女儿性别观念具有同等重要的影响，但母亲的性别观念只能预测儿女的劳动参与决策，而对儿子的劳动参与行为没有影响。

足以构成家庭社会化的证据。何况,社会环境可能是性别角色观念代际相关性的混淆因素,即父母和子女的性别角色观念都是由共同的社会环境所决定的。准确识别性别角色观念的代际传递效应,需要考察和控制社会环境的影响。①

最后,更重要的是,现有研究证据主要基于西方国家的背景,但由于若干原因,与西方社会相比,转型期中国社会背景下性别观念的代际关系可能有所不同。例如,源于中国传统社会的大家庭居住模式,中国人的家庭和血统观念更加强烈,父母对子女的关心、干预和控制也更多,文化观念的代际传递可能特别强烈。事实上,亲子关系和父母的教养方式都对性别角色观念的代际传递效应具有影响(Doepke and Zilibotti, 2017; Min, et al., 2012)。此外,中国社会具有悠久的犁耕农业文明和几千年的儒学文化传统②,父权制性别文化观念根深蒂固且影响深远。尽管自五四新文化运动以来,尤其是20世纪50年代,中国通过自上而下、多层次和具有工具性的妇女解放运动,对传统性别文化进行前所未有之改造。不过,自市场转型和制度变迁以来,中国社会的性别话语发生了明显转型(吴小英,2009),性别角色观念尤其是社会分工领域的观念有复归传统的趋势(贾云竹,马冬玲,2015;杨菊华,2017)。因此,文化背景、政治经济体制和社会结构上的差异意味着中国性别观念代际传递的力量和后果可能与西方社会文献中所报道的不同。基于此并考虑到中国性别不平等程度的严重性,探究性别角色观念的代际传递,就成为重要的现实议题。

遗憾的是,鲜有文献对中国社会情境下性别角色观念代际传递进行专门研究。不过在性别角色观念影响因素的研究中,有学者已经关注到原生家庭特征在子代性别角色观念形成过程中的作用(风笑天,肖洁,2014;刘爱玉,佟新,2014),尽管他们都发现父母受教育程度对子代性别角色观念没有显著影响。但陈(Chen)和葛(Ge)的研究则表明,由传统的母亲(14岁时母亲未参加工作)

---

① 一些文献采用"流行病学分析范式"(epidemiological approach)研究移民和移民后代之间的代际关系来剥离环境的影响(如 Alesina, et al., 2013)。因为出生和成长在同一国家的移民后代具有共同的社会、经济和政治环境,因此研究者假定移民后代的性别文化特征差异主要源于父母(第一代移民)来源国文化特征的差异。不过,这类文献一般使用来源国平均的劳动参与率作为父母性别文化的代理变量,未能直接测量反映父母本人的性别角色观念。
② 在传统中国社会,性别文化主要体现为"男耕女织"的性别分工,"贤妻良母"的角色期待,"三从四德"的行为规范,"夫为妻纲""男尊女卑"的等级关系,等等。

抚养大的儿子更有可能持有传统性别角色观念(Chen and Ge，2018)。此外，胡还发现家务性别分工模式具有代际传递性，即父母之间的家务性别分工方式对10—15岁青少年家务劳动时间具有显著影响(Hu，2015)。上述两篇文献对结果的解释或推理，都蕴含着性别文化特征的代际传递，但遗憾的是没有测量性别角色观念并提供其代际传递的直接证据。本章通过研究代际传递如何在性别角色观念形成方面发挥作用，弥补这一缺憾并期望从文化视角为中国性别不平等提供解释。

研究从家庭社会化和文化传承理论出发，在性别角色观念影响因素这一分析框架下，充分利用中国家庭追踪调查(CFPS)数据优势，构建亲子匹配(包括父母和子女)数据资料，探究中国社会性别角色观念的代际传递效应。主要特色和贡献体现在以下两个方面：(1)剖析社会化过程中父亲和母亲对子女性别角色观念的独立影响，以及是否存在代际传递路径的性别差异，即是否存在"父传子""母传女"的模式。(2)采用类似于多门(Dohmen)等分析信任观念代际传递的方法(Dohmen, et al.，2012)，我们构建地市级层面平均的性别角色观念指数(不包括本人)，衡量社会文化环境对个体性别角色观念的形塑作用。从而检验垂直社会化机制和横向社会化机制在性别角色观念形成演化过程中是否同时存在并独立发挥作用。此外，鉴于社会化过程中所形成的性别角色观念，会影响后续家务和市场劳动的性别分工模式。在一定意义上，本研究有助于理解中国社会的性别文化结构，深化认识传统性别角色观念及性别不平等为何持续存在。

二、代际传递理论与机制

代际承继和世代绵续是文化传承的首要特征，而家庭是文化传承的主要场所和载体。个体的信念首要地来源于上一代的文化传承，然后受到个体经验的影响而发生缓慢更新并传递至他们的下一代(Guiso, Sapienza and Zingales，2008)。而且代际之间的生活环境越稳定，文化的代际传递及其持续性就越稳定(Giuliano and Nunn，2021)。

经济学、心理学和社会学文献中越来越多的证据表明，偏好、态度和信念等存在显著的正向代际关联。性别角色观念代际相关性的研究，嵌套于这一广泛的议题之中。如何理解或解释亲子代际之间这种价值观和文化取向的同质性，存在几种不同的观点，包括基因、社会环境和社会经济地位的相似性等。然而，在所有的理论观点中，关于社会化过程的研究在社会科学中经历了某种复兴，社会化理论已经占据了主导地位。在社会化理论基础上，经济学家对文化代际传承做了模型化处理(Bisin and Verdier, 2001; Bisin and Verdier, 2011)。这些模型推定父母将孩子的社会化视为他们养育子女的核心责任之一，在家长式利他动机作用下努力向孩子灌输自己所信奉的价值观念。① 与此同时，父母也是孩子的行为榜样。个体在成长过程中持续暴露于父母的特定行为模式之下，导致他们学习模仿、适应并内化该行为，并形成与之相关的态度。

具体到性别角色观念，父母是最早也往往是最基本的性别社会化代理人，通过言传身教的方式影响子代的性别观念。由于父母在日常生活中可能会直接劝告、评论或暗示自认为正确或合适的性别规范，这意味着直接或间接的口头交流被广泛认为是父母将性别规范和期望传递给后代的重要途径(Epstein and Ward, 2011; Platt and Polavieja, 2016)。同时，父母还可以通过角色塑造或行为榜样的方式将其性别观念传递给后代，即个体通过观察参与社会学习的过程。通过观察学习父母的性别分工、家庭等级以及家庭成员的性别关系，个体在儿童和青少年时期学会了如何"做性别"(doing gender)，并潜移默化地形成与之相关的态度(Platt and Polavieja, 2016)。虽然父母绝不是儿童性别社会化的唯一来源，但他们可以在一定程度上干预和控制孩子接触其他社会化力量和代理机构，如选择自己认可的朋友、学校和媒体，从而导致亲子代际之间性别观念的相似性。这一过程被称为垂直社会化。

当然，儿童性别角色的习得除了观察和模仿双亲的性别互动，与其所处的社会环境也有着密不可分的关联。儿童早期最先接触的是家庭，父母是其首要的学习模仿对象，但随后通过社会网络的扩大而向父母之外的其他人学习。这意味着，在父母之外，社会网络中的其他人也是强有力的社会化机制并对个体文化观念的形成具有重要影响(Bisin and Verdier, 2001; Bisin and Verdier, 2011;

---

① 一些文献把家长式利他称作不完美的利他，因为父母无法确切地知道子女的偏好而只能根据自己的偏好来作出对子女有利的事情。

Panebianco，2014)，这一过程可称之为斜向社会化(oblique socialisation)或横向社会化。① 例如，有研究指出女性所处的社会文化环境对其观念变革具有重要影响，即社会化过程中通过观察身边前辈的行为而更新自己的信念并最终影响劳动参与行为(Fernández，2013；Fogli and Veldkamp，2011)。奥利韦蒂(Olivetti)等更是为性别角色观念的横向社会化提供直接的证据支持，发现高中同学的母亲对女性劳动参与具有显著影响，其影响程度甚至超过自己的母亲。在青春期接触过大量职业母亲的女性不太可能觉得市场工作会干扰家庭责任。反过来，这种看法对她们生育后是否工作也有重要影响(Olivetti，et al.，2020)。类似地，针对印度农村中学生的研究也发现，性别角色观念的形成存在显著的同群效应，即同一学校同一年级的同伴的平均性别角色观念也对个体性别角色观念具有统计上的显著影响(Dhar，Jain and Jayachandran，2019)。

综上所述，个体所拥有的文化观念是通过适应和模仿获得的，这取决于他们父母的社会化行动以及个体所处的文化和社会环境。当然，从某种意义上来说，父母或原生家庭是性别角色观念产生、延续的首要因素。因为父母不仅直接影响子女的文化观念，而且可以直接干预或限制他们的成长环境(Doepke and Zilibotti，2017)。总之，个体的文化价值观念可能来自父母，也可能来自父母一辈的其他人或同伴。因此，区分和识别垂直社会化和横向社会化的独立影响，成为性别社会化研究的一个关键问题。

然而，既有的关于性别角色观念演化与代际传递的经验研究中，同时检验这两个社会化机制的文献非常匮乏。在针对性别角色观念代际传递的经验研究中，大部分学者承认在子女性别角色观念形成过程中，父母扮演着重要角色，但学术界仍然对文化传承所涉及的确切渠道和机制知之甚少。现有经验研究主要集中于垂直社会化，大量研究表明，子代的性别角色观念与父母的态度之间确实存在很强的相关性。因为父母有意无意之间都会把性别角色给传递至下一代，孩子们也会通过观察父母在公私领域的行为，了解到两性之间的束缚和机会，发现社会规定的性别角色并形成偏离特定性别行为的成本预期，从而形成

---

① 这些术语源于(Cavalli-Sforza and Feldman.，1981)，斜向社会化是指父母之外其他成年人施加的影响，而横向社会化(Horizontal socialization)一般指同龄人之间的互动导致的社会化结果。文献中往往对两者不作严格区分，泛指家庭之外大的社会环境的作用，有时统称间接的社会化。

符合社会规范的性别角色及相应的行为特征，但如何剥离同时存在的横向社会化机制的影响是研究的难点。此外，父母与子女之间性别角色观念高度相关，并不足以构成垂直社会化的证据。因为社会环境可能是性别角色观念代际相关性的混淆因素，即父母和子女的性别角色观念都是由共同的社会环境所决定的。于是，一些研究采用"流行病学分析法"，将研究对象限制在第二代移民，研究移民人口之间的性别角色差异及其代际传递关系（Alesina, Giuliano and Nunn, 2013; Kretschmer, 2017），以便控制社会、经济和政治环境的干扰。然而，遗憾的是，这类文献一般将父母的来源国或其平均的劳动力参与率作为性别文化的代理变量，未能直接测量反映父母性别文化的观念特征。由于文化融合的影响，移民子女的性别角色观念同时也会受当地社会其他人的影响，因而也未能区分垂直社会化和横向社会化的独立作用。

同时，考虑到孩子的抚育过程中，母亲投入时间更多，现有研究强调母亲的性别角色观念是否以及如何传递至后代尤其是女儿，对父亲在性别社会化过程中起到何种作用的认识相对不足。事实上，不同的理论观点导致不同的预期。一方面，正因为母亲花在孩子身上的时间明显多于父亲，这预示着与父亲相比，年幼的孩子将不成比例地主要受到母亲性别观念和行为的影响，即子代个体性别观念受到母亲的影响比父亲的影响更大。另一方面，关于育儿方式的研究表明，母亲和父亲以不同的方式与子女相处。值得注意的是，父亲在与孩子的互动中更具统治力和权威性，更有可能干预或控制孩子行为（Klann, et al., 2018）。再加上根深蒂固的父权制社会结构，男性往往比女性享有更高的地位和影响力。这些论点表明，与母亲的性别观念相比，父亲对子女性别观念的影响更大。因此，我们希望研究父亲和母亲作为独立的社会化代理人的相对作用。

此外，在一些文化传承模型中，父母会按照不同的方式社会化儿子和女儿的文化特征观念（Hiller and Baudin, 2016）。社会化理论的一些经典版本也认为，同性父母的影响在性别角色观念的传递中尤为重要。因为儿子可能以父亲为榜样，而女儿更多地以母亲为榜样（Cunningham, 2001）。根据这些理论，我们可能发现同性亲子相比异性亲子，具有更强的代际文化传播。然而，相比研究父亲在文化传承中的作用，对母亲影响的研究显然占主导地位（Ex and Janssens,

1998；Fernández and Fogli，2009；Moen，Erickson and Dempster-McClain，1997）。因此，传播渠道的性别异质性问题在性别社会化文献中很少受到重视，而且没有一致结论。有研究发现性别角色观念在同性之间的代际传递效应更强（Carlson and Knoester，2011；Kulik，2002），尤其是母-女代际传递（Perales，et al.，2021），或父-子之间的代际关联（Halpern and Perry-Jenkins，2016），但其他研究却没有发现两者的区别（Burt and Scott，2002；Cunningham，2001）。当然，由于不同的作者可能使用不同的测量指标，结果在不同研究之间并非具有完全的可比性，相关研究有待深入开展。

总之，上述分析提出两个有待继续深化研究的方向。首先，父母对子女的性别角色观念具有显著影响。不过，除了纵向垂直社会化之外，子代性别角色观念同时也受到横向社会化即社会环境中其他人的影响，或父母和子女同时受环境影响而使得代际传递关系并不成立。因此，参照多门等（2012）用于分析信任代际传递的方法，我们采用当地平均的性别角色观念作为环境控制变量，进而得到性别角色观念代际传递效应的稳健结果。其次，性别角色观念代际传承可能存在"父传子""母传女"的二元模式，即同性之间的代际传承效果更强。更重要的是，如果父亲的性别观念对子代性别观念具有重大的独立影响，代际关系研究只集中于母亲的作用，对文化观念代际传承研究显然是不全面的。因此，本研究对此做了深化分析，同时检验父母在性别角色观念社会化过程中的作用。然而，考虑到联合估计父亲和母亲的文化传承作用的文献相对不足，而且由于其他社会文化环境的不同，我们对父母在性别角色观念代际传递的相对强度不作任何先验的假设，具体结论有待经验分析和检验。

三、性别角色观念测量及现状

（一）数据来源

本章数据来源于中国家庭追踪调查（CFPS）。它是一项全国性、综合性的社会调查项目，调查内容包括经济活动、教育获得、家庭关系等在内的诸多研究主题。2014年的CFPS包含了一个关于性别角色观念的新的测量模块，且因其调查对象为样本家庭中的全部家庭成员,这为分析性别文化的代际传递提供了良好的数据支持。

分析中以子代为基准,构建家庭亲子匹配数据。只要能够匹配上父亲或母亲,就成为本研究对象,我们没有限定样本年龄以便在更大的年龄范围内分析性别角色观念的代际关系。[①] 当然,由于传统的从夫居制度,女性婚后更多地与男方的父母居住,受家庭户内调查方案限制,我们的分析样本可能更多地倾向于男性一方,尽管女性样本数量也足够多(女性占34.2%)。因此,在使用全国总样本数据的基础做了加权处理,使得本研究至少在父系家庭层面上深化了对性别角色观念形成及代际传递的认识。而且,从夫居本就属于性别文化特征,我们的样本反映的是中国社会的实际情况。

(二) 性别角色观念测量

性别角色观念是一个多维度、内涵丰富的概念。CFPS调查问卷关于性别角色观念的测量问题,包括"男人以事业为主,女人以家庭为主""女人干得好不如嫁得好""女人应该有孩子才算完整"和"男人应承担一半家务"。被访者要求按照李克特5点量表法分别对上述表述进行认可评价,1代表"非常不同意"、5代表"非常同意"。这些表述旨在调查家庭和工作生活的不同维度,但都隐含着"男主外女主内"这一公私领域分明的传统性别角色分工,即女性应该更多地承担家庭维持和再生产责任,或者说其市场角色的重要性应该从属于家庭角色。需要注意的是,为方便起见,这里说的"传统"体现的是女性应该主要从事家庭劳动而男性承担市场劳动的观点。

遵循前例,为了避免上述测量指标之间的共线性问题,并提高样本之间的可比性,需要构建性别角色观念指数。当然,实证分析中也可以采用另一种选择,那就是对所有的维度进行单独的回归分析(后文对此做了稳健检验)。然而,由于每个单独的表述都仅仅涉及一个具体领域的角色,我们更倾向于使用综合的性别角色观念指数进行分析,因为它能够更好地捕捉到个体对性别角色的一般看法。不过,信度分析表明,"男人应承担一半家务"的内部一致性程

[①] 由于数据限制,本研究只能利用成人样本分析可能在儿童早期就发生的社会化过程。

度较低①，而且移除它之后平均的组间相关系数和阿尔法信度系数（Cronbach's alpha）都有所提高。因此，基于前三个指标得分进行加总构建取值范围为3—15的连续型性别角色观念指数（限定三个指标都存在测量值的样本，有效样本量为29 363）。指数得分15意味着极端传统的性别角色观念，分值越低则意味着个体所有拥有的性别角色观念越倾向现代平等。这一方法的吸引力在于，它通过连续变量的方式捕获了离散响应的变化特征。由此构建的性别角色观念指数的阿尔法信度为0.683，达到统计学上可接受的水平。

当然，基于量表法构建的性别角色观念指数可能存在不足之处。例如，在求和过程中简单地为不同维度的指标赋予同等权重。因此，我们在研究中同时考虑替代方案，采用因子分析方法构建性别角色观念的综合测量指数。在数据分析中，我们首选是5点量表法构建的指数，因为它信息量更大且比建构出来的因子更容易理解。因此，我们主要使用量表方法，但使用因子分析对重要的结果进行稳健检验。

表4-1显示了性别角色观念的均值及两性之间的差异。数据显示，在"男人以事业为主，女人以家庭为主"这一核心的性别角色观念上，男性给出了更传统的回答，其平均分值高于女性。其中，有43.53％男性对此表示"非常同意"，女性相应的数字为42.21％。这一点与刘爱玉和佟新（2014）的发现是一致的。然而，不管男性还是女性，认同"男主外女主内"传统性别角色分工的人依然占据主导地位。总体上同意或非常同意这一观点的比例达到68.64％，说明整个社会的性别角色观念仍属于传统范畴。

从其他维度及总体的性别角色观念指数来看，女性表现得反而比男性更为传统。女性似乎对"女人干得好不如嫁得好""女人应该有孩子才算完整"的认同程度更高。而且，总体的性别角色观念指数得分，男性为11.29，女性为11.50，两者的差异具有统计显著性。这些结果一定程度上反映包括女性自身在内的中国城乡居民对性别角色分工依然表现出相当传统的看法。

---

① "男人应承担一半家务"的item-test和item-rest相关性系数都低于其他三个指标，分别为0.547、0.257。其他指标之间的内部一致性程度（item-test）都超过0.7。采用因子分析也得到类似的结果，即前三个维度构成一个公因子，且只能提取一个公因子。因此，下文不再考察"男人应承担一半家务"这一性别观念。

表 4-1 2014 年我国男女性别角色观念现状

	总体 (n=29 363)	男性 (n=14 566)	女性 (n=14 797)	T 检验
男人以事业为主，女人以家庭为主	3.89	3.96	3.82	6.30***
女人干得好不如嫁得好	3.46	3.39	3.52	−11.41***
女人应该有孩子才算完整	4.05	3.94	4.16	−16.31***
性别角色观念指数	11.40	11.29	11.50	−9.19***

注：利用CFPS全国样本进行加权计算得到，***表示均值 T 检验显著性水平 $p<0.01$。

研究中国性别文化的代际传递，一个不能回避的问题就是社会转型对文化变迁的潜在影响。在统计上测量社会转型或社会文化变迁，常用的方法是采用世代划分的方法，对不同的世代进行比较。因为相同世代的人们初次成长背景差别不会太大，受到共同的制度与文化的影响，并经历着基本相似的社会历史事件。

因此，为了揭示同一时期不同年龄群体在性别角色观念上的差异，以出生时间为标准划分同期群。2014 年 CFPS 成年样本的出生年份分布于 1910—1998 年，考虑到样本数量，将出生于 1934 年及以前的划分为最年长的一个世代，此后都是选择 5 年作为一个世代，共计 14 个世代。① 在一定程度上满足对同期群群体观念变动的分析需求。

图 4-1 显示的是不同出生群体性别角色观念指数及各维度的平均值(已按照全国样本的权重进行加权)。其中，横轴是按照出生年份分组的同期群，左边纵轴表示三个子维度的性别角色观念得分，而右边纵轴是性别角色观念加总指数。如图所示，总体而言，当前中国城乡居民的性别角色观念依然属于传统

---

① 之所以把 1934 年及以前出生的样本合并成一个世代，是因为总体上的年龄结构问题导致 70 岁以上的老年人口相对较少，考虑到样本量、问卷信息的有效利用及成长环境的相似性，将出生于这一时间段的样本合并为一个世代。关于样本的世代分布，总的有效样本量为 29 363，最早的两个出生世代的样本量较少。其中，第一个世代(出生于 1910—1934 年)的样本量为 534，出生于 1935—1939 年第二个世代的样本量为 747，出生于 1940—1944 年第三个世代的样本量为 1 222，其他世代的样本量都超过 1 500。

范畴，大部分群体的性别角色观念指数的平均得分超过9，即对"男主外女主内"等传统观念认同度较高。从不同维度的指标来看，几乎所有的世代，"女人有孩子才完整"这一观念的平均得分相对其他两个指标更高。这意味着它比"男主外女主内"，尤其是"女人干得好不如嫁得好"方面更为传统。不过，从不同年龄群体之间的变化趋势来看，性别角色观念总体指数及三个指标维度的平均值，大体上都呈现出随世代变迁而下降的趋势，即年轻世代的性别观念相对现代、平等，而年长者则相对传统的格局。这似乎预示着随着经济社会发展，中国的性别角色观念日趋现代平等。然而需要指出的是，截面调查数据无法体现性别角色观念的历史变迁，同时期不同世代之间的观念差异涵盖着年龄差异，我们无法排除年轻群体性别角色观念最终是否会随自身年龄增长而趋于传统。这一结果只能表明，在同一调查时点，年轻人的性别角色相比年长者要倾向于平等现代，这与贾云竹等（2015）的结果是一致的。

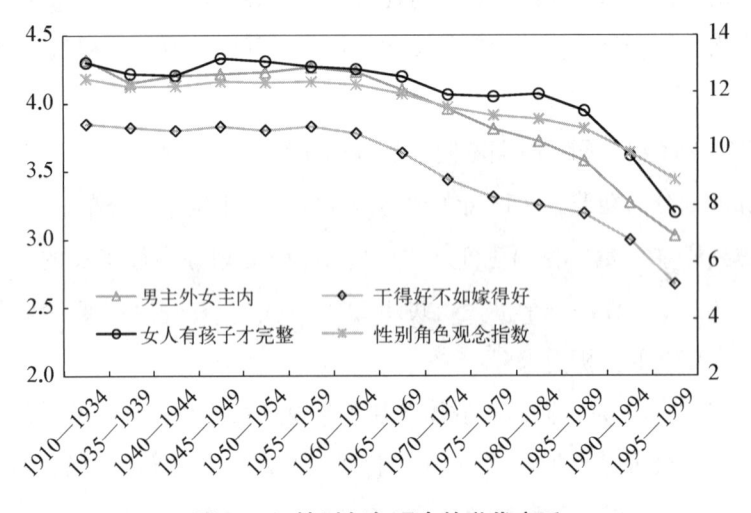

图4-1 性别角色观念的世代变迁

由此提出值得进一步分析的问题，即性别角色观念是否存在代际传递效应，即年老世代父母的性别角色观念是否对子女的性别角色观念具有预测作用。由于我们想探究父母和子女之间的性别角色观念是否以及在多大程度上相互关联，因此，我们以家庭中的子代为参考，构建亲子匹配数据，以子代的性别观念作为因变量，并检验亲代性别观念对子代性别观念的预测作用。

(三) 性别角色观念的代际关联

本章研究的重点是探究父母和子女之间的性别角色观念是否以及在多大程度上相互关联。因此，我们以家庭中的子代为参考，构建亲子匹配数据，以子代的性别观念作为因变量，并检验亲代性别观念对子代性别观念的预测作用。其中，能够匹配上父亲且性别角色观念变量没有缺失的样本量为 5 958，匹配上母亲且相关信息完整的样本量为 6 752，能够同时匹配上父母双方信息的样本量为 5 248。[①] 分析中，为了探究父亲和母亲对子女性别角色观念的独立影响，并最大程度地利用样本信息，只要能够匹配上父母一方的样本都保留。接下来的分析都是基于这个亲子匹配样本，样本量为 7 462。

子代与父母的性别角色观念见表 4-2。数字显示出几点有意思的现象：(1) 子代的性别角色观念相比父辈更倾向于现代平等。不管是子代中的儿子还是女儿，各个维度的性别角色观念和综合指数得分，都比年长的父亲和母亲的得分要低。(2) 女性的性别角色观念随现代化发展而转向平等的趋势，相比男性更加明显。父代中，女性(母亲)的观念相比男性(父亲)更传统，但这一性别差异在年轻子代发生反转，年轻女性(女儿)的观念变得比男性(儿子)现代。这在一定程度上可以说明，随着中国社会的转型发展，女性的观念变革更为快速。对比表 4-1 和 4-2 也可以得到这一观点，整体上女性并没有表现得更为现代，只是年轻女性对她们的市场角色有更多认同。(3) 尽管传统观念出现弱化现象，但从性别角色观念的内部结构来看，两代人之间仍存在一些持续稳定的模式。我们观察到，年长女性和年轻女性相对认同"女人应该有孩子才算完整"，而男性则在"男人以事业为主，女人以家庭为主"这一维度上得分相对较高。(4) 从性别角色观念指数的标准差来看，尽管子代的观念变得更为现代，但其内部差异尤其是年轻女性之间的差异程度也在扩大。总体而言，这些数字较为清晰地反映出，相比年长的父母，年轻男女的性别观念都转向现代并有相当程度的异质性或多元化。当然，也正因为父辈之间的性别角色观念指数存在一定程度的变化，这为识别和考察其对子代观念的影响作用提供了统计上的前提条件。

[①] 由于控制变量亦存在部分缺失值，故后续进入模型的样本量略小于此数。

表 4-2 子代与父母的性别角色观念

	子代			父亲	母亲
	儿子	女儿	总计		
男人以事业为主，女人以家庭为主	3.77	2.95	3.48	4.16	4.20
女人干得好不如嫁得好	3.17	2.85	3.06	3.62	3.84
女人应该有孩子才算完整	3.74	3.65	3.71	4.12	4.36
性别角色观念指数	10.68 (2.87)	9.45 (3.17)	10.24 (3.04)	11.89 (2.68)	12.40 (2.52)

注：表中数字为均值，利用亲子匹配样本进行加权计算得到，括号中的数字是性别角色观念指数的标准差。

在正式探究性别角色观念是否存在代际传递之前，图4-2初步揭示了父母和子代性别角色观念之间的关联。图中纵轴显示的是给定父亲（左图）或母亲（右图）性别角色观念的情况下，子代（儿子或女儿）平均的性别角色观念。图形结果表明，子代的性别角色观念显然与父母的性别角色观念正相关。图中向右上方倾斜的回归线说明了这一点，这是基于子代性别角色观念指数对父母性别角色观念的加权回归（没有控制其他变量）。父亲性别角色观念指数的回归系数为0.238，标准误差为0.020（$p=0.000$）。考虑到父亲的性别角色观念指数的平均值为11.89，这意味着父亲对子代性别角色观念的贡献达到2.83。或者说，父亲性别角色观念得分提高（降低）一个标准差（2.68），子代的性别角色观念将增加（降低）0.63。类似地，在没有其他控制变量的情况下，子代性别角色观念对母亲性别角色观念的加权回归系数为0.221，标准误差为0.020（$p=0.000$）。这些结果表明，尽管子代的性别角色观念趋向现代平等，但父母对子女性别角色的形成依然具有不容忽视的作用。

通过上述描述性分析，发现亲代-子代的性别角色观念具有统计意义上的显著的正向关联。对此需要进一步回答的问题是，父母性别角色观念对子女性别观念的重要作用，是否因为遗漏其他影响因素造成的。因此，接下来使用多元回归分析的方法，分析验证父母性别角色观念影响子代观念的净效应。

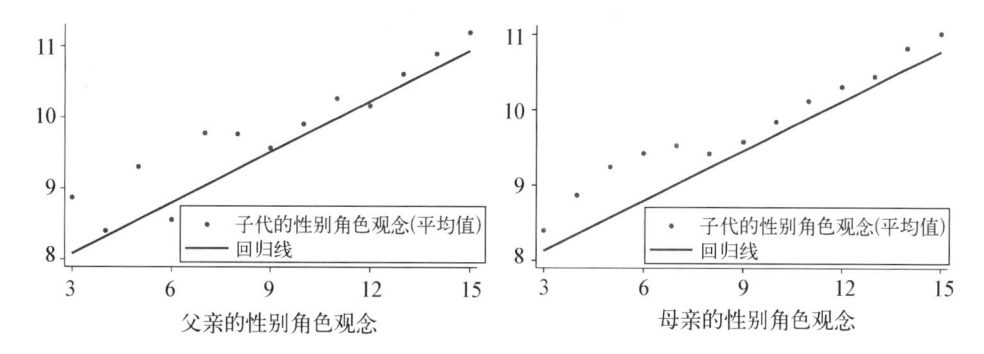

图 4-2 父母与子女性别角色观念的相关性

四、分析结果与讨论

(一) 父母对子代观念的影响

性别角色观念代际关系的多元线性回归结果汇报于表 4-3。其中因变量是子代的性别角色观念指数,关键解释变量是父亲和母亲的性别角色观念。控制变量包括以往研究发现能够影响性别角色观念的个体特征,如受教育程度、性别、年龄、户籍,以及父母的年龄、受教育程度等。[①] 同时,考虑到社会转型对观念变迁的潜在影响,为了揭示同一时期不同年龄群体在性别角色观念上的差异,以常用的出生时间为标准划分同期群并对不同队列之间的观念进行比较。结合样本量、问卷信息的有效利用及成长环境的相似性,我们将出生于1964 年及以前的划分为一个同期群,此后都是以 5 年为标准共计 8 个同期群。[②] 此外,考虑到不同地区之间经济社会文化的特征差异,模型控制了省份固定效应。为了纠正复杂抽样及代际匹配过程中可能产生的样本误差,依据现有研究做法(Fogli and Veldkamp,2011;Platt and Polavieja,2016),回归中对样本进行加权并纠正来自同一省级地区样本之间可能存在的误差相关性。

[①] 样本其他特征的描述性分析结果略。
[②] 关于子代样本的同期群分布,总体上最早的两个队列样本量较少。其中,第一个世代(出生于 1964 年前)的样本量为 266,出生于 1965—1969 年的样本量为 327。其他队列的样本量数量都超过 500,其中出生于 1985 年之后的三个同期群样本量都超过了 1 300。

表4-3　父母性别角色观念对子女性别角色观念的影响

	(1)	(2)	(3)	(4)	(5)
父亲性别角色观念	0.153***		0.116***	0.109***	0.112***
母亲性别角色观念		0.140***	0.104***	0.109***	0.113***
女性	−0.677***	−0.624***	−0.655***	−0.714	−0.935
受教育年限	−0.172***	−0.182***	−0.181***	−0.181***	−0.180***
年龄	0.149***	0.111***	0.148***	0.147***	0.149***
农业户口	−0.016	0.005	−0.047	−0.046	−0.035
父亲年龄	−0.005		−0.006	−0.006	−0.007
父亲受教育程度	−0.024		−0.033	−0.033	−0.033
母亲年龄		0.005	−0.003	−0.003	−0.002
母亲受教育程度		−0.008	0.019	0.019	0.020
女性*父亲性别观念				0.017	0.025
女性*母亲性别观念				−0.011	−0.002
父亲观念*母亲观念					0.016***
常数项	6.822***	7.386***	6.175***	6.217***	6.025***
同期群固定效应	有	有	有	有	有
省份固定效应	有	有	有	有	有
观测值	5 933	6 728	5 225	5 225	5 225
R平方	0.174	0.171	0.173	0.174	0.175

注：出生组固定效应以1995—1999为参考；省份固定效应以河南为基准。*** $p<0.01$，** $p<0.05$，* $p<0.1$。

表4-3第(1)列回归结果显示，子女的性别角色观念与父亲的性别角色观念显著正相关。与上文不加控制变量的结果相比，尽管父亲态度的回归系数有所降低，但它仍然是统计显著的。正向的回归系数表明，父亲的传统观念越强

烈,其子女的性别角色观念也越倾向传统。与之类似,第(2)列的回归结果显示,母亲对子女的性别角色观念也具有显著的正向影响。由于系数为0.140,而母亲性别角色观念指数的平均值约为12.40,对子女性别角色观念平均的贡献约为1.74。或者说,母亲的指数值增加一个标准偏差(2.52),导致子女的性别角色观念指数平均增加0.35。由于个体的性别角色观念指数取值范围在3和15之间,意味着在其他条件不变的情况下,成长于观念极端传统家庭的个体,其平均的性别角色观念比出生于最不传统家庭的个体约高1.68。尽管这种代际传递效果在数量上并非很大,但相关的标准误非常清楚地表明,母亲的观点对她的孩子来说是至关重要的。当我们把父母的观念同时纳入模型中后,回归结果显示,父亲和母亲都对子女性别角色观念具有显著作用,尽管两者的系数比其单独进入模型时略有下降(第(3)列)。回归系数的下降应该是因为两者存在正相关关系造成的(相关系数为0.27,显著性水平为0.000)。也正是因为这一点,我们只有同时纳入父母双方的性别角色观念,才能够准确识别母亲和父亲观念的独立影响。

为了进一步透析社会化路径,我们还检验性别角色观念的代际传递是否存在"母-女"或"父-子"主导的模式。理论上,父母可能对儿子和女儿有不同的社会化影响。父亲相比母亲对儿子的榜样作用更大,而母亲则可能是女儿更为重要的榜样。为此,表4-3第4列加入子女性别与父母观念的交互项。结果发现,父母对子女观念的影响并没有显著的性别差异。因此,对于性别角色观念来说,结论并不支持不同性别具有不同学习榜样的假说。也就是说,父亲或母亲对儿子和女儿的性别角色观念都能够产生影响,我们对儿子(男性)和女儿(女性)子样本分别进行回归也得到一致结果。同时,父亲和母亲性别角色观念指数中心化处理之后的交乘数项结果表明,父母双方的性别观念对子代的影响是存在显著的正向交互效应(第5列)。如果父母双方都持有传统观念,他们的子女在性别角色观念上也更加传统。此外,为了检验性别文化观念的代际传递是否存在城乡差异,我们在模型中纳入父母观念与城镇地区的交互项,或是分城乡子样本进行分析,都得到父母对子女观念具有显著影响且其效应大小不存在城乡差异(结果略)。

表4-3的结果表明,其他变量也与性别角色观念的形成相关。特别是,随着受教育程度的提高,个体拥有更积极的性别观念。意味着受教育程度的增加

能够抑制传统性别角色观念的代际传递效应。教育对传统性别文化观念的冲击作用已被大量研究所证实。因为教育程度的提高使得个体有更多可能接触到女权和两性平等的价值理念，也更可能参与劳动力市场从而调适重构自身的角色观念与行为模式，从而削弱传统性别角色观念。当然，也有可能是倾向两性平等的个体更有可能追求并提高教育获得。此外，与上文的描述性结果一致，男性相比女性在性别角色观念上更加传统。这一结果支持性别平等观念变革具有"不平衡和停滞"的特征(England, 2010)，即传统文化具有持续性，尤其是男性的性别平等观念裹足不前。这与国内其他研究，发现女性的性别角色观念更趋平等是一致的(Du, Xiao and Zhao, 2021；刘爱玉，佟新，2014)，以及与基于中国台湾地区样本的研究结论也是类似的(王雪梅，章志敏，2014)。同时，在控制同期群虚拟变量即个体成长时代背景的情况下，年龄较大的人倾向于拥有更为传统的性别角色观念。

相比之下，父母的年龄和受教育程度对子女性别角色观念的影响并没有统计学意义。这与国外大多数研究发现父母尤其是母亲受教育程度影响子代性别观念的结论不同(Sani and Quaranta, 2017)，但与国内研究发现父母受教育程度对女性性别观念没有显著影响的结论是一致的(风笑天，肖洁，2014)。可能的原因是，在中国社会背景下，父母受教育程度对子女性别角色观念的影响可能是间接而非直接的，如通过影响子女教育获得而作用于其性别角色观念。不过，在我们控制父母受教育程度的情况下，依然发现父母本身的性别角色观念对子女观念的形成具有显著影响。这也就说明，父母与子女性别角色观念之间的关联，并非只是体现了人力资本的代际传递，而是其对子女的性别角色观念具有直接作用。

（二）地区文化对性别角色观念的影响

上述分析表明，父母的性别角色观念对子女的性别角色观念有很大的影响。然而，考虑到父母和子女具有共同的生活环境并遵守同一群体的文化规范，父母和子女的观念或许被质疑都是由区域文化塑造形成的，即地区文化作为混淆因素导致两者的关系是虚假的。同时，文化传承理论通常认为，个体观念的形成除了受到垂直社会化（家庭内部的代际互动）的影响，同时也通过横向的学习和模仿而受到除父母之外的其他榜样的影响,即横向社会化。

于是,表4-4考察地区平均的性别角色观念是否对性别角色观念有解释力。模型的变量与上文一致,但控制变量增加了居住地平均的性别角色观念。为了较好地测量得到地区平均值,我们以地级市为分析单元并使用全体样本进行计算(排除了本人的性别角色观念)。这样,用于计算平均值的样本远远大于用于回归分析的样本,因为它包括没有同时调查到父母信息的样本。结果表明,即使控制父母的性别角色观念,区域平均的性别角色观念的系数为正且高度显著。这表明在控制父母的性别角色观念的情况下,子女的性别角色观念依然受到生活环境的影响。从这些证据中可以得出结论,地区层面通行的文化观念会影响个体的性别角色观念。

表4-4 地区平均观念对性别角色观念的影响

	(1)	(2)	(3)	(4)	(5)
父亲性别角色观念	0.145***		0.112***	0.099***	0.102***
母亲性别角色观念		0.126***	0.094***	0.107***	0.112***
地区性别角色观念	0.308***	0.291***	0.266***	0.268***	0.266***
女性	−0.640***	−0.600***	−0.622***	−0.617	−0.840
受教育年限	−0.164***	−0.175***	−0.174***	−0.174***	−0.173***
年龄	0.138***	0.107***	0.139***	0.138***	0.138***
农业户口	−0.052	−0.030	−0.066	−0.063	−0.052
父亲年龄	−0.006		−0.004	−0.004	−0.005
父亲受教育程度	−0.021		−0.029	−0.030	−0.029
母亲年龄		0.003	−0.008	−0.008	−0.007
母亲受教育程度		−0.007	0.020	0.020	0.020
女性*父亲性别观念				0.032	0.040
女性*母亲性别观念				−0.031	−0.021
父亲观念*母亲观念					0.016**

续 表

	(1)	(2)	(3)	(4)	(5)
常数项	4.517***	4.867***	4.609***	4.593***	4.449***
同期群固定效应	有	有	有	有	有
省份固定效应	有	有	有	有	有
观测值	5 848	6 634	5 147	5 147	5 147
R 平方	0.180	0.176	0.179	0.179	0.181

注：出生组固定效应以 1995—1999 为参考；省份固定效应以河南为基准。*** $p<0.01$，** $p<0.05$，* $p<0.1$。

值得强调的是，地区层面的性别观念在影响个体观念的同时，没有改变之前的结论，即父母对子女的性别观念具有显著影响。对比表 4-4 与表 4-3 可以发现，当我们控制地区层面平均的性别观念，父母性别观念的回归系数基本上是不变的。这表明控制地区平均的性别角色观念不影响父母和子代观念之间的关系。换句话说，父母和子女观念之间的相关性并非虚假，即两者的相关性不是由共同的区域文化环境所驱动的。这与上文的结果相一致，在控制各种各样的个人和环境因素的情况下，子女和父母的性别角色观念之间存在着强烈而重要的关系。这表明父母的性别观念在形塑子代的性别观念方面具有独立的作用。

（三）稳健性分析与讨论

就像上文讨论的，综合指数对性别角色观念的测量可能存在局限。为了进一步论证上述结果的稳健性，接下来采用两种方式进行检验和讨论。一方面，使用主成分因子分析方法得到的性别角色观念指数，重复之前的回归分析。表 4-5 第（1）列的结果表明，在控制地区平均的性别角色观念及其他变量的情况下，代际之间的性别角色观念具有非常显著和正向的相关性。这表明，性别角色观念的代际关联是稳健的，得到不同的综合性测量指标的验证支持。其他变量与性别角色观念的关系也保持稳定（结果略）。

表4-5 不同测量指标之间的稳健性分析

变　　量	(1) 综合因子	(2) 男人以事业为主，女人以家庭为主	(3) 女人干得好不如嫁得好	(4) 女人应该有孩子才算完整
父亲的观念	0.118***	0.125***	0.094***	0.037
母亲的观念	0.105***	0.089***	0.066***	0.131***
父亲观念*母亲观念	0.006***	0.005*	0.005*	0.003
地区性别角色观念	0.094***	0.109***	0.067*	0.106**
其他控制变量	有	有	有	有
观测值	5 147	5 147	5 147	5 147
R平方	0.181	0.200	0.102	0.107

注：自变量中的性别观念是与因变量相对应的综合性或不同维度的观念。*** $p<0.01$，** $p<0.05$，* $p<0.1$。

另一方面，作为额外的稳健性检验，我们对特定领域或不同维度性别角色观念的代际关系进行细化分析。因为同一领域的性别观念涉及的文化情境和调查问题都是一样的，如果父母与子女之间的观念依然有显著关系，就很难说是指标构建不当导致的虚假关系。表4-5第(2)—(4)列报告的是根据不同问题测量得到的不同领域的性别观念的回归结果，分别为"男人以事业为主，女人以家庭为主""女人干得好不如嫁得好""女人应该有孩子才算完整"。结果表明，除了在"女人应该有孩子才算完整"方面只有母亲能够显著影响子女的观念之外，其他维度的性别观念，无论是母亲还是父亲，都在1%的水平对子女观念的形成有显著影响。也就是说，性别观念的代际关联并不局限于一般性的综合测量指标，也体现于更具体的领域或维度上。此外，在控制父母性别角色观念和其他变量的情况下，地区文化依然对子代个体的性别观念具有显著影响。

然而，不同领域的性别观念，其代际传承路径略有差异。因为不同维度的性别观念可能具有不同的时代或社会文化背景，从而表现出不同的代际关系。对比不同维度的回归系数可以发现，"男主外女主内"作为根深蒂固的传统观念，其持续性或代际关联程度相对较高。而在"干得好不如嫁得好"的观念方面，尽管父母双方都对子女有统计上的显著影响，但其程度相对较低。此外，就像前面表4-2所描述的那样，不管是父辈还是子辈，女性相比男性更加认同"女人应该有孩子才算完整"。某种程度上意味着生育职责观念主要是针对女性的要求和规范，传承路径也主要是通过母亲传递至下一代。同时，这些模型都纳入了父母观念与子女性别的交互变量，与上文一致，父母对子女观念的影响并没有系统的性别差异。

最后，尽管我们在模型中控制和排除了大多数明显的混淆因素，但父母与子女之间性别角色观念的相关性可能会被质疑为反向的社会化。因为过去的研究表明，尽管文化传播的运行方向主要是从父母到他们的孩子，但也不能完全排除子女在代际互动过程中可能反过来影响他们的父母（Vollebergh, et al.，2001）。国内研究也发现，由于社会的急速变迁及年轻人对新事物新观念的理解和吸收能力更强，而出现"文化反哺"或"文化反授"现象。① 此外，人们可能注意到，父母对青少年时期子女的性别角色观念有很强的影响，但随着年龄的增长以及经验的积累，个体所拥有的观念会发生缓慢的变化或更新，从而削弱来自父母的影响。这意味着我们针对成年子女样本的研究，可能低估父母在个体性别角色社会化过程中的作用。或者说，性别角色观念代际传递效应在不同年龄群组之间存在差异。

为此，按照2014年调查时的年龄，把样本细分为15—24岁（90后）、25—34岁（80后）和35—44岁（70后）三个群体（cohort），分别进行回归分析。表4-6的结果表明，性别角色观念代际之间的关联程度在90后子样本中最高，其次是80后子样本，而70后子样本中的代际关系不显著。从这些结果，可以推导出几点有意思的发现：（1）性别角色观念代际传递方向主要是父母影响子女。因为90后受访者还很年轻，其性别角色观念不会或很少受到亲身体验尤其是劳动力市场经历的影响，与性别相关的观念更有可能认为是受父母的影响。而具有更多社会阅历的人，其性别角色观念可能就不具备这一特点。因此，通过划分出生年代的方式，在更年轻的样本中更可能捕获性别角色观念中的代际传

---

① 周晓虹.2011.文化反哺与器物文明的代际传承 [J]. 中国社会科学(6)：109-120.

递的成分。而如果作用方向是子女反过来影响父母的话，没有理由认为70后子女就不会影响他们的父母。(2) 父母对子女性别角色观念的影响，会随着子女年龄增长而降低。这意味着，尽管儿童社会化过程所形成的性别角色观念是一种相对固定的价值取向并对成年后的观念具有预测作用(Platt and Polavieja, 2016)，但从上一代所传承的文化观念也并非一成不变。

表4-6 代际传递的世代差异与稳健性分析

	子代出生年代		
	1990—1999	1980—1989	1970—1979
父亲的观念	0.146***	0.095**	0.128*
母亲的观念	0.138***	0.051	−0.001
父亲观念*母亲观念	0.023**	0.007	0.021
地区性别角色观念	0.218	0.424***	0.103
其他控制变量	有	有	有
观测值	2 403	1 952	652
R平方	0.191	0.129	0.158

注：其他控制变量与表4-4相同。*** $p<0.01$，** $p<0.05$，* $p<0.1$。

当然，在今后数据允许的情况下，这些推断还有待进一步严谨分析。性别角色观念代际传递的世代差异，可能是由于样本导致的。因为子女年龄越大，比如70后，父母健在并同时调查得到他们的性别角色观念的样本相对较少，由此可能导致回归结果在统计上不显著。另外，由于中国经济社会体制机制的急剧变迁，导致性别文化传承语境的解构与重构，某些时代的代际传承可能削弱甚至断裂。鉴于此，在年纪较大的群体中性别角色观念代际关系不显著的结果，究竟是一般规律还是某个时期的特殊案例，有待后续研究的检验论证。

综上所述，研究结果表明，父母的性别角色观念能够反映在子女的性别角色观念上，从而为文化价值观念的代际传递提供强烈的证据支持。模型添加了性别、年龄和受教育程度等这些以往研究发现能够影响观念的特征变量，以及父母年龄、受教育程度、成长时代背景及省份固定效应,这使得我们能够探究亲子之间性别角色观念的直接关系。与文化传递理论预期一致,父母双方性别角色观念的代际传递效应不仅具有统计学意义上的显著性,而且两代人观念之间的关联程度在数量上也是不容忽视的。此外,个体性别角色观念除了受父母的垂直社会化影响,横向社会化机制也发挥独立作用。

五、本章小结

本章利用直接和同时测量父母及其子女性别角色观念的亲子匹配调查数据,阐述中国转型社会背景下性别角色社会化过程中所有可能的同性和跨性别的代际关系,剖析父亲和母亲对子代(包括儿子和女儿)性别角色观念的独立影响。主要发现家庭社会化在子代性别角色观念的形成传播过程中具有显著作用,父母和子代(包括儿子和女儿)尤其是年轻子女的性别角色观念具有强烈的正相关。除了个别维度的观念,如"女人应该有孩子才算完整",主要通过母亲影响女儿该方面的观念之外,在总体一般意义上的性别角色观念及其他维度的观念,父亲和母亲至少对子女具有同等重要的影响。同时,父母双方的性别角色观念对子代的影响还存在交互效应。显然,如果父亲和母亲一致持有传统的性别观念,子女越有可能受到传统观念的濡染。虽然以往研究通过性别观念的间接测量(如母亲的劳动参与行为)得出类似结论,但通过直接测量父母和子女的性别角色观念,为这一文献作出相应的贡献。

同时,本研究还衡量社会网络中除父母之外的其他榜样对个体性别角色观念的形塑作用。我们构建地市级层面平均的性别角色观念指数(不包括本人的观念),发现当地平均的性别角色观念也与子代个体的性别角色观念显著相关。尤其是加入地区平均的性别角色观念指数后,父母影响子代性别角色观念的结论依然保持稳健。尽管由于数据限制,我们没有分析特定角色(如老师、同学或同学的父母)的横向社会化作用。整体上,从这些证据中可以得出结论:垂直社会化机制和横向社会化机制在性别角色观念的形成演化过程中同时并存并发挥独立作用。

总而言之,研究性别文化观念在代际之间的持续性和稳定性,需要关注家庭垂直社会化和横向社会化机制在性别角色观念形塑中的作用。本研究将这两条路径同时视为文化传递的独特途径并加以数据检验，深化了社会性别社会化尤其是中国背景下性别观念社会化机制的认识。越来越多的研究证据表明，父母传递的性别规范会影响个人的劳动力市场偏好和劳动参与(Fernández, et al., 2004; Fernández and Fogli, 2009; Johnston, Schurer and Shields, 2014)。这些遗传或传播的传统性别观念，在教育、劳动参与和职业选择等多个方面产生了正向的代际关联。这意味着父母的性别角色观念不仅影响子代的观念，还会延续并再生产社会性别结构，从而为有偿和无偿工作中男女不平等现象的长期持续存在提供某种程度的解释。因此，为了促进性别平等和推动社会进步，我们需要更深入地理解这种代际传递过程，并寻求有效的方法来打破传统的性别角色观念的束缚。

不过，需要指出的是，限于横断面数据，文化传递方向的识别和因果解释变得困难，因此本章研究结果更多反映的是相关性。然而，我们纳入了丰富的控制变量，如家庭的社会经济背景、受教育程度等影响个体性别角色观念的其他因素，以及出生组、地区和省份的固定效应，从而能够排除大多数明显的混淆因素而得到较为可靠一致的研究结果。通过多种不同策略的稳健检验，相关研究结果保持稳定一致。而且结果表明，代际之间性别角色观念的作用方向，主要是父母影响子女。不过，值得注意的是，在我们研究父母对成年子女(15岁及以上)性别角色观念的影响时，可能整体上低估代际传递的程度，因为个体观念可能会随着年龄的增长而形成自己独立的观念并削弱父母的影响。如果数据可得并能够使用儿童或青少年样本，父母对子代性别角色观念的形塑作用可能更强。当然，这只会强化而不是否定推翻关于性别角色观念具有代际传递性的证据。

本研究对理论和后续研究都有启发意义。我们发现父亲和母亲的性别观念都对子代性别观念的形成具有独立的社会化影响。这一发现并不意外，但以往研究都不成比例地关注母亲或是婆婆的性别观念，及其对妇女性别观念和行为的影响(Chen and Ge, 2018; Fernández, Fogli and Olivetti, 2004)。我们的研究表明，父亲在子女性别观念的形成过程中也很重要。由此突出了一个需要关注而常常被忽视的问题，即父亲的性别观念不仅仅影响上一代的性别分工，而且通过性别文化观念的传播持续影响到后代。这可能是有酬和无酬工作中性别差异持续存在的原因之一。后续研究可同时纳入父母的性别角色观念，估计父母性别角色观念对多领域性别平等的长期影响，如教育获得、职业选择、劳动参与和家务时间等。

此外，我们通过分析性别角色观念的代际传递不仅解释了性别差异的延续，也为其他代际流动问题研究文献作出了贡献。以往研究强调教育和健康等人力资本的传导是社会经济地位代际相关的主要机制。我们的研究结果表明，性别角色观念正向的代际关联，这是性别角色观念本身的传递，而不是父母的经济社会特征或人力资本传递所导致的。家庭亲子之间拥有类似的性别角色观念也并非因为他们共同生活在同一环境中。这意味着，在人力资本或社会资本之外，观念和偏好也是经济结果代际传递的重要途径。因此，职业、收入和阶层等代际流动研究，也可以利用相关的观念和偏好的代际传递来加以机制解释。

第五章　性别角色观念与女性劳动参与

一、问题的提出

改革开放以来，中国曾受益于充足的劳动力供给和较低的社会抚养比，这种人口红利为长期经济增长作出了巨大贡献。然而，随着"少子老龄化"成为人口新常态，劳动力人口规模的缩小和劳动参与率的下降给经济社会发展带来了双重挑战。在这一背景下，女性劳动参与率的变化成为一个值得关注的问题。

近年来，女性劳动参与率急剧下降，导致劳动参与率的性别差距逐渐拉大（卿石松，2017；杨菊华，2020）。根据国际劳工组织的统计数据，2021年15—64岁女性的劳动参与率已降至70.8%，远低于男性的80.5%。"六普"数据显示，城镇地区16—59岁劳动年龄人口中，男性劳动参与率为81.82%，而女性仅为63.61%。[①] 如图5-1所示，女性劳动参与率低于男性的现象几乎表现在整个生命周期。

为何女性的劳动参与率低于男性？提高女性劳动参与率是否有助于促进全体劳动力资源的合理利用？在实施三孩政策的背景下，女性如何平衡生育和就业，以及如何在宏观层面提高生育率以促进人口的长期均衡发展并充分利用女性劳动资源以缓解老龄化问题，都是当前亟需研究的重要课题。女性的就业率或劳动参与率是衡量其社会经济地位的关键指标，同时也反映了社会与家庭内

---

① 乡村16—59岁人口平均劳动参与率为86.35%，其中男性平均为90.77%，女性平均为81.85%。

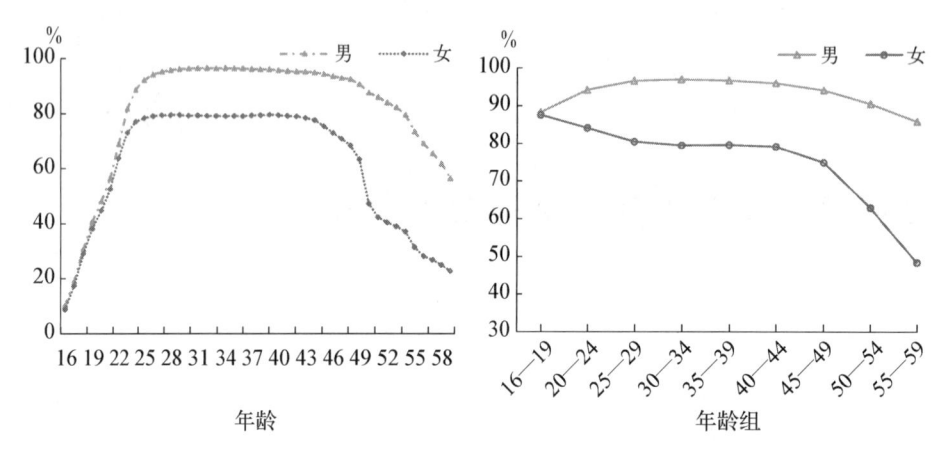

图 5-1　城镇 16—59 岁人口分年龄、性别劳动参与率

注：左图为全部劳动年龄人口，右图剔除在校学习、丧失劳动能力和离退休人员，排除教育和退休政策对劳动参与性别差距的影响。

的性别平等程度。研究表明，女性参与劳动力市场不仅能提升其经济地位和家庭决策权，还对子女福利和教育投资产生正面影响。

近年来的研究探讨了自改革开放以来中国劳动参与率性别差距扩大的原因。这些因素包括国有企业的结构调整与大规模裁员、劳动市场的性别歧视、公共托育服务的不足及家庭内的不平等分工等。女性在人力资本方面的劣势并不能完全解释劳动参与、就业及收入的性别差距（Xiao and Asadullah，2020）。学者们认为，性别分工不仅受到文化和经济力量的共同影响，其与性别角色观念的关联程度不亚于经济因素（Davis and Greenstein，2009）。

个体的劳动参与决策基于自身偏好，在追求工作收益与享受闲暇或家务劳动之间作出选择，这一决策过程是宏观劳动供给的微观基础。人力资本禀赋、家庭背景及性别和年龄的差异使得个体对劳动参与有不同的偏好。然而，这些个体决策并非孤立于特定的社会制度和文化环境，而是受到经济、制度和文化因素的影响。

社会、文化和心理机制形成的性别角色观念对女性劳动参与行为具有约束和规范指导作用。首先，个体层面的性别角色观念，作为内化的态度或偏好，直接影响经济行为的决策过程和结果（Akerlof and Kranton，2000）。此外，周围重要他人的性别角色观念也可能影响女性的劳动参与。特别是已婚女性的劳动参与往往受配偶的性别角色和经济资源影响(Khoudja and Fleischmann，2018)。其次，作为一种社会规范，国家或地区层面平均的性别角色观念也会影响女性劳动参与(Uunk and Lersch，2019)。社会规范有助于解释处于同一发展水平的国家之间女性就业的巨大差异(Jayachandran，2021)。由此可见，个体和宏观层面的性别角色观念通过不同机制影响劳动参与行为。个体性别角色观念通过自我约束和认同来执行，而集体性别意识形态则通过规范如期望、惩罚或制裁发挥作用。当个体态度和规范一致时，自我施加的约束会强化社会规范的作用。如果个体观念与规范不一致，个体也可能会有意或无意地遵循规范。

然而，关于性别角色观念的既有文献面临一些数据限制，或者主要关注有限的结果如是否参与劳动力市场，或者仅限于妇女本身或个体层面的性别角色观念。本研究力图从个体、家庭及社会三个层面全面探索性别角色观念对女性劳动供给的影响。

首先，利用全国有代表性的数据检验女性自身的性别角色观念对劳动供给的影响(包括是否参与市场劳动和工作时间)，这不仅重新检验并验证了先前的理论，还通过更全面的指标扩展了对该问题的认识。

其次，在控制女性自身的性别角色观念和其他相关因素的情况下，我们直接衡量男性配偶的性别角色观念，以及夫妻性别角色观念的配对组合是否对女性(妻子)的劳动供给具有直接的影响。对于已婚妇女而言，这些决定通常是与配偶协商作出的，包括时间和资源的配置。因此，在研究女性劳动力市场结果时，不应忽视男性配偶及其性别观念的作用。同时，与仅控制配偶性别角色观念的研究(Ye and Zhao，2018)相比，我们在夫妻联合决策框架下考虑了双方性别角色观念的配对组合，以便更准确地评估性别角色观念对女性劳动力市场表现的影响。

最后，在控制个体性别角色观念和其他特征的情况下，探究区域集体的性别角色观念对个体女性劳动供给行为的独立作用。社会规范是理解女性劳动供给行为和性别差异的重要理论视角，但现有的经验证据主要来自跨国比较。然而，由于性别规范往往与国家相关的政治、制度和政策高度关联，这些无法控制的混淆因素导致很难对总体平均的性别角色观念作出独立估计。相对来说，在一个国家内部考察不同区域性别角色观念的作用，可以纠正和避免这个问题(Uunk and Lersch，2019)。就中国文化情境而言，个别研究利用区域层面的代理变量(张川川，王靖雯，2020)，或社区层面加总的性别角色观念来评估性别规范对女性劳动参与的影响(Xiao and Asadullah，2020)。不过，这些研究都没有明确纳入和控制个体层面的性别角色观念，结果可能会产生偏差。

中国传统上保持着以儒家为中心的社会文化，存在着重男轻女的家庭制度。中国女性，尤其是已婚女性倾向于持有传统的性别观念，认为丈夫应该是"养家糊口者"，而妻子应该从事家庭活动，无论她们的收入能力如何。随着现代化的发展，妇女的经济活动和平等的性别角色观念得到了广泛传播。然而，尽管整个社会对性别角色观念的认识有所提高，但在家务和儿童照料等方面尚未建立起平等关系。母职惩罚和妇女的职业中断已成为一个重要的社会问题。本研究试图以经历了快速社会变革的中国为例，分析性别角色观念和劳动力市场参与之间的关系。

二、理论与文献述评

关于市场和家庭劳动的时间配置，贝克尔提出了一种比较优势理论，该理论进一步发展了斯密提出的分工概念。[①] 这一理论强调了专门从事市场劳动或家庭劳动的有效性，从而为传统的"男主外女主内"的家庭分工模式提供了理论基础。贝克尔的理论暗示，由于女性通常在家庭劳动中拥有比较优势，而男性在市场劳动领域占据优势，因此这种分工是合理的。除了经济理性，如比较优势外，社会认同也是影响劳动供给决策的重要因素(Akerlof and Kranton，2000)。人们往往会将自己归属于特定的社会类别，并形成与之相关的身份认同。这些身份或社会类别与关于男人和女人应该如何行为的规范紧密相连。

(一) 个体性别角色观念的影响

我们首先探讨个体层面的性别角色观念如何影响女性的劳动供给。性别角色观念是一个涵盖众多方面的复杂概念，但通常可以被定义为关于男女之间在有偿和无偿劳动中分工的观点。在就业方面，传统的性别角色观念强调男性作为家庭

---

① Becker G. S. 1965. A theory of the allocation of time [J]. The Economic Journal. 75 (299): 493-517.

经济支柱的角色，而女性则主要负责家庭照顾工作(Davis and Greenstein，2009)。作为个体内化的态度或偏好，性别角色观念通过影响个体的效用函数来影响其劳动供给等经济行为(Akerlof and Kranton，2000)。或者说，女性的劳动供给行为会主动适应其信念和态度，从而减少认知失调并履行其性别认同。研究表明，持有平等主义性别角色观念的女性更倾向于参与劳动力市场，并从中获得更高的效用。相反，坚持传统性别角色观念的女性往往劳动参与率较低，市场工作时间较短。此外，她们在失业后更有可能退出劳动力市场。这说明个体性别角色观念或偏好在解释女性就业行为以及劳动分工方面具有重要作用。

社会角色理论为理解个体性别角色观念如何影响劳动供给提供了另一种视角。根据这一理论，伊格利(Eagley)和伍德(Wood)(2012)认为，男性和女性行为的差异与相似性反映了他们对社会角色的认知。[①] 性别角色通过三个生物学和心理学过程影响行为：生物学变化(如荷尔蒙波动)，调适个体行为的性别观念的心理内化，以及反映他人期望的社会调节机制(social regulatory mechanisms)。具体而言，性别角色观念塑造了个体的自我意识(self-concept)，而性别认同是通过接受与性别相关的社会和文化意义而形成的。以这种方式构建的性别认同被用作调节一个人行为的标准，并且行为是基于一个人所感知的性别角色观念来调整的(Witt and Wood，2010)。[②] 这一过程还受到社会结构、经济环境等外部因素的影响。通过这一理论框架，我们可以更好地理解性别角色观念如何影响个体的实际行为。

性别角色观念与女性劳动供给之间的关联在个体层面上得到了广泛认可。尽管早期文献在因果关系上存在争议，但近年来的研究采用追踪调查数据和工具变量等一系列方法来识别因果关系，为性别角色观念对劳动参与行为的直接影响提供了可靠证据(Fortin，2015)。例如，德国(Grunow and Lietzmann，2021；Lietzmann and Frodermann，2023)、英国(Uunk and Lersch，2019)、荷

[①] Eagly A. H., Wood W.,（2012）Social role theory. In: Van Lange PAM, Kruglanski AW, Higgins ET,（eds）Handbook of Theories of Social Psychology, vol.2. Thousand Oaks, CA: Sage, pp.458-476.

[②] Witt M. G., Wood W.,（2010）Self-regulation of gendered behavior in everyday life. Sex Roles 62(9): 635-646.

兰(Khoudja and Fleischmann，2018；Stam，et al.，2014)等国家的一系列纵向研究显示，女性持有的性别角色观念越平等，她们的就业或劳动参与概率越高。在中国文化背景下，也有类似的横截面研究表明传统性别角色观念与女性劳动参与率呈负相关(Ye and Zhao，2018；卿石松，2017)。相比之下，男性的劳动参与较少受到性别角色观念的影响。例如，有研究发现性别角色对男性的劳动参与和工作时间几乎没有影响(Corrigall and Konrad，2007；Fortin，2005)。这可能是因为社会对男性退出劳动力市场的接受度较低。然而，利茨曼(Lietzmann)和弗勒德曼(Frodermann)(2023)发现，男性的性别角色观念与其兼职工作的可能性有关。因此，性别角色观念的平等化有助于提高女性劳动参与率，缩小劳动参与的性别差异(Preston，2023)。

然而，值得注意的是，研究结论可能因时间和地域的不同而有所变化。例如，在埃及的一项针对女性的研究中，性别角色观念与女性劳动力市场参与之间并未发现显著关联(Miyata and Yamada，2015)。这可能是由于埃及女性的社会活动和工作机会有限所导致的。此外，在韩国，劳动参与和性别角色观念的关系，主要是劳动参与影响性别观念，而不是性别角色观念影响劳动参与行为(Lim and Hong，2023)。在工作时间方面，现有研究得出了混合的证据。斯塔姆(Stam)等人的研究表明，具有最传统性别角色观念的女性更有可能退出劳动力市场和减少工作时间(Stam，Verbakel and de Graaf，2014)，而库贾(Khoudja)和弗莱施曼(Fleischmann)(2018)基于荷兰夫妇数据的研究则没有发现女性的性别意识形态与女性工作时间之间存在关联。因此，在分析性别角色观念与劳动供给之间的关系时，必须考虑到不同国家和文化背景下的具体情况。

这进一步凸显了社会结构和背景因素在性别角色观念与劳动力市场参与之间的紧密联系。此外，需要强调的是，性别角色观念是在特定的制度环境中塑造的，这些环境或是推动或是制约了个体的劳动参与行为。在某种程度上，这些研究结果揭示了制度结构和内化的社会期望对个体决策的深远影响。因此，研究者必须谨慎，以免过度简化或误解性别角色观念的影响，因为这可能实际上是性别规范的结果。

基于这一认识，本研究将重点聚焦于中国这一特定社会结构和文化背景，深入探讨女性个体的性别角色观念对其劳动参与和工作时间的影响，并进一步在控制和考察区域平均性别角色观念的基础上进行稳健分析。通过这种方式，我们期望为现有的研究文献提供有益的补充，进一步深化对性别角色观念与劳动市场行为之关系的理解。

（二）配偶性别角色观念的影响

除了个体所拥有的性别角色观念，女性身边的重要参考人，尤其是已婚女性的配偶，对她们的劳动参与决策也有着深远的影响。夫妻双方并不是独立的个体，而是有着各自的观点和计划，并作为一个整体进行联合决策。夫妻双方会通过货币和非货币形式的讨价还价来协商有偿和无偿工作的分工（Carlson and Hans，2020；Evertsson，2014）。

因此，夫妻视角对于理解女性的劳动参与行为至关重要。在研究女性劳动力市场的结果时，我们不能忽视男性配偶的性别角色观念所起的作用。持有平等性别角色观念的男性配偶可能会支持和鼓励妻子参与市场劳动，并分担更多的家务和育儿工作。同时，与男性配偶个人的意识形态相比，夫妻双方在性别角色观念上的（不）一致性可能具有更大的影响。这是因为，如果伴侣之间观点一致，他们各自的性别角色观念就会得到强化，并提供明确的行动方向。而如果伴侣之间观念不一致，他们需要就各自的立场进行协商或谈判，并作出某种妥协（Carriero and Todesco，2018；Daminger，2020）。经验研究结果表明，女性劳动参与行为不仅受配偶性别角色观念的影响，还与夫妻双方在性别角色观念上的一致性有关。例如，库贾和弗莱施曼（2018）研究发现，具有传统性别角色观念的男性伴侣可能会增加女性退出劳动力市场的风险（但对女性进入劳动力市场或工作时间的改变没有影响）。类似地，温克（Uunk）和莱尔施（Lersch）（2019）利用英国家庭追踪调查数据发现，个体和伴侣的性别角色观念与女性劳动参与、工作时间密切相关，特别是对于有（年幼）子女的妇女。英根费尔德（Ingenfeld）（2021）的研究也表明，具有平等主义性别角色观念的男性伴侣，对妻子的产后就业具有显著的促进作用。而且与具有传统观念的伴侣相比，如果双方都有平等主义的性别角色观念，或者男性伴侣比女性具有更平等主义的态度，则女性倾向于工作更长的时间（Ingenfeld，2021）。格鲁诺（Grunow）和利茨曼（2021）也支持了夫妻双方性别角色观念匹配类型的重要性，与其他夫妻意识形态组合相比,当夫妻双方都持有传统的性别角色观念时,女性更有可能减少工作时间。国内学者的研究也发现,夫妻双方都认可现代性别角色观念者,其女性劳动参与的概率最高(刘爱玉,2018)。

综上所述,男性配偶的性别角色观念以及夫妻双方性别角色观念的匹配模式,都对女性的劳动参与有着显著影响。因此,在研究女性劳动市场行为时,应当充分考虑夫妻双方的性别角色观念及其匹配特征,以更全面地理解这一复杂的社会现象。

(三)区域集体性别意识形态的影响

女性劳动参与还受到国家或地区层面的性别角色观念(通常称为性别文化)的深刻影响。这些宏观层面的性别角色观念对女性个体的劳动供给产生影响,主要通过以下两种机制进行解释。

首先,社会化理论提出了一种间接影响机制。个体在儿童及青少年时期,通过社会环境或地区层面的性别角色观念的熏陶,以及观察同龄人的态度和行为,逐步习得这些规范(Platt and Polavieja,2016)。正如本书第四章所发现的,地区通行的性别观念会影响个体的性别角色观念。当这些规范被个体内化后,它们便成为其偏好的一部分(Akerlof and Kranton,2000),从而通过个体层面的性别角色观念间接影响其劳动供给。

其次,性别角色观念可以作为一种规范或惩罚机制,直接影响女性的劳动参与。也就是说,集体性别角色观念对女性劳动供给具有独立和直接的影响。其中,直接效应的首个机制是规范性制裁。社会规范(群体中的非正式行为准则)不仅被个体内化,还包含外部成分,因为它们传达了关于社会制裁(或奖励)的概率及其后果,从而影响每种行为的成本(或收益)(Polavieja,2012)。这意味着,即便个体未完全内化这些规范,也可能受到其影响。例如,在传统的社会环境中,即使女性持有平等主义的性别角色观念,也可能因担心受到周围人的排斥或制裁而选择不参与劳动力市场。区域性别角色态度可能通过性别化的期望和预期的性别歧视直接影响女性的劳动参与。在那些抱持"男主外女主内"及"女子不如男"等刻板印象的地区,预期的性别歧视可能导致女性对职业投资的激励不足(Charles,2003),从而减少她们的劳动参与。因此,从区域集体的视角研究这一现象，强调了外部约束对女性劳动参与的重要作用。

现有研究表明，性别意识形态在不同国家间存在显著差异，并已被证实可以预测诸如家务劳动的性别分工（Fuwa，2004）、女性的就业状况（Fortin，2005）以及生育行为（Arpino et al.，2015）等广泛的社会现象。尽管这些国家层面的性别规范并不被视为对个人行为具有绝对决定性，但它们确实构成了普遍的信念体系，并通过总体的态度和行为模式体现出来（Horne and Mollborn，2020）。然而，此类跨国研究在国家层面汇总性别角色观念时，可能会忽略国内不同地区间的异质性。性别意识形态不仅在国家之间存在差异，而且在国家内部也表现出多样性（Scarborough and Moeder，2022；Uunk and Lersch，2019）。各区域不同的成员构成和规范的持久性塑造了特定区域的性别意识形态，进而影响该地区成员的行为模式。

鉴于国家层面的性别文化背景对性别不平等模式具有较强的解释力，我们有理由相信，地区层面的性别文化背景在更多的地方性不平等模式中也发挥着重要作用。例如，英国的研究表明地区层面的性别角色观念对女性劳动供给没有显著影响（Uunk and Lersch，2019），而来自德国的研究则显示，区域（集体）的性别意识形态显著影响劳动力市场中的性别薪酬差距，传统的性别意识形态与女性较少的劳动力市场经验、更少从事全职工作或管理职位相关联（Hamjediers，2021）。在中国，张川川和王靖雯（2020）发现，集体性别意识形态越传统的区域，女性从事受雇工作的概率和工资收入越低。

此外，研究发现，男性负责养家糊口的规范在影响妇女的劳动力市场结果方面发挥着重要作用。例如，当妻子的潜在收入可能超过丈夫时，这种违背社会规范的情形可能导致女性参与劳动力市场的可能性下降（Li, et al.，2023），或转而从事非正规的低薪工作（Galván，2022）。这些发现提供了性别规范影响的实证支持，显示性别规范不仅影响劳动力供应的数量（即劳动力参与率和工作时间），还影响女性就业的质量。国内的研究也得出了类似的结论，发现性别认同导致已婚女性退出劳动力市场或选择从事低于潜在收入的工作，甚至增加家庭劳动时间来弥补性别认同违背造成的损失（续继，黄娅娜，2018）。

问题在于，区域集体性别角色观念与个体女性劳动供给之间的相关性可能仅仅反映了个体层面的聚合效应或总体效应。这引发了关于集体性别角色观念独立效应的质疑。虽然区域性别意识形态通过影响个人持有的信念间接作用于行为，但它还可能通过激励和约束机制直接独立地影响个体行为。因此，本研究将区域性别意识形态作为研究起点，将其具体化为居住区内普遍的性别角色观念，并在控制了个体性别角色观念的基础上，探讨它是否对女性劳动供给具有独立的影响。通过这种多维度的分析，本研究旨在提供一个全面的视角，以理解和解释性别角色观念如何在不同社会和文化背景下影响女性的劳动市场表现。

三、数据、变量与方法

（一）数据来源

本研究所使用的数据源自2020年中国家庭追踪调查（CFPS2020）。这是一项全国性的大规模社会调查项目。该调查涵盖了广泛的主题，其中核心内容包括社会人口属性、劳动参与状况、社会态度（如性别角色观念），以及家庭责任观念和家务分工状况等。这些翔实的数据资料为我们探讨性别角色观念对女性劳动参与和工作时长的影响提供了有力支持。

为了增强研究对象的可比性，并与已有研究保持一致，我们选择了16岁至55岁的劳动年龄女性作为研究对象。这部分人群主要是在社会经济活动中活跃的个体，排除了在校学生、丧失劳动能力的人员、离退休人员以及从事自家农业生产经营的样本。在数据筛选过程中，我们也剔除了回答"不适用"等无效样本，最终得到了5 832个有效样本。

在此基础上，为了更深入地探讨配偶的性别观念对女性劳动参与的影响，我们进一步在女性样本的基础上，结合CFPS家庭关系库的信息，整理了已婚女性及其配偶的特征、子女和家务情况等数据，形成了夫妻配对样本。经过筛选，我们得到了4 413个有效的家庭样本。

（二）变量测量

1. 因变量

劳动参与和工作时长是本研究的因变量。我们根据国际通行的定义和标准，构建了劳动参与的二值因变量，其中"1"代表参与市场劳动的人群，包括就业和失业人员；而"0"则表示未就业且在调查时点过去三个月未找过工作的人。经过计算，全体女性样本的劳动参与率为79.17%，而在婚女性样本的劳动参与率为77.63%，略低于全体女性的劳动参与率。

工作时长是另一因变量。我们根据问题"过去12个月，您这份工作一般每周工作多少个小时？"来衡量工作时长，并对异常值进行了缩尾处理。全体女性的平均工作时长为46.73小时/周(n=5 832)，而在婚女性的平均工作时长为45.21小时/周(n=4 413)，显示在婚女性的平均周工作时长略少于全体女性。

2. 核心自变量

性别角色观念是女性劳动参与的核心解释因素。CFPS调查问卷关于性别角色观念有四个测量问题，分别为"男人以事业为主，女人以家庭为主""女人干得好不如嫁得好""女人应该有孩子才算完整"和"男人应承担一半家务"。基于李克特5级量表，被访者要求分别对上述表述进行评价，从1到5认可程度递增。信度检验发现，前三项测量指标与第四项的相关性较低，前三项的Cronbach's Alpha值为0.746 4，表明这三项指标具有良好的信度。

为确保不同数据样本库中性别角色观念测量指标的稳定性，参考现有文献做法(Uunk and Lersch，2019)，将内部一致性表现好的三个测量指标加总，获得性别角色观念分值。分数越高表示性别观念越传统。最小值为3，即三个问题均回答"1"，表示最现代的性别角色观念；最大值为15，即三个问题均回答"5"，表示最传统的性别角色观念。劳动年龄人口女性有效样本平均的性别角色观念数值为9.49。在有效应答的夫妻样本中，在婚女性的性别角色观念平均数值为9.93(n=3 981)，而报告了性别角色观念的男性配偶的性别角色观念平均值为10.67(n=3 139)。可以看出，劳动年龄中的在婚女性样本的性别角色观念整体上比总体女性人口要相对传统一些，夫妻中的男性配偶的性别角色观念则比女性更加传统。

除了配偶的性别角色观念外，我们还关注夫妻之间性别观念的组合模式对女性劳动参与的影响。我们将夫妻样本中妻子和丈夫的性别角色观念分别进行均值标准化(Z-score法)，得到标准化系数。在此基础上进行夫妻匹配：当妻子和丈夫的标准化性别观念均为负数的组合视为"夫妻均现代",占比44.20%;标准化性别观念均为正数代表"夫妻均传统",占夫妻类型中的16.28%;妻子为负值,丈夫为正数表示"夫传统妻现代",这类夫妻占总体的23.25%;"妻传统夫现代"表示丈夫为负值,妻子为正值,这类夫妻占夫妻类型中的16.28%。

此外,我们还考察区域集体的性别意识形态对女性劳动参与的影响。区域集体的性别意识形态不限制年龄和性别,以 CFPS2020 原始数据按照初级抽样单元(PSU,主要为行政区县)计算得到性别角色观念的平均值。由个体汇总并计算平均值的方法与国内外同类研究是类似的(Scarborough and Moeder,2022;Uunk and Lersch,2019;Xiao and Asadullah,2020)。

3. 控制变量

本研究在探讨女性劳动参与和投入程度的影响因素时,严格控制了一系列潜在变量。

首先,考虑到了个体的人口特征变量,如年龄、民族、政治面貌和户籍类型,这些因素被证实对女性的就业选择具有显著影响。特别是年龄与就业的关系呈现出倒 U 形(吴愈晓,2010),因此在模型中加入年龄及其平方项作为控制变量。其他人口特征变量包含民族(少数民族为1,汉族为0)、党员身份(党员为1,否则为0)、居住地类型(城镇为1,乡村为0)、户籍(农业户口为1,其他为0)。

其次,个体的教育水平和健康状况作为人力资本的衡量标准,也纳入了考量。教育程度越高,通常意味着更高的劳动回报和更强的劳动参与动力。此外,健康状况也是一个重要的个体特征变量,因为它直接关系到个体的劳动能力和劳动参与意愿。根据问卷中关于受教育程度的分类选项,操作化为虚拟变量组,分别为小学及以下(包括未受过教育)、初中、高中、大学专科及以上,分析中以小学及以下为参照组。根据问卷中自评健康状况构建是否健康的二值虚拟变量,把"非常健康""很健康""比较健康"和"一般"定义为1,"不健康"定义为0。

在家庭层面,婚姻状况和家庭子女结构对于女性劳动参与的影响不容忽视。个体在生命历程中相继经历角色或身份变换的节点性事件,如结婚和生育。在特定阶段,需要同时承担配偶、父母等非工作的家庭角色。尽管"身兼数职"在理论上有益于心理、生理健康和人际关系发展(Hyde，2016)，但女性的多重角色，如家庭照料者、监护人和情感照顾者，可能与工作角色存在潜在冲突。当家庭角色需求增加，如家庭新添年幼子女，受传统观念和社会期望的影响，女性不得不增加对家庭角色的投入。这在传统性别分工模式占主流的社会中更加明显。而且有研究发现，结婚和生育事件是影响性别角色观念的重要因素，成为父母之后尤其是母亲的性别角色观念倾向更加传统(Endendijk，et al.，2018；Grinza，et al.，2022；Katz-Wise，et al.，2010)，夫妻双方更加认同女性"相夫教子"的角色定位(Baxter，et al.，2015)。在工作-家庭冲突机制作用下，有孩子(尤其是学龄前孩子)会降低母亲的劳动参与率及工作时间(Kaufman，2000)。那些认同"妈妈出去工作会影响儿童成长"的女性，兼顾工作和家庭并非她们的理想模式，劳动参与下降得尤为明显。因此，已婚或有子女的女性更可能因为家庭责任而选择或退出劳动力市场。

于是本研究控制了婚姻、生育状况以及家务劳动时间等变量。其中，婚姻状况是分组虚拟变量，分别定义为未婚(含同居)、在婚、其他(包括离婚丧偶)。家庭子女结构选取有3岁以下孩子变量，以反映家庭责任和家务负担的情况。在此基础上，还控制了家务劳动时间这一变量，以更准确地反映家庭责任对女性劳动参与的实际影响。利用平均每周的家务劳动时间对家庭责任进行操作化测量，具体由问题"不包括照顾家人的时间，一般情况下，您每天/工作日/休息日每天花在自家家务劳动的时间大约是几小时？"进行测量并缩尾处理异常值，默认每周5个工作日、2个休息日得到综合的平均每天家务劳动时长。家务变量仅限于应答了家务时长的样本，其中总体女性库回答了5 128个家务样本；夫妻配对样本中女性应答3 949个样本，男性配偶应答了3 126个样本。同时生成女性家务劳动时间占比变量(妻子家务时长/家庭家务总时长)，其中家庭家务总时长由妻子家务时长加上丈夫家务时长构成。

同时，在夫妻关系层面上，配偶的特征和行为也是影响女性劳动参与的重要因素。例如，配偶的年龄、教育水平、家务劳动时间、市场劳动参与情况、工资等变量都可能对女性的劳动决策产生影响。因此，本研究也将这些变量纳入控制范围。最后，考虑到地区经济社会发展水平的差异也可能影响个体的劳动参与和就业机会，本研究还引入了省级层面的虚拟变量作为控制变量。

表 5-1 对样本特征进行了描述分析。首先,我们看到全体女性样本的平均年龄约为 35.9 岁,而在婚女性样本的平均年龄稍高,约为 38 岁。在户籍方面,农业户口在整体样本中占据了 67.6% 的比例。值得注意的是,全体女性和在婚女性样本的户口差异并不大,这可能意味着户口类型与婚姻状况之间没有明显的关联。在婚姻状况方面,未婚女性占样本的 14%,在婚女性则占据了 81.6% 的主导地位。其他婚姻状况的仅占 4.4%,这说明大部分女性处于在婚状态。在家务时长方面,全体女性平均每天花费约 1.9 小时处理家务,而在婚女性样本的平均家务时长约为 2.1 小时。相比之下,男性配偶的平均家务劳动时长约为 1.2 小时/天。这组数据有力地表明,女性在婚后承担了大部分的家务劳动。此外,男性配偶的劳动参与率高达 96.5%,平均年收入为 40 767 元,远高于妻子样本的劳动参与率(77.6%)和平均年收入(29 044 元)。这进一步印证了男性作为家庭经济支柱的角色依然稳固。

表 5-1 各变量的描述性统计

变量	全体女性(n=5 832 人) 均值	标准差	夫妻样本(n=4 413 对) 均值	标准差
劳动参与(是=1)	0.792	0.406	0.776	0.417
周工作时间(小时)	46.73	31.63	45.21	31.78
性别角色观念(min=3,max=15)	9.495	3.262	9.938	3.113
年龄	35.866	9.550	37.975	8.772
年龄平方	1 377.595	718.224 8	1 519.047	689.601 3
户口(农业=1)	0.676	0.468	0.674	0.469
婚姻状况				
未婚	0.140	0.347		
在婚	0.816	0.388		
其他(包括离婚、丧偶)	0.044	0.205		
生育子女情况				
3 岁以下孩子(有=1)	0.141	0.348	0.169	0.375

续 表

变　　量	全体女性(n=5 832 人)		夫妻样本(n=4 413 对)	
	均值	标准差	均值	标准差
教育程度				
小学及以下	0.192	0.394	0.218	0.413
初中	0.319	0.466	0.345	0.475
高中	0.188	0.391	0.191	0.393
大专及以上	0.301	0.459	0.246	0.430
家务时长(小时/日)	1.94	1.368	2.101	1.384
女性年收入(元/年)	30 343.77	36 129.73	29 044.7	34 612.09
配偶性别角色观念			10.677	2.906
配偶年龄			40.242	9.101
配偶家务劳动时长(小时/日)			1.212	1.174
配偶劳动参与			0.965	0.183
配偶受教育水平(1—4 由低到高)			2.489	1.042
配偶年收入(元)			40 767.66	47 778.15

(三) 研究策略

依据因变量劳动参与、工作时长的不同特性，我们采用适合各自特征的分析方法。对于女性是否参与市场劳动这一决策，它基于对不同选择所带来效用的比较。只有当参与市场劳动的效用大于退出劳动市场的效用时，我们才能观察到劳动参与行为。因此，这种情况适合使用二元 Probit 模型，该模型在同类文献中已被广泛应用并证明了其有效性。在回归分析中，我们需要考虑样本在区县层次上的聚集效应，以获得更为稳健的标准误。

对于劳动时长这一连续变量，由于它是基于劳动参与的前提。就业者的周工作时间均为正数，而不参与市场劳动和失业人员的劳动时长为 0。为了解决因变量零值堆积的问题，我们选择了 Tobit 模型作为归并回归模型。由于 0 值出现在因变量分布的左侧,我们在分析中设置了左归并模型(left censored)。因此,我们使用 Tobit 回归模型来研究性别观念、人力资本、家庭分工等因素对女性劳动时长的影响。

此外,为了探究区域的集体性别意识形态对女性劳动供给的独立效应,在控制了个体性别角色观念的基础上,我们对女性的劳动参与和工作时长分别采用了多层次混合效应 Probit 模型(Mixed-effects Probit regression)和多层次混合效应 Tobit 模型(Mixed-effects Tobit regression)进行分析。其中,第一层为个体特征和性别观念,第二层为集体的性别规范,即地区层面平均的性别角色观念。

四、研究结果与讨论

(一)女性自身的性别角色观念对劳动供给的影响

在控制其他相关变量的基础上,表 5-2 展示了女性自身的性别角色观念对劳动参与选择和劳动时长影响的回归结果。第 1 列和第 2 列的被解释变量为是否参与劳动,第 3 列和第 4 列的被解释变量为女性的周工作时长。核心解释变量为女性自身的性别角色观念。

表 5-2 女性自身的性别角色观念-女性劳动参与和时长回归结果

	劳动参与的 Probit 回归		劳动时长的 Tobit 回归	
	全体女性	在婚女性	全体女性	在婚女性
性别角色观念	−0.179**	−0.195**	−0.207	−0.178
城镇	−.013	−0.081	−0.581	−2.139
农业户口	−.008	0.019	2.697**	3.868***
年龄	0.139***	0.161***	3.035***	4.130***
年龄平方	−0.001***	−0.002***	−0.032***	−0.045***
党员	0.233**	0.371**	0.892	2.278

续 表

	劳动参与的 Probit 回归		劳动时长的 Tobit 回归	
	全体女性	在婚女性	全体女性	在婚女性
少数民族	0.022	0.033	1.652	−0.236
受教育水平 　初中 　高中 　大专及以上	0.111 0.247*** 0.663***	0.074 0.158 0.665***	0.173 0.302 1.072	−0.549 −1.272 1.503
健康	0.144*	0.112	0.066	−1.655
婚姻状况-在婚	−0.467***		−9.269***	
其他（离异、丧偶）	−0.455***		−5.575*	
3 岁以下孩子(有＝1)	−0.551***	−0.531***	−14.826***	−13.790***
家务时长	−0.221***	−0.243***	−6.127***	−6.663***
常数项	−1.525***	−2.343***	−1.364	−30.610**
样本量	4 775	3 716	4 781	3 719
Log pseudolikelihood	−2 172.807	−1 730.323 3	−19 340.382	−14 903.511

注：省级层面虚拟变量回归结果略，聚类到 PSU 得到稳健标准误，*** $p<0.01$，** $p<0.05$，* $p<0.1$。

表 5-2 劳动参与的回归结果显示，全体女性和已婚女性中，具有传统性别角色观念的个体与其劳动参与之间存在显著的负相关关系。与已婚女性相比，全体女性样本的性别角色观念的回归系数略低。经过进一步的标准化和边际效用检验，当女性自身的性别观念从 0 升到 1（更为传统），她们参与市场劳动的概率分别下降 4.30%（全体女性样本）和 4.82%（已婚女性样本）。这可能意味着已婚女性受到传统性别角色观念的负面影响更大。总体而言，与大部分研究结果一致，女性自身的传统性别角色观念会降低她们的劳动参与概率。

其他变量的回归结果与现有研究相似。结果显示，劳动参与率年龄模式存在倒 U 形特征，即女性的劳动参与概率随着年龄的增加而上升，但随着年龄的进一步增加而下降。受教育程度对劳动参与具有积极影响，相较于小学及以下文凭，拥有高中、大专及以上教育程度的女性更有可能参与市场劳动。此外，拥有党员身份的女性更倾向于参与劳动。相对于未婚女性样本，已婚与女性劳动参与概率之间存在显著的负相关关系。在全体女性和已婚女性样本中，拥有3岁以下孩子和家务时长对女性劳动参与概率有显著的负面影响。这进一步强调了家庭责任和照顾子女对于女性职业选择和劳动参与的重要影响。城镇、农业户口、少数民族身份对女性劳动参与的影响在统计上不显著。此外，省级层面的地区虚拟变量组联合显著，表明个体劳动参与概率在不同省份存在差异，无法观察和控制的地区结构性因素对个体劳动参与具有影响。

女性周工作时长的Tobit回归结果显示，女性的性别角色观念对周工作时长没有显著影响，这与荷兰的一项相关研究的发现一致(Khoudja and Fleischmann, 2018)。与此同时，农业户口对女性周劳动时长具有显著的正向影响。年龄对女性工作时长的影响则呈现出倒U形曲线关系。在家庭因素中，已婚状态、拥有3岁以下孩子和家务时长均对女性工作时间产生了显著的负面影响。这表明，女性的劳动参与时长受到家庭因素的显著影响，家庭责任和照顾子女的任务可能限制了女性的职业投入和工作时长。

女性在家庭和职场之间的平衡是一个复杂的问题。性别角色观念、婚姻状况和家庭责任都可能对女性的劳动参与和工作时长产生影响。在一定程度上，女性认可由性别角色观念形成的性别分工的合理性，并按照社会对女性所期望承担的社会角色行事。然而，自身传统性别角色观念对女性劳动参与的负作用主要体现在阻碍女性进入劳动市场或参与劳动等方面，而工作时长则更多受到工时制度和用工灵活性等因素的影响。

(二) 配偶性别角色观念对女性劳动供给的影响

表5-3揭示了夫妻双方性别角色观念对女性劳动参与的影响。主要解释变量为女性自身的性别角色观念以及配偶的性别角色观念。模型1显示，女性自身的性别角色观念对其劳动参与具有显著的负面作用，而配偶的性别观念并未显示出显著的相关性。在模型2中，加入配偶的人力资源禀赋特征和收入水平后，这一结果依然稳健。这表明已婚女性的劳动参与决策，主要受

到个体自身性别角色观念的显著影响，配偶性别角色观念对妻子的劳动参与没有直接影响。

表 5-3 配偶的性别角色观念对女性劳动参与的 Probit 回归结果

	模型 1	模型 2	模型 3	模型 4
女性自身性别角色观念	−0.018*	−0.021**	−0.018*	−0.021**
配偶的性别角色观念	−0.011	−0.014		
男女分工			−0.056*	−0.062**
女人婚姻			−0.001	−0.004
女人子女			0.018	0.016
家务分工（妻子家务时长占比）	−0.994***	−1.013***	−0.990***	−1.010***
丈夫年龄		−0.006		−0.006
丈夫劳动参与		0.486**		0.497**
丈夫最高学历		0.004		0.000
丈夫年收入		0.000		0.000
常数项	−1.669*	−1.833***	−1.605***	−1.768***
个体特征	控制	控制	控制	控制
家庭子女特征	控制	控制	控制	控制
样本量	2 779	2 706	2 779	2 706
Log pseudolikelihood	−1 325.252	−1 266.731 5	−1 323.537 8	−1 264.904 3

注：省级层面虚拟变量回归结果略，聚类到 PSU 得到稳健标准误，*** $p<0.01$，** $p<0.05$，* $p<0.1$。

进一步分析发现，当我们将配偶的性别角色观念的三个原始维度纳入模型 3 和模型 4 时，女性自身的性别角色观念的影响依然显著。值得注意的是，配偶在"性别分工"上的传统观念，即"男主外女主内"对女性参与市场劳动产生了显著的负面影响。这表明，已婚女性的劳动参与不仅受到自身观念的影响，配偶的传统性别分工观念也起到了规范和约束作用，限制了女性的市场劳动参与。

在此基础上，我们进一步探讨了夫妻性别观念匹配模式对女性劳动参与的影响。表5-4展示了四种夫妻性别观念匹配对女性劳动参与选择的影响。模型1以"夫妻均现代"组为基准，结果显示，"夫妻均传统"的女性劳动参与概率呈现显著负相关，而"夫传统妻现代"和"妻传统夫现代"在统计意义上没有显著影响。类似地，模型2以夫妻双方均持有传统观念的一组为参照，发现"夫妻观念均现代"的女性劳动参与概率显著较高。此外，女性承担的家务占比越高，劳动参与概率越低。

表5-4 夫妻性别观念的组合对女性劳动参与的Probit回归结果

	以"夫妻均现代"组为基准	以"夫妻均传统"组为基准
夫妻性别观念组合		
夫妻均现代		0.162**
夫传统妻现代	−0.032	0.130
妻传统夫现代	−0.126	0.036
夫妻均传统	−0.162**	
家务分工（妻子家务时长占比）	−1.014***	−1.014***
常数项	−2.098***	−2.260***
个体特征	控制	控制
家庭子女特征	控制	控制
配偶特征	控制	控制
样本量	2 706	2 706
Log pseudolikelihood	−1 267.841 4	−1 267.841 4

注：省级层面虚拟变量回归结果略，聚类到PSU得到稳健标准误，*** $p<0.01$，** $p<0.05$，* $p<0.1$。

这意味着夫妻双方性别观念的一致性或正向匹配能够强化性别角色观念的作用。性别角色观念均传统的夫妻组合中妻子劳动参与的概率显著更低，观念均现代的夫妻组合中女性劳动参与的概率显著提升。当夫妻之间的性别角色观念类型不一致,即一方倾向于传统,另一方倾向于现代平等主义时,可能就存在夫妻之间的谈判和妥协,劳动和家务分工结果取决于双方的议价能力或相对资源(Carriero and Todesco,2018;Daminger,2020),从而中和了性别角色观念的影响作用。

综上所述,随着社会的发展和性别平等意识的增强,女性在就业抉择方面的自主权和能动性逐渐提升,配偶的性别角色观念对女性的影响程度可能会逐渐减弱。例如,有研究发现丈夫性别角色观念对妻子工作决策的影响主要体现在较早的出生队列(Ye and Zhao,2018)。尽管如此,本研究依然发现配偶在"性别分工"维度的传统观念对妻子的劳动参与具有显著的负作用。而且夫妻双方性别角色观念的正向匹配能够强化女性个体性别角色观念的影响。从这个意义上来说,女性(妻子)的劳动参与决策,不仅受到自身性别角色观念的影响,也受到丈夫传统性别角色观念的规范和约束。

(三) 区域集体性别意识形态对女性劳动供给的影响

表5-5展示了区域集体性别意识形态对女性劳动参与决策的影响。主要解释变量为初级抽样单元(主要为行政区县)平均的性别角色观念,并采用了多层次Probit模型进行估计。其中第一层为个体特征变量,第二层为居住区平均的性别角色观念,并采用异方差稳健标准误。为了检验地区层面平均的性别角色观念对女性个体劳动参与的直接和独立效应,排除潜在的加总效应,本研究进一步控制了个体性别角色观念,并分全体女性样本和在婚女性样本做了分析。

表5-5 区域性别意识形态对女性劳动参与的多层次Probit回归结果

	全体女性		在婚女性	
	模型1	模型2	模型3	模型4
区域性别意识形态	−0.083**	−0.073*	−0.073**	−0.063*
女性自身性别角色观念		−0.015**		−0.017**
女性家务时长	−0.247***	−0.248***	−0.266***	−0.269***

续　表

	全 体 女 性		在 婚 女 性	
	模型1	模型2	模型3	模型4
常数项	−0.711	−0.735	−1.497**	−1.522**
个体特征	控制	控制	控制	控制
家庭子女特征	控制	控制	控制	控制
样本量	4 779	4 779	3 718	3 718
Log pseudolikelihood	−2 196.805 2	−2 194.314	−1 753.961 9	−1 751.095 3

注：省略其他控制变量的回归结果，*** $p<0.01$，** $p<0.05$，* $p<0.1$。

在没有纳入个体性别角色观念的情况下，模型1与模型3的结果表明，地区层面集体的性别意识形态对女性或已婚女性的劳动参与具有显著的负面影响。而且，在明确纳入和控制个体性别角色观念后，模型2和模型4的结果表明传统性别规范依然对女性劳动参与具有负向影响。这意味着地区层面平均的性别角色观念的影响，并不是个体层面的加总效应，而是对女性个体劳动参与的独立效应。当然，与上文的分析结果一致，即使在控制地区平均性别角色观念的情况下，女性个体的性别角色观念也依然影响她们的劳动参与。这些结果表明，女性的劳动参与不仅受到内化或自我认同的性别角色观念的影响，同时也受到外部的性别规范的约束。

具体来说，我们对区域性别意识形态进行了标准化处理并进行边际效用分析发现，当区域的性别角色观念从0升到1（传统化），全体女性样本中个体的劳动参与率下降了7.43%（在90%的置信区间内），这一效应超过了家务对全体女性劳动参与的挤出效应（−6.27%）。而在已婚女性样本中，家务对女性劳动参与的挤出效应（−6.92%）略高于集体平均的性别观念（−6.53%）。这意味着区域层面的传统性别意识形态和家务均阻碍着女性投入到劳动力市场，且已婚女性承担着更繁重的家务劳动，面临着社会规范约束和家庭无偿劳动的双重压力。

这些结果表明，区域集体的性别意识形态对女性劳动参与具有明显的规范制裁效应。无论是在全体女性样本中还是已婚女性样本中，区域传统性别意识形态对女性的劳动参与呈现负相关影响。总体而言,这与之前的同类研究相呼应(Ibourk and Elouaourti,2023;张川川,王靖雯,2020),即区域的性别意识形态越传统,女性就业概率越低。不过,与以往研究不同,本研究在明确控制个体性别角色观念的情况下,为区域集体性别意识形态对女性劳动参与行为的独立制约作用提供了更好的支持证据。

表5-6展示了区域集体性别意识形态对女性劳动时长的影响。被解释变量为全体女性和在婚女性周工作时长,核心解释变量为地区层面平均的性别角色观念。鉴于周工作时长为连续型变量,采用了多层次Tobit回归模型进行估计。无论是否纳入个体性别角色观念,研究结果均显示区域集体性别意识形态对女性劳动参与时长没有显著影响。同时,与表5-2的回归结果一致,个体性别角色观念对女性的工作时长也没有显著影响。

表5-6 区域集体性别意识形态对女性劳动时长的多层次Tobit回归结果

	全体女性		在婚女性	
	模型1	模型2	模型3	模型4
区域性别意识形态	−0.428	−0.238	0.124	0.301
女性自身性别角色观念		−0.217		−0.224
女性家务时长	−6.083***	−6.061***	−6.658***	−6.641***
常数项	−1.943	−3.310	−33.09	−34.33**
个体特征	控制	控制	控制	控制
家庭特征	控制	控制	控制	控制
样本量	4 781	4 781	3 719	3 719

注:省略其他控制变量的回归结果,*** $p<0.01$,** $p<0.05$,* $p<0.1$。

值得注意的是,在对工作时长的检验中,反复证实女性家务时长始终对劳动时长具有显著的负面作用。这表明我国女性的时间与精力需要在有偿市场劳动和无偿家庭照料中分配和取舍。

综上所述,区域集体的性别意识形态对女性劳动参与的影响主要体现在劳动参与概率上,而对周劳动时长的影响并不显著。这可能是由于近年来,我国劳动者的劳动时长更多地受到雇佣劳动者的主体(如企事业单位)以及工作环境的影响。在全体女性样本和已婚女性样本中,区域传统性别意识形态均显著降低了女性的劳动参与概率。在控制个体性别角色观念的作用后,区域集体性别意识形态对女性劳动参与结果仍存在显著影响。这表明,传统的性别文化不仅通过内化个体的信念间接影响行为,还可能直接且独立地规范和约束女性的市场劳动选择,进一步加剧了性别分工的不平等。

然而,值得注意的是,虽然区域层面的文化规范可能形成性别不平等,但性别不平等本身也可能会进一步强化这些文化规范。个体女性的低劳动参与行为不仅反映了性别规范,而且当劳动参与的性别差异体现"男主外女主内"的性别规范时,也会反过来强化这种性别规范。换句话说,文化规范与性别不平等之间的关系是双向的,二者相互强化。本研究主要关注的是两者的相关性,并没有得出因果关系。尽管如此,关注这种关系的一个方面,即性别规范对女性劳动参与的影响,为我们提供了一个重要的视角,同时也为促进性别平等指出了潜在途径。

五、结论与政策启示

在人口新常态背景下,女性的劳动参与不仅是学术研究的热点,也是政策制定者关注的焦点。本研究深入中国文化与实践,探讨了性别角色观念对女性劳动供给行为的影响,揭示了社会文化因素与劳动参与之间的微妙关系。

研究发现,在个体层面,传统性别角色观念显著降低了女性劳动参与的概率,但对工作时长没有明显影响。在控制了一系列个人特征和家庭因素后,传统性别角色观念对女性劳动参与的抑制作用保持稳健。此外,婚姻状况和是否有3岁以下孩子等因素对女性劳动参与时长有显著影响。

当聚焦夫妻或家庭层面时,虽然配偶的总体性别角色观念对女性劳动参与没有显著影响,但当男性持有传统的"男主外女主内"观念时,显著阻碍了妻子参与市场劳动。这表明妻子自身的观念主导其就业选择,但同时也受到身边重要参考人(配偶)传统性别分工观念的规范和约束。因此,我们还发现,夫妻双方性别角色观念的正向匹配能够强化性别认同的作用。与性别角色观念类型不一致的夫妻组合相比，性别角色观念均传统的夫妻组合中妻子劳动参与的概率显著更低，观念均现代的夫妻组合中女性劳动参与的概率显著较高。

更进一步，在明确控制个体性别角色观念的情况下，发现区域集体的性别意识形态对女性的劳动参与具有直接的独立作用，尽管对女性工作时长的影响不显著。无论是在全体女性样本还是已婚女性样本中，区域传统性别意识形态都阻碍女性参与市场劳动。同时，控制集体性别意识形态的作用之后，个体性别角色观念也依然显著影响女性的劳动参与。这表明，性别角色观念作为一种内化的态度或偏好，能够解释和预测女性的劳动参与行为。更重要的是，女性的劳动参与行为同时受到外部性别规范的约束作用。不仅如此，由于性别文化（地区层面平均的性别角色观念）通过社会化过程影响个体的性别角色观念（参见本书第四章），这预示着区域集体的性别意识形态对女性劳动参与具有间接作用。我们的研究可能低估而不是高估性别规范对女性劳动参与的影响。

总的来说，与以往研究相比，本研究整合了个体、家庭和社会的多维视角，更全面地揭示了性别角色观念对女性劳动参与的影响，推进性别角色观念与女性劳动参与的相关研究。事实上，个体、家庭和社会普遍盛行的观念是相互影响、相互关联的，在统一的框架内才能有效识别和区分各自的影响效应。研究结果验证并支持了性别角色观念的影响机制涵盖个体偏好（态度）和外部的规范约束。女性个体的性别角色观念和区域集体的性别规范均显著影响其劳动参与行为。这表明女性在一定程度上认同传统的性别角色观念，或者受社会规范的外部约束，都可能无意识或自觉地按照社会对女性的期待行事，从而导致劳动参与率下降并扩大了与男性的差距。值得欣慰的是，随着时间的推移和中国社会文化的变迁，中国的性别角色观念在经历一段时间的回归传统之后，近年来又朝着现代平等的方向转变（参见本书第三章）。

上述研究结果提供了有益的政策启示。男女平等作为基本国策，其核心目标之一是改善妇女的就业状况。由于文化规范在很大程度上影响了女性的劳动参与及性别差异。因此，政策制定者需要意识到，与文化规范相适应的策略是缩小这种差距的关键。实际上，最有效的途径可能是超越或改变传统的性别规范，为女性创造更加公平的就业环境。研究显示，公共政策对女性劳动参与和性别分工具有显著影响。例如，提供公共托育服务和给予父亲更长的育儿假时间，有助于促进夫妻在有偿和无偿劳动中的平等分工。然而，中国现行的产假制度主要惠及女性，这在一定程度上强化了传统的性别角色定位，限制了女性在劳动力市场中的发展。

事实上，随着教育领域的性别差异逐渐消失，充分利用女性劳动力和这一庞大的人力资本，不仅有助于缓减少子老龄化问题，还能为社会创造更多的经济价值。为了实现这一目标，我们需要在多个层面采取行动。首先，在家庭层面，需要鼓励男性更多地担负家庭责任，这样可以减轻女性的负担，使她们更加愿意参与市场劳动。其次，在社会公共领域，除了引导正确的社会价值观和行为模式外，还需要制定和实施一系列就业政策和服务措施。例如，提供高质量的托育服务、灵活的工作时间安排等，以增加女性的就业机会。此外，为有就业意愿但缺乏技能的女性提供职业培训，提高她们的就业竞争力也是必不可少的措施。

综上所述，促进男女平等和提升女性劳动参与是一个复杂而多元的任务，需要我们在政策、文化和社会结构等多个层面进行深入的改革和创新。只有这样，我们才能真正实现性别平等和人口高质量发展的目标，为社会的繁荣和进步打下坚实的基础。

第六章　性别角色观念与女性职位获得

在研究社会分层时，职业是一个核心指标，它综合反映了社会分层的多个重要因素，如财富（收入）、权力（地位）和社会声望（教育程度）等。职位，特别是行政管理职务，是衡量职业地位的重要标准。相对于职业隔离，纵向职位隔离更倾向于形成和影响劳动力市场结果的性别差异。

尽管随着女性教育水平的提升和经济社会的发展，越来越多的女性开始进入企事业单位的管理层，但进展仍然缓慢，高层职位的女性代表性仍然严重不足。中国妇女地位调查数据显示，2020年企业职业董事和职工监事中，女性占比分别为34.9%和38.2%，分别比2010年提高了2.2个和3.0个百分点。① 然而，大多数女性依然从事中下层管理工作。例如，致同（Grant Thornton）公司发布的《2023商业女性调查报告》显示，在全球中端市场企业中，仅有32.4%的高管职务（包括首席执行官和总经理、首席财务官、首席信息官、首席运营官、首席营销官和人力资源总监）由女性担任。② 而且随着职位等级的增加，女性的代表性也在下降。《全球性别差距报告（2023）》统计发现，中国女性担任部长及以上职位的比例仅为4.2%。③ 在美国，只有8.2%的女性在标准普尔500强公司担任首席执行官职位。④

---

① 参见《中国妇女发展纲要（2011—2020年）》终期统计监测报告。
② 参见 https://www.grantthornton.cn/insights/3672.html。
③ 参见 Global Gender Gap Report 2023, https://www.weforum.org/reports/global-gender-gap-report-2023。
④ 这为2023年1月发布的数据，动态更新请参见 https://www.catalyst.org/research/women-ceos-of-the-sp-500/。

管理职位中的这种纵向性别隔离对性别不平等产生了重要影响。由于待遇通常与职位挂钩，女性担任高层管理职位的可能性低于男性，这导致她们的收入往往低于男性而造成性别收入差距（卿石松，郑加梅，2013）。人力资本理论为职位晋升及其性别差异提供了预测和解释，原因可能是女性的受教育程度低于男性、女性的职业偏好和定位不同于男性，以及女性累积的工作经验比男性少。当然，人力资本无法充分解释纵向职位隔离，职位晋升中的性别歧视（包括偏见和统计性歧视）也是造成职位晋升性别差异的重要原因（卿石松，2011）。这种性别歧视部分源于传统的性别规范或刻板印象。因为关于男性和女性应该做什么（性别规范），以及男性和女性适合做什么（性别角色）的文化图式可能是导致男性和女性在教育程度、工作偏好和工作经验上存在差异的根本原因。换言之，管理职务上的性别差异，表面上源于人力资本、工作能力或工作付出的差异，但实际上可能是文化驱使男性和女性在这些领域展现出不同的数量或水平。如果是这样的话，性别规范将为理解纵向职位隔离提供新的认识。现有的研究证据也表明，女性持有传统性别角色观念不利于职位晋升，性别观念越趋向现代，过去一年发生职位晋升的概率越大（徐延辉，谢梦帆，2023）。

社会规范和社会期望在很大程度上构建了个体对性别角色的认同，进而形成差异性的性别分工。尽管全球文化正朝着更加性别平等的方向发展，但在许多社会中，女性仍然受到传统性别规范的限制——男性被视为家庭的经济支柱，而女性则负责照顾家庭。从个体出生起，就开始从周围环境中接收信号，形成自己对性别角色的认知。这些观念往往强调女性在家庭中的角色和责任，而非职场上的成就。因此，即使在职场中，这种传统观念也可能继续影响女性的职业期望和自我认知，导致她们缺乏职业发展和晋升的动力。因此，本章的研究问题集中在性别角色观念如何影响女性的职位获得，包括一系列相关的因变量如是否有管理职务、职务等级、晋升机会以及晋升期望。

一、纵向职位中的性别隔离

相对于职业或职业的性别隔离来说，纵向职位以及相关的职业内部的性别隔离研究较少。主要的原因就是职位调查数据的缺乏。在统计部门的职业分类编码中，有些职业本身即体现了行政管理或职务特征，如"党的机关、国家机关、群众团体和社会组织、企事业单位负责人"。因此，我们利用人口普查数据中的职业分类，大致可以体现高层或顶层职位上的性别差异。

如表6-1所示，相对于五普来说，全国第六次、第七次人口普查数据显示，女性在高层职位上的比例略有上升，分别从16.75%提高到25.13%和26.16%。这可能是得益于女性就业比重的提高，以及女性受教育程度等人力资本水平的提升。尽管如此，女性在"党的机关、国家机关、群众团体和社会组织、企事业单位负责人"中的比例还是偏低的，尤其是在顶层职位。

表6-1 党政机关、企事业单位负责人的性别分布(%)

	五 普	六 普	七 普
男 性	83.25	74.87	73.84
女 性	16.75	25.13	26.16

注：依据人口普查资料计算得来。

分年龄组来看(见图6-1)，五普、六普和七普数据都显示女性在"党的机关、国家机关、群众团体和社会组织、企事业单位负责人"中的比例，随年龄增长而下降。以2020年的七普数据为例，在20—24岁年龄组，女性占比为32.86%，而55—59岁年龄组的占比下降到12.63%。这意味着在劳动力市场入口处或职业发展的起步阶段，女性的劣势相对较低。随着结婚、生育等生命历程事件的发生，职业中断以及职位晋升歧视等原因，女性的职业发展滞后于男性。相对于早期的五普和六普来说，七普数据显示这种下降相对平缓。可能是因为生育率的下降，女性职业中断或发展滞后的程度有所减缓。

以上人口普查资料并非完全是企事业单位中管理职位性别差异的全貌，但管中窥豹，至少可以在一定程度上体现女性在高层职位的代表性不足，以及职业发展、职位晋升的相对滞后。

人力资本理论认为，男性和女性在教育程度、工作偏好和累积工作经验之间的差异，解释了他们在管理层特别是在高层职位中的差异。无可否认，接受高等教育可能是进入高层管理职位的重要途径。在不同类型的企事业单位中，

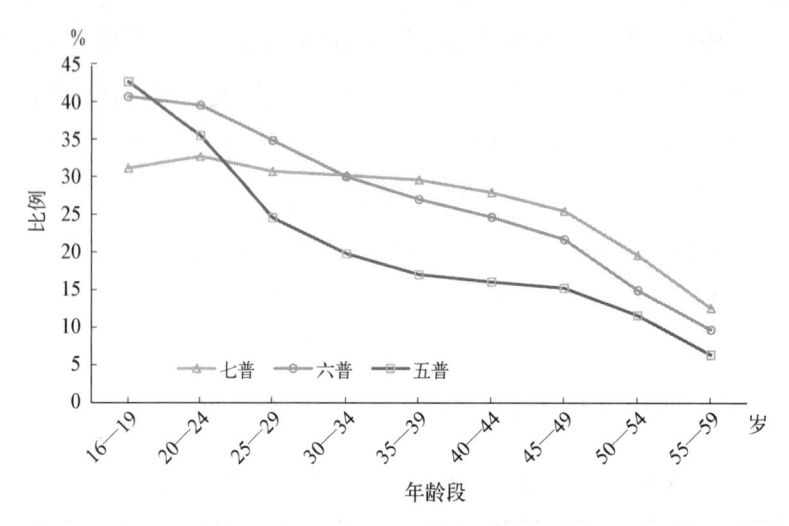

图 6-1　国家机关和企事业单位负责人中的女性占比

越来越多的管理人员拥有学士学位，劳动者人均受教育年限也不断提高。在过去的 20 多年里，女性接受高等教育比例不断上升甚至开始反超男性。当然，这不意味着女性在教育上一定就具有优势。由于性别刻板印象，教育领域继续存在性别隔离，妇女不太可能进入需要数学技能的领域，即所谓的 STEM 专业。这反过来可能不利于女性的职业发展。

同时，由于偏好的异质性，女性和男性仍然倾向于选择不同类型的工作和职业。例如，男性更看重薪酬、职位晋升机会等与物质相关的工作特征，而女性更看重工作的稳定性、工作时间的灵活性，尤其是持有传统性别观念的女性。例如，来自瑞典的研究结果表明，在工作偏好方面，持有平等性别观念的女性更看重晋升潜力而不太重视工作-家庭友好政策，同时平等主义的男性更重视家庭友好的工作政策而不太重视薪酬（Kaufman and White，2015）。

此外，女性承担了更多的家庭和儿童照料责任，尤其是因生育可能中断职业生涯，导致累积的工作经验、在职培训不足，从而使得女性在管理职位上代表性不足。

当然，这些可能只是表面原因，实际情况更为复杂。因为教育获得、职业选择以及偏好的性别差异，可能不是外生的，而是受到性别角色的规范。关于男性和女性适合做什么的性别规范，可能是男性和女性接受不同程度的教育或选择不同专业、形成不同的工作偏好以及工作经验存在差异的根本原因。

事实上,随着阻碍女性接受教育和参与市场活动的正式法律和组织障碍的逐步消除,越来越多的女性得以获得必要的人力资本和社会资本,从而进入非体力劳动部门管理层职位。然而,由于社会对女性角色的刻板印象,一些行业和职位可能被视为"男性领域",使女性在某些领域中面临不公平的待遇和机会缺失。这可能导致女性在职场中的晋升速度缓慢,难以获得高层次职位和更高的薪酬。同时,大多数男性和女性仍然从高度性别化的角度来理解他们的角色和能力。这些都有助于解释现代经济中性别隔离的顽固性。因此,接下来我们重点讨论性别角色观念对职位获得的影响及其作用机制。

二、理论与文献评述

随着女性受教育程度的提高,横向的职业性别隔离程度呈下降趋势,但纵向的职位隔离或职业内部的性别隔离更值得关注。总体来说,目前女性职位存在如下特点:一是女性在同一职位处于相对劣势的地位。女性即使选择与男性从事同一职业,她们仍然发现自己在同一组织中处于下属地位(Lyness and Schrader,2006)。同时,女性在晋升到新职位后,通常也只能获得新职位的相对较低的薪资。二是存在玻璃天花板效应,顶层职务女性稀少,女性在顶层职务的代表性极端不足。三是存在黏地板效应(stiky floors),由于在晋升中存在统计性歧视,女性职位多集中在中下层(Bjerk,2008)。四是女性即便获得了管理职位,其管理的下属相对较少且通常为女性(Livingstone, et al., 2016)。职位晋升和纵向的职位层级等方面,仍然存在显著的性别差异,由此也会导致工资收入的性别差异。

总之,女性更有可能面临玻璃天花板,这会降低未来晋升的可能性。与男性相比,女性的晋升速度较慢,最终使得她们在组织中达到高层的比例较低。有以下几个方面的关键原因可以解释为什么女性不太可能获得晋升。

(一)人力资本和绩效表现

不出所料,更高水平的人力资本和卓越绩效能显著增加晋升的机会。根据人力资本理论,由于预期的人力资本投资回报率偏低,女性在教育程度和培训投资方面往往不及男性,这进而限制了她们的职位晋升机会或导致职位层次偏低。然而,近年来女性的教育程度迅速提升,甚至在某些领域超越了男性,这使得人力资本的解释力度似乎有所减弱。尽管如此,教育专业或领域中的性别差异仍可能使晋升中的性别差异持续存在,性别隔离在专业或教育领域仍持续存在。这可能导致偏好和职业选择的性别差异,最终也可能影响职业发展。

工作业绩或绩效表现也常被视为晋升的关键因素。然而,高绩效并不总是能确保女性获得晋升机会。女性在绩效评估过程中面临的情况更为复杂。尽管她们的客观表现可能与男性同事相当甚至更出色,但在评估未来潜力时,她们往往因主观评价较低而处于劣势(Ugarte and Rubery,2021)。因此,女性的晋升被认为具有更大的风险。只有当女性的绩效评价明显高于男性时,她们才有可能获得晋升,而且女性的晋升标准比男性更为严格(Lyness and Schrader,2006)。这表明女性的晋升受到管理者偏见或制度中深层次不平等的制约。实际上,当管理者持有性别歧视的信念时,女性往往被要求达到更高的标准,从而降低了她们获得晋升的可能性。

除了人力资本和绩效表现外,人格特质如晋升意愿也对女性的晋升结果产生重要影响。一项针对法国学术晋升的研究发现,竞争意愿(即申请职称的意愿)方面的性别差异解释了职位晋升中性别差异的76%(Bosquet, et al.,2019)。这意味着女性寻求晋升的意愿不高是法国大学中女教授代表性不足的重要原因之一。因此,相关文献中的一个争议焦点是性别不平等究竟是源于自我选择还是外部约束。最近国外的研究表明,与男性相比,女性学者在竞争倾向上较低,职业信心不足,在被拒绝后更容易放弃申请(Buser, Niederle and Oosterbeek,2014)。这似乎解释了职位晋升或教授职位中的性别差距。然而,拒绝率也可能反过来影响再申请行为。如果女性的拒绝率更高,那么需要重新申请的基数就会增加。同时,由于女性经历或预期的偏见,她们再申请的动力或意愿可能会降低。由此可见,供给侧的自我选择和需求侧的偏见之间的互动对性别不平等产生了深远影响。

此外,性别角色观念也可能通过影响女性的晋升意愿从而间接影响她们的晋升结果。社会观念和规范通过形塑个体的自我认同来影响晋升意愿及其结果。在"干得好不如嫁得好""男主外女主内"等传统观念的影响下，一部分女性的事业心和进取心可能相对较弱。她们可能更多地将希望或精力投入到婚姻和家庭中，从而在晋升机会面前选择不去争取或主动放弃。这可能导致职位晋升中的性别差异进一步加剧。国内现有研究发现，性别角色观念趋向于传统的女性获得的晋升机会相对较少（刘爱玉，田志鹏，2013；徐延辉，谢梦帆，2023）。因此，我们需要更深入地研究探讨人力资本、绩效表现以及人格特质如何共同影响晋升的机制。

（二）性别规范和刻板印象

社会学领域普遍将文化和社会规范视为影响职位晋升性别差异的关键因素。社会学习理论揭示了性别规范和期望的习得过程，这一过程塑造了个体的性别认同以及与教育、职业和职务相关的行为选择。换句话说，个人自我认同与社会角色要求之间的契合度或差异，是决定人类行为方式的重要因素。由于担心自己的社会类别受到负面评价，个体可能面临被排斥或遭受偏见的风险。因此，即使某些性别期望不准确或刻板，个体仍倾向于遵循这些期望，从而形成了恶性循环（Eagly and Koenig，2021）。

强烈的刻板印象将管理职位与男性紧密联系在一起，并在实践中不断得到强化。这种刻板印象在一定程度上决定了男性和女性的职业选择，并对职业发展产生深远影响。研究表明，成功领导者的特征往往与刻板印象中的男性特质相符，而非女性特质，这解释了为何女性在担任领导职务时面临困难（Schein，2001）。简而言之，当人们想到"经理"时，他们往往会想到"男性"，这种性别偏见能够自我强化。历史上男性在管理层，尤其是高层管理层中的主导地位，进一步加剧了这种刻板印象。如果女性不被期望担任管理者，特别是高层管理者，当她们意识到其他人深信这种刻板印象时，她们可能会选择迎合这种期望，从而降低晋升意愿和绩效表现。现有研究证据表明，性别刻板印象使女性在竞争高薪管理职位时处于不利地位，因为女性申请者通常不被期望具备男性类型的领导素质，如决断力或理性思维（Eagly，2007；Heilman，2001）。

在职位晋升过程中，高层决策者如果认同管理者应为男性的刻板印象，他们就不太可能像看待男性候选人那样积极地看待女性管理职位的候选人（Eagly and Karau，2002）。要晋升为高层管理人员，必须展现出特定的能力素质。然而，调查和实验室研究均表明，人们普遍认为男性比女性更有能力。即使女性能够进入管理岗位，在工作职责与传统性别规范相冲突的情况下（例如需要展现权威），她们也往往面临双重困境：要么履行职责但因此破坏性别规范而受到负面评价，要么符合性别期望但忽视工作职责。刻板印象的威胁已被证实会降低MBA女生在多项管理任务中的表现，如谈判能力（Kray，et al.，2001）。女性似乎成为了管理层中的"局外人"，她们必须努力协调女性和管理者这两个角色，并调和人们对这两个角色的认知。总之，女性的社会角色与管理者角色之间的冲突导致了社会对女性管理者的偏见，进而影响了女性职位晋升的机会。

综上所述，除了人力资本水平和绩效表现外，性别角色观念也是影响女性职业地位获得和纵向职位隔离的重要因素（Charles，2003）。在传统性别角色观念的影响下，社会期望女性更多地承担家庭角色，而将职场视为男性的领域。这种观念不仅阻碍了女性在职业生涯中追求更高职位和担任管理职务的机会，还可能导致女性在职场中遭受不平等对待。即使女性拥有与男性相同的教育和经验背景，她们也可能因为性别而被限制在某些特定职业或职位中。这种观念限制了女性的职业发展和晋升机会，使她们面临不平等的竞争环境。此外，传统性别角色观念还可能降低女性对自己的职业期望。由于社会期望女性更多地关注家庭和家庭责任，女性可能对自己的职业发展缺乏信心和动力。这种自我期望的限制进一步加剧了性别不平等现象。

相反地，持有现代性别角色观念的女性则更容易获得职业地位和晋升机会。这些女性更加自信和积极地追求自己的职业目标，不受传统性别角色的束缚。她们更有可能在职场中展现出领导才能和承担重要职务，从而获得更高的职位和更好的职业发展机会。

（三）不平等的家庭分工

纵向职位隔离也可能源于传统性别角色观念下的不平等家庭分工。在"男主外女主内"的传统观念影响下，女性更多地承担家务活动。尽管随着女性地位的提升，现代职业女性的家务劳动时间有所减少，而男性参与家务的时间增加，但男性仍将更多时间用于市场有酬工作和休闲活动。几乎所有的研究都显示，女性在家庭中投入的时间和精力远远超过男性。即使是有延迟生育和受过高等教育的女性，她们仍需承担主要的家庭责任。研究显示，平等的性别角色观念能够显著减轻女性的家务负担，尤其是当女性的收入接近或超过男性时(Carriero and Todesco, 2018)。然而，在传统观念的影响下，夫妻间的相对资源理论并不成立。女性相对收入的增加反而可能导致她们承担更多家务，以弥补传统性别角色的期望(於嘉，2014)。许多人仍然认为，有年幼孩子的母亲应该全职照顾家庭，而不是外出工作。这给职业女性，尤其是已育女性带来了角色冲突。这些女性在追求高级管理职位和全职照顾家庭或从事兼职工作之间面临艰难抉择。为了"平衡"工作和家庭，一些女性可能会选择工作时间更灵活的工作。

然而，那些试图兼顾工作和家庭的女性可能因无法全身心投入工作而被边缘化，进而影响其晋升至高层管理职位的机会。由于社会普遍认为女性的家庭和工作角色不相容，这也可能导致对女性担任高层职位的偏见。加拿大的研究显示，由不平等的家务分工所造成的障碍仍然是女性公平晋升的主要挑战(Livingstone, Pollock and Raykov, 2016)。因此，对工作和家庭角色的传统性别期望，尤其是对已育女性的期望，解释了为何女性管理者相较于男性管理者积累的工作经验较少，这也有助于解释纵向管理职位中的性别差距。

综上所述，性别角色观念对女性职业发展的影响是多方面的。首先，性别刻板印象在职场中起着负面作用，可能导致女性被认为缺乏领导能力、决策能力或过于情绪化，从而影响她们的晋升机会。其次，性别歧视也是一个不可忽视的因素。这可能表现为晋升机会的不平等。例如，女性可能会在职场中遭遇不公正待遇和行为，这些因素会对她们的职业发展和工作表现产生负面影响。此外，用人单位可能会对已婚有孩子的女性有所顾虑，认为她们的责任感和投入度可能不足。总体而言，人们对男性和女性能做什么和应该做什么的期望——例如谁应该工作、谁应照顾家庭、谁应担任领导等——是导致教育程度、专业选择、工作偏好和工作经历方面存在性别差异的根本原因。研究职位获得的性别差异时，必须充分考虑这些文化因素。忽略这些因素可能导致对性别差异的误解。例如，人力资本理论关注的个体差异具有共同的文化根源，因此它们的影响不能完全分离。此外，性别规范助长了人们对男性作为管理者的刻板印象，这些刻板印象阻碍了女性渴望或实际进入管理职位，尤其是高层管理职位。同时，性别角色观念还可能通过影响家务分工和晋升意愿，进而导致性别职位差异。简而言之，性别角色观念直接或间接地影响两性的职位晋升，进而形成纵向职位上的性别隔离。

接下来，本章将利用数据资料和相应的方法来检验性别角色观念对一系列相关变量的影响，包括职位层次、过去一年的职位晋升以及职位晋升期望等。通过实证分析来深入了解性别角色观念在职位晋升中的作用及其对不同性别职业发展的影响。

三、变量描述性分析

本章数据来源于中国家庭追踪调查（CFPS）。它是一项全国性、综合性的社会调查项目，调查内容包括经济活动、教育获得、家庭关系等在内的诸多研究主题。2014年和2020年的CFPS包含了一个关于性别角色观念的测量模块，且调查了被访者的行政/管理职务层次、过去一年是否有晋升以及职业期望。这为本研究提供了良好的数据支持。在个体层面，儿童或青少年社会化时期形成的性别角色观念具有稳定性。宏观层面作为社会文化制度的一部分，其变迁往往发生在一些宏观社会环境变化之后，变迁的速度通常会比较慢。因此，使用当期的横截面数据也能满足研究的目的。于是主要利用2020年最新的数据进行分析，研究对象为16—60岁非农就业人员（仅限受雇），剔除了私营企业主、个体工商户和其他自我雇佣人员。

（一）行政/管理职务变量

因变量为职位或职务相关的四个变量。CFPS询问被访者"是否有行政/管理职务"，并以开放式问题的方式让受访者对具体的行政/管理职务进行描述。同时也询问了"是否有直接的下属"以及"您在这份工作中负责管理多少人"。行政/管理职务反映了职业的权力地位，下属数量的大小也直接体现职务权力的高低。一般来说，下属规模越大，职务的等级越高。依据行政/管理职务、职务的部门、下属数量等信息可以综合构建职务等级变量。

我们将自我报告有职务或有直接下属的定义为1，否则为0，以此来测量和区分是否有行政/管理职务。在此基础上，依据CFPS官方的技术报告①，行政/管理职务被编码为四个等级，包括基层行政/管理职务、中层行政/管理职务、高层行政/管理职务和顶层行政/管理职务。在分析中，由于高层和顶层职务样本占比较少，我们将这两类合并，统称高层行政/管理职务。同时纳入没有行政/管理职务的样本，并编码为无职务。因此，这个职务层级的变量一共有四个取值，1—4分别对应无职务、基层职务、中层职务和高层职务。

除此之外，CFPS还调查询问"过去12个月内，您这份工作获得以下哪类晋级"，我们将回答"行政职务晋升""技术职称晋升""两项都有"的赋值为1，"两项都没有"的为0。类似地，针对"您现在希望获得哪些晋升"问题，我们将"希望获得行政职务晋升""希望获得技术职称晋升"或"两项都希望"编码为1，"都不希望"定义为0，以此测量被访者的职位晋升期望或主观意愿。

(二) 性别角色观念及控制变量

核心自变量是性别角色观念。CFPS问卷中列出了相关问题对受访者的性别观念进行测量，分别是"男人以事业为主，女人以家庭为主""女人干得好不如嫁得好""女人应该有孩子才算完整""男人应承担一半家务"。被访者要求按照李克特5点量表法分别对上述表述进行认可评价，1代表"非常不同意"、5代表"非常同意"。信度分析表明，"男人应承担一半家务"的内部一致性程度较低②，而且移除它之后平均的组间相关系数和阿尔法信度系数(Cronbach's alpha)都有所提高。因此，基于前三个指标得分进行加总构建取值范围为3—15的连续型性别角色观念指数(限定三个指标都存在测量值的样本)。指数得分

---

① 参见《中国家庭追踪调查2010年行政、管理职务综合变量的建构》(CFPS-09)，http://www.isss.pku.edu.cn/cfps/docs/20191025120406491438.pdf。
② "男人应承担一半家务"的item-test和item-rest相关性系数都低于其他三个指标，分别为0.547、0.257。其他指标之间的内部一致性程度(item-test)都超过0.7。采用因子分析也得到类似的结果，即前三个维度构成一个公因子，且只能提取一个公因子。因此，下文不再考察"男人应承担一半家务"这一性别观念。

15意味着极端传统的性别角色观念,分值越低则意味着个体所持有的性别角色观念越倾向现代平等。这一方法的吸引力在于,它通过连续变量的方式捕获了离散响应的变化特征。由此构建的性别角色观念指数的阿尔法信度为0.683,达到统计学上可接受的水平。

控制变量包括学历、年龄及其平方项、党员身份(中共党员为1,否则为0)、婚姻状况(已婚为1,否则为0)、子女年龄结构(有3岁以下的孩子为1,否则为0)、家务劳动时间(小时)、户籍身份(农业户口为1,否则为0)等。其中,家务劳动时间是指受访者平均每天用于家务劳动的时间。部分被访者区分并同时报告了工作日和休息日的平均家庭劳动时间。对于这些样本,我们假定工作和休息日分别为5天和2天,计算得到平均每天的家务劳动时间。为了更加敏锐地捕捉受教育程度与不同职务的关系,在描述统计部分对不同学历的受教育年限进行编码:文盲或半文盲=1年,小学=6年,初中=9年,高中=12年,大学专科=15年,成人本科和大学本科=16年,研究生及以上=20年。

(三) 变量描述性分析

在剔除了超过60岁的非劳动年龄人口,包括离退休和丧失劳动能力者在内的非劳动人口,以及从事农业劳动的样本后,我们得到本研究的总体样本,并对其进行了描述性统计分析(详见表6-2)。在解释变量和被解释变量上,我们发现性别角色观念的均值为10.09,显示出总体上偏向传统的倾向。在职位分布方面,样本主要集中在无职务的群体,且过去一年内晋升的比例相对较小。然而,值得一提的是,超过半数的样本表达了对晋升的渴望。

表6-2 各样本描述性分析

	平均	标准差	最小值	最大值
性别角色观念	10.09	3.16	3	15
是否有职务/有直接下属	0.22	0.42	0	1
职级	1.29	0.62	1	4
在过去一年晋升	0.11	0.31	0	1

续 表

	平　均	标准差	最小值	最大值
希望晋升	0.63	0.48	0	1
性别(女=1)	0.47	0.50	0	1
受教育年限	10.75	4.17	0	20
年龄	37.78	10.61	16	59
是否党员(党员=1)	0.12	0.32	0	1
婚姻状况(已婚=1)	0.79	0.41	0	1
是否有3岁以下的孩子	0.12	0.33	0	1
日家务时长(小时)	1.54	1.33	0	6

在控制变量及其他相关变量的分析中,我们发现总体样本的性别比例相当均衡。样本的平均年龄为37.78岁,正处于职业发展的黄金时期。在教育背景上,样本的平均受教育程度介于初中和高中之间。政治面貌方面,约有12%的样本是党员。在家庭状况方面,大多数样本已婚,且约有12%的样本拥有3岁以下的孩子。此外,样本的平均家务时间为1.54小时。

从职务级别来看,各级行政/管理人员之间存在显著的教育差异。总体而言,随着受教育程度的提高,行政/管理级别也随之上升。具体来说,受教育程度对职级提升的边际作用呈现递减趋势。从无职务到基层职务,平均受教育年限增加1.49年;而从基层职务到中层职务,平均受教育年限仅增加0.84年。值得注意的是,中层职务的受教育年限甚至略高于高层职务。如表6-3所示,初中与高中学历的样本在有职位、过去一年晋升和期望晋升方面的差异微乎其微。然而,对于大专及以上学历的样本,其在职位和晋升方面的比例均为高中学历的两倍以上。这一数据显示出教育程度对行政/管理职务级别和晋升机会的重要影响。

根据表6-4的统计数据,我们可以清晰地看到有职务、有直接下属、基层职务及以上、在过去一年晋升和希望晋升的男性比例均高于女性。这表明在有职务和职级相对较高的人群中,男性的占比仍然较大。具体来说,有职务的男性比例几乎是女性的两倍。此外，无论是基于晋升的实际情况还是对晋升的期望，男性的比例都比女性高出15%以上。

表6-3 职务与晋升的学历构成(%)

	有职务/有直接下属	在过去一年晋升	希望晋升
小学及以下	6.60	4.05	6.69
初中	23.16	20.66	20.14
高中	22.70	19.28	20.72
大专及以上	47.54	56.02	52.45

表6-4 职务与晋升的性别构成(%)

	男	女
有职务/有直接下属	66.23	33.77
职级		
无职务	74.02	84.16
基层职务	17.87	11.98
中层职务	6.16	3.05
高层职务	1.95	0.81
在过去一年晋升	61.45	38.55
希望晋升	58.04	41.96

年轻女性往往为了追求事业而推迟组建家庭和结婚。考虑到她们在家务劳动方面的不公平负担，那些成功登上公司高层职位的女性往往不得不依赖保姆和女佣来大幅减少家务劳动。尽管学术界和社会公众对长时间加班的文化(如"996"工作制)进行了一些批判性的讨论，但这些讨论主要集中在弹性工作时间上，使女性能够更好地平衡工作和育儿，而没有真正解决女性家务劳动时间更长这一核心问题。

对于女性管理人员而言，由于她们的总工作时间更长、家庭责任更大，且可自由支配的时间更为有限,她们投入职业发展活动的时间和精力相对较少。在一项调查中,当被问及对理想工作时间的看法时,大多数男性经理表示满意当前的工作时间安排,而大多数女性经理则希望减少工作时间。这或许暗示着女性在家庭责任方面面临更多不公平的约束,而并非意味着她们的职业抱负或工作承诺较低。

接下来,我们根据性别和职务级别来分析日均家务劳动时间(如表6-5所示)。从数据中可以看出,男性的日均家务劳动时间普遍少于女性。同时,随着职务级别的提升,两性的家务劳动时间均呈现下降趋势。特别地,高层职务的劳动者家务劳动时间最少,且性别差距相对较小。这可能与高层职务的劳动者具备经济实力雇佣保姆等家政服务来分担家务劳动有关。值得关注的是,希望晋升的男性和女性在家务劳动时间上的差距相对较小,仅为0.52小时。

表6-5 分职务和晋升的家务劳动时间

	男	女
是否有职务/有直接下属		
是	1.02	1.82
否	1.12	1.67
职级		
无职务	1.18	1.82
基层职务	1.04	1.65
中层职务	1.00	1.79
高层职务	0.99	1.56
在过去一年晋升		
是	1.07	1.81
否	1.09	1.61
希望晋升		
是	1.04	1.56
否	1.15	1.87

表 6-6 显示了总体上男性的性别角色观念得分高于女性，意味着男性的性别角色观念相对更为传统。而从性别观念与职级的描述性统计关系来看，数据并不支持性别角色观念越现代、职级越高的理论假设。具体来说，中层职务男性的性别角色观念最为现代，而基层职务女性的观念最为现代；高层职务两性的观念均处于中等水平；基层职务男性的观念最为传统，而中层职务女性的观念最为传统。值得注意的是，女性在职务与晋升方面的性别角色观念得分差距较大，而男性的得分差距相对较小。以过去一年是否晋升为例，未晋升和已晋升的女性的性别角色观念得分差距高达 1.32，而男性的得分差距仅为 0.49。无论男女样本，有职务/有直接下属、在过去一年晋升、希望晋升的性别观念更现代。

表 6-6 职务与晋升中的性别角色观念得分

		男	女
总体		10.50	9.62
是否有职务/有直接下属	是	10.12	8.65
	否	10.47	9.41
职级	基层职务	10.20	8.47
	中层职务	9.87	9.24
	高层职务	10.07	8.78
在过去一年晋升	是	9.93	8.09
	否	10.42	9.41
希望晋升	是	9.81	8.49
	否	10.61	9.43

(四) 模型与方法

本研究的因变量包括"是否有职务""职位层次""晋升经历"和"晋升期望"。其中职位层次是有序变量，其余为二值虚拟变量，因此分别使用有序 Probit 和二元 Probit 模型。根据研究目标和需要，从个体角度出发，研究性别角色观念是否会影响其职业地位获得和职位晋升。

四、研究结果

(一) 性别角色观念与管理职务

针对是否拥有管理职务这一变量,我们采用二元 Probit 模型进行了估计,结果如表 6-7 所示。模型 1 仅纳入了性别角色观念并控制了省份固定效应,未包含其他控制变量。从模型 1 的结果可以明确看出,传统性别角色观念对女性拥有行政或管理职务具有显著的负面影响。这意味着,性别角色观念越趋向现代,女性在职业地位上的上升可能性就越高。

表 6-7 女性是否拥有管理职务的 Probit 回归结果

	1	2	3
性别角色观念	−0.043*** (0.01)	−0.017** (0.01)	−0.019** (0.01)
初中		0.202** (0.09)	0.196** (0.09)
高中		0.425*** (0.09)	0.427*** (0.09)
大专及以上		0.751*** (0.11)	0.756*** (0.11)
党员		0.283*** (0.07)	0.275*** (0.07)
年龄		0.077*** (0.02)	0.081*** (0.03)
年龄平方项		−0.001*** (0.00)	−0.001*** (0.00)
在婚		0.062 (0.06)	0.041 (0.08)
农业户籍		0.018 (0.06)	0.025 (0.06)

续 表

	1	2	3
有3岁以下孩子			0.055 (0.11)
日家务时长			0.004 (0.03)
常数项	−0.354*** (0.05)	−2.700*** (0.43)	−2.776*** (0.44)
ll	−1 544.174	−1 473.472	−1 466.091
N	3 804	3 785	3 767

注：括号中数字是聚类标准误，已控制省份固定效应 * $p<0.10$，** $p<0.05$，*** $p<0.01$。

模型2在模型1的基础上进一步纳入了受教育程度、党员身份、年龄、年龄平方项、户籍和婚姻状况等控制变量。从模型2的结果可以看出，在加入这些控制变量之后，传统性别角色观念对女性拥有管理职务的负面影响依然显著。

模型3在模型2的基础上进一步纳入了表征家庭责任的变量，如是否有3岁以下的孩子，以及具体的平均每天的家务时长。经过分析，这两个变量对于是否拥有管理职务来说，没有统计上的显著影响，即并没有充足证据表明有3岁以下的孩子以及家务时长显著影响女性的管理职务。不过，值得注意的是，性别角色观念的作用在这三个模型中都保持稳健。这表明性别角色观念越趋于现代平等，越有助于女性获得行政/管理职务。这一结果进一步支持了性别规范或与性别相关的文化图式是解释女性职位获得以及纵向性别隔离的重要因素。

此外，人力资本对女性拥有管理职务也具有解释力。受教育程度越高，女性拥有管理职务的概率越高。相对于小学及以下的学历层次来说，学历越高，尤其是大专及以上的学历女性，拥有管理职务的可能性越高。另外，与预期一致的是，拥有中共党员身份的职业女性更有可能担任行政/管理职务。

其他特征如年龄也影响女性是否拥有管理职务。具体而言，拥有管理职务与年龄之间存在倒 U 形关系。在进入劳动力市场后的阶段，随着年龄的增长，女性拥有管理职务的可能性也随之增长，但达到顶点后逐渐下降。

（二）性别角色观念与职务等级

在分析是否拥有管理职务的基础上，我们进一步针对管理职务等级这个变量，采用了有序 Probit 模型进行估计。同样地，遵循前述方法，模型 1 在控制省份固定效应的基础上，只纳入了性别角色观念作为解释变量，未包含其他控制变量。从表 6-8 模型 1 的结果中可以明确看出，女性的传统性别角色观念对行政/管理职务等级具有显著的负面影响。这表明，那些拥有现代、平等性别角色观念的职业女性，更有可能获得更高层级的职务，并且管理职务的等级也会更高。

表 6-8 女性行政/管理职务层级的有序 Probit 回归结果

	1	2	3
性别角色观念	−0.038*** (0.01)	−0.015** (0.01)	−0.017** (0.01)
初中		0.288*** (0.10)	0.283*** (0.10)
高中		0.507*** (0.10)	0.509*** (0.10)
大专及以上		0.791*** (0.11)	0.797*** (0.11)
党员		0.248*** (0.06)	0.240*** (0.06)
年龄		0.079*** (0.03)	0.083*** (0.03)
年龄平方项		−0.001*** (0.00)	−0.001*** (0.00)
在婚		0.072 (0.07)	0.049 (0.08)

续 表

	1	2	3
农业户籍		0.013 (0.06)	0.019 (0.06)
有3岁以下孩子			0.057 (0.10)
日家务时长			0.007 (0.03)
cut1	0.449*** (0.05)	2.869*** (0.43)	2.950*** (0.45)
cut2	1.148*** (0.05)	3.598*** (0.45)	3.677*** (0.47)
cut3	1.819*** (0.08)	4.281*** (0.47)	4.360*** (0.49)
ll	−1 836.022	−1 769.852	−1 762.037
N	3 771	3 752	3 734

注：括号中数字是聚类标准误，已控制省份固定效应 * $p<0.10$，** $p<0.05$，*** $p<0.01$。

为了更全面地分析这一关系，我们在模型 2 中进一步纳入了受教育程度、党员身份、年龄及其平方项、户籍和婚姻状况等控制变量。从模型 2 的结果中可以看出，在加入这些控制变量之后，传统性别角色观念对职务等级的负面影响依然显著。这进一步证实了性别角色观念在女性管理职务获得和职务等级提升中的重要影响。

模型 3 中纳入了是否有 3 岁以下孩子以及平均每天的家务时长这两个变量。结果显示，性别角色观念的作用仍然是稳健的。这表明，女性的性别角色观念越趋于现代平等，越有助于她们获得更高层级的职务和提升职务等级。这一结果对于推动纵向职位上的性别平等，改变目前职位层次越高而女性代表性越不足的现象具有重要意义。

除了性别角色观念外，受教育程度等人力资本水平也对女性的职务等级具有解释和预测力。受教育程度越高，女性担任行政或管理职务的等级也越高。相对于小学及以下学历层次的女性来说，学历越高，尤其是大专及以上的学历女性，担任管理职务的等级越高。这表明教育对于女性职业发展和职务晋升具有重要影响。

此外，党员身份也对女性职务等级有显著影响。相对于非党员女性来说，中共党员女性更有可能担任更高层级的行政/管理职务。除了上述因素外，年龄也对女性职务层级具有影响。具体而言，职务等级与年龄之间存在倒U形关系。综上所述，性别角色观念、受教育程度、党员身份和年龄等因素都对女性管理职务等级具有显著影响。通过了解这些因素的作用机制，有助于推动女性在职业发展和职务晋升中机会平等，进一步实现性别平等和社会公正。

（三）性别角色观念与晋升机会

针对过去一年内是否有"行政职务晋升"或"技术职称晋升"的情况，我们依然采用二元 Probit 模型进行估计。与之前的分析策略保持一致，表6-9中的模型1仅纳入性别角色观念并控制省份固定效应，未包含其他控制变量。回归结果显示，传统性别角色观念对女性的职务晋升具有显著的负向影响。这一发现与其他同类研究结论相吻合（刘爱玉，田志鹏，2013；徐延辉，谢梦帆，2023）。换言之，性别角色观念越趋向现代，女性职业地位上升的可能性就越高。

表6-9 女性职务晋升的 Probit 回归结果

	1	2	3
性别角色观念	−0.062*** (0.01)	−0.020* (0.01)	−0.020* (0.01)
初中		0.219 (0.15)	0.226 (0.15)
高中		0.174 (0.20)	0.178 (0.20)

续 表

	1	2	3
大专及以上		0.536*** (0.17)	0.548*** (0.16)
党员		0.297*** (0.08)	0.307*** (0.08)
年龄		0.014 (0.03)	0.011 (0.03)
年龄平方项		−0.000 (0.00)	−0.000 (0.00)
在婚		−0.001 (0.07)	0.011 (0.08)
农业户籍		−0.096 (0.07)	−0.098 (0.07)
有3岁以下孩子			−0.063 (0.07)
日家务时长			0.030 (0.04)
常数项	−0.410*** (0.07)	−1.162** (0.55)	−1.141** (0.54)
ll	−1 139.514	−1 085.462	−1 080.351
N	3 794	3 775	3 758

注：括号中数字是聚类标准误，已控制省份固定效应 * $p<0.10$，** $p<0.05$，*** $p<0.01$。

在模型2中，我们进一步纳入了受教育程度、党员身份、年龄及其平方项、户籍和婚姻状况等控制变量。结果显示，性别角色观念对女性职务晋升的影响效应有所减弱，显著性水平下降至仅在10%的水平上显著。这表明，在控制了其他相关因素后，性别角色观念对女性职务晋升的直接影响虽然仍然存在，但已经不如之前那么显著。

模型3在模型2的基础上进一步纳入了是否有3岁以下孩子和家务时长这两个变量。结果显示，性别角色观念的影响效应依然保持在10%的显著性水平上。由此可见，在短期内，性别角色观念对职业地位获得的负面影响确实相对难以捕捉。这可能是因为职务晋升，尤其是高层职位的获得，是一个长期累积的过程，而非一蹴而就。因此，尽管我们观察到传统性别角色观念对是否拥有职务以及职务等级有着非常显著的不利影响，但对于短期的职务晋升行为来说，其影响则相对难以观察。

此外，与前文的分析结果一致，拥有党员身份的职业女性在过去一年内拥有更多的职务或职称晋升机会。这一结果再次验证了党员身份在职业发展中的重要作用。同时，受教育程度对女性职务晋升也具有积极影响，尤其是对于接受过高等教育的女性来说。在模型 2 中，大专及以上学历的女性在 1‰ 的显著性水平下具有更高的行政职务或技术职称晋升概率。这表明，高等教育对于提升女性职业地位和促进职务晋升具有重要作用。

然而，与前文关于年龄与职务等级之间存在倒 U 形关系的结论不同，本回归中年龄及其平方项并不显著。这表明在短期内，没有充分证据证明年龄与职务晋升之间存在直接关联。这可能是因为短期的职务晋升更多地受到个人能力、工作表现等因素的影响，而与年龄的关系则相对较弱。

(四) 性别角色观念与职务晋升期望

在上文理论部分已经提到，由于女性可能预期到管理职位上工作与家庭的冲突、女性角色和管理者角色的冲突，职业女性可能在主观上降低晋升意愿和期望。为了进一步探讨这一现象，我们采用二元 Probit 模型对是否"希望获得行政职务晋升"或是否"希望获得技术职称晋升"进行回归分析。

当只考察性别角色观念的影响时，从表 6-10 的模型 1 结果可以看出，持有传统性别角色观念的女性对职务晋升的期望较低。这表明，传统性别角色观念对女性的晋升期望具有显著的负面作用。然而，当我们纳入其他控制变量，如受教育程度、党员身份、年龄及其平方项、户籍和婚姻状况，以及是否有 3 岁以下孩子、家务劳动时长后，性别角色观念的影响作用不再具有统计显著性。这一结果表明，传统性别角色观念对女性职位获得、职务等级的负面影响并不是由于女性自身不积极或不主动，而是可能受到外部和组织的压力以及不平等的对待。

表 6-10 女性职务晋升期望的 Probit 回归结果

	(1)	(2)	(3)
性别角色观念	−0.056*** (0.01)	0.006 (0.01)	0.006 (0.01)
初中		−0.096 (0.11)	−0.097 (0.11)
高中		0.144 (0.11)	0.146 (0.10)
大专及以上		0.471*** (0.12)	0.459*** (0.12)
党员		0.258*** (0.07)	0.261*** (0.08)
年龄		0.066*** (0.02)	0.066*** (0.02)
年龄平方项		−0.001*** (0.00)	−0.001*** (0.00)
在婚		−0.140** (0.07)	−0.154* (0.08)
农业户籍		0.079 (0.05)	0.080 (0.05)
有 3 岁以下孩子			0.057 (0.09)
家务时长			−0.024 (0.04)
常数项	0.888*** (0.07)	−0.573 (0.37)	−0.567 (0.40)
ll	−1 692.269	−1 554.598	−1 548.760
N	2 588	2 576	2 567

注：括号中数字是聚类标准误，已控制省份固定效应 * $p<0.10$，** $p<0.05$，*** $p<0.01$。

此外，我们还发现了一些有趣的现象。受过高等教育的女性以及党员对职务晋升的期望较高。同时，已婚女性对职务晋升的期望较低，这一现象在加入家务劳动时长和有 3 岁以下孩子变量后依旧显著。这可能是因为传统性别角色观念下，婚姻事件可能强化女性的家庭角色，这使得已婚女性更偏向于家庭领域而不是追求事业发展。不过，对于有 3 岁以下孩子的女性来说，孩子对晋升期望的影响并不显著。这些有趣的发现值得我们进一步观察和讨论，以更深入地了解女性在职业发展中的期望和挑战。

五、本章小结与讨论

女性在劳动力市场中面临着诸多不平等现象，其中最明显的是在最有权势的管理职位上的代表性严重不足。为了理解这一问题，我们需要深入探讨女性在职位晋升中所面临的主要障碍。本研究从性别角色观念的视角出发，利用 2020 年中国家庭追踪调查数据，探讨了性别角色观念与女性职业地位获得之间的关系，为理解纵向职位上的性别隔离提供了新的见解。

研究发现，传统性别角色观念对女性的职业地位获得产生了显著的负面影响。这些观念往往将男性和女性分别限定在特定的角色和领域中，导致女性在职场中面临一系列挑战。具体而言，女性的性别角色观念越偏向于传统，她们拥有行政或管理职务的概率越低，职务层级也越低。这主要有两方面原因：一是受传统的父权主义性别话语的影响，社会期待女性更多承担家庭角色，或者即使认可女性的市场经济角色，也不希望她们承担领导角色；二是女性为了调和家庭与工作的矛盾，在主观上或无意识地倾向于承担更多的家庭责任，从而弱化自己在劳动力市场上的角色和对职位晋升的渴望。持有现代性别角色观念的女性，会拥有更多的成就动机和职业期望，进而影响其职位晋升结果。相反，性别角色观念越传统，越倾向于认同"男主外女主内""干得好不如嫁得好"的观点，从而承担更多的家庭责任。家庭-工作的角色冲突限制了女性的职务晋升机会和职业地位的获得，降低职业发展的自我期望。

另外，人力资本水平对女性的职业地位获得具有显著正向作用。相对于学历较低的女性，学历较高尤其是受过高等教育的女性更有可能获得高职位和职务，也更期望获得职务晋升。在现代社会，人力资本水平是衡量一个人综合能力和潜力的重要标志。教育不仅为女性提供了必要的知识、技能和能力，同时受过高等教育的女性往往对自己有更高的职业期望。她们更可能设定明确的职业目标，并努力追求晋升和更高的职位。这种积极的职业态度和行为有助于她们在职业生涯中取得更好的成绩。

此外，党员身份可能表征了先进生产力，也可能获得体制和制度优势，有助于女性获得职业地位。具体来说，与非党员相比，中共党员晋升概率较高，拥有职务以及职务的层次越高。同时，党员群体的职务晋升期望也越高。

总体而言，传统性别角色观念对女性的职位获得有着深远的影响。这些观念不仅塑造了社会对男性和女性应该从事的职业和职位晋升的期望，也影响了招聘者、雇主和同事对女性的领导能力等各方面的评价。此外，当女性选择追求传统上被视为男性领域的职业和男性角色的领导职位时，她们可能会遭受额外的偏见和阻力。

然而，需要指出的是，性别角色观念并不只限于女性。男性也受到刻板印象的束缚，被期望扮演强壮、果断和有竞争力的角色，特别是在与权力、管理和技术相关的职业中。这种刻板印象可能限制了一些人充分发展其职业才华的机会。总之，性别角色观念对女性职位获得的影响是多方面的，需要全社会的共同努力来消除这些障碍，以实现性别平等和每个人都有平等的机会充分发展自己的职业潜力。

为了促进性别平等和消除职场中的性别偏见，我们需要推动社会观念的变革，鼓励女性打破传统性别角色的限制，并为她们提供平等的职业发展机会。首先，教育是关键，应提高女性的受教育程度并减少教育领域的性别不平等。其次，企业和社会组织也应该采取措施打破性别刻板印象，为女性提供公平的职场环境。政府也应制定相关政策确保女性在劳动力市场上的权益得到保障。最后，政府需要通过多种措施和手段推动性别平等意识的主流化，改变那些不利于女性的刻板印象。只有当社会普遍认识到性别平等的重要性并付诸实践时，我们才能真正实现性别平等，让每个个体都能充分发挥自己的潜力。

第七章 性别角色观念与收入差距

一、问题的提出

薪酬方面的性别差异仍然是全球经济不平等最持久的形式之一。中国自改革开放以来，随着向市场经济转型的推进，包括工资差距在内的收入不平等显著加剧。普遍认为改革开放初期的基尼系数处于低水平，但在20世纪90年代开始上升，并在2008年达到峰值0.491，近年来维持在0.47左右。[①] 正如人力资本理论所指出的，如果收入不平等是由个人能力和/或努力的差异造成的，人们能够理解和容忍收入不平等的存在。但是，如果收入不平等是由于歧视等非常不合理的原因造成的，那么这种不平等就很可能引起不满和愤慨。一般认为，收入不平等的迅速加剧可能会对性别收入差距产生重大影响。基于此，作为收入分配研究的重要组成部分，性别视角的收入差距问题也引起国内外学者广泛关注。总体来说，尽管新生代女性受教育程度显著提高并出现性别平等化趋势，但男女两性之间的收入鸿沟并没有大大缩小，反而存在持续扩大的趋势（Hare，2019；李实等，2014）。

然而，很难通过对男女工资或收入水平的简单比较来衡量这种差距是否合理或不合理。因此，大量研究在控制了教育程度、工作经验、技能水平和健康状况等个人特征，以及偏好或"软技能"后，进行各种统计分析，旨在测量和

[①] 根据国家统计局的数据，中国的基尼系数在2008年达到0.491的峰值，然后到2015年降至0.462，2022年为0.467。然而，有学者指出基于官方统计的基尼系数可能被低估，因为很难全部纳入高收入者的商业和财产性收入。

评估是否以及为何存在性别收入差距。这些研究遵循人力资本和性别歧视的新古典分析框架①，将性别收入差距的来源归咎于生产力特征及其市场回报的差异。前者通常被认为是"合理"的，而后者则是不合理的部分，被当作是劳动力市场存在性别歧视的证据（包括偏见和统计性歧视）。② 即使是经济发展、市场化或分配体制改革等宏观层面的研究，相当一部分文献也是通过分析其对人力资本机制或性别歧视的影响，进而解释性别收入差距的变化趋势及原因。

大部分关于性别收入差距的实证文献都是基于新古典主义的框架，默认用于解释性别收入差距的人力资本，以及人格特征和偏好等因素都是外生的，可以独立对待。这一框架的重点是研究女性和男性在个体特征和偏好等方面是否存在差异，以及女性是否具有相对不利于劳动力市场表现的特征和态度。当然，也考察雇主对女性和男性的特征和偏好是否区别对待（给予不同的奖励或支付），从而成为歧视的潜在证据。这类研究在经验存在一个困境，就是性别收入差距中很大一部分无法解释。这种无法解释的差异通常归咎于雇主歧视，但仅凭歧视并不能解释性别收入差距的变化。

在这一背景下，很多学者开始将关注点转向文化和社会规范，认为收入的性别不平等在很大程度上是由男女不同的社会角色导致的。因为个体特征尤其是偏好是在特定社会背景下发展起来的，社会角色和文化环境对个体特征和偏好的形成具有重要影响。正是由于这些联系，女权主义学者、社会经济或制度经济学家认为，用于解释性别收入差距的个体特征、偏好或观念，不能被视为独立因素(Lips，2013)。从这个意义上讲，两性之间即使存在人力资本或偏好的差异，也并非收入差距的根源。事实上，性别不平等深深根植于传统文化和性别规范(Jayachandran，2015)。研究表明，男女两性的性别角色观念存在差异，性别观念对妇女和男性在劳动力市场的表现也具有不同影响。例如，传统性别角色观念对女性的工资有强烈的负面影响，但对男性有积极影响(Fortin，

---

① 性别隔离（包括职业、行业、单位等）是重要的性别分层机制，不过性别隔离也可以利用人力资本和性别歧视加以理论解释。
② 无法被生产力特征解释的部分，包含无法观察和控制的生产力特征的作用，把其全部归结于性别歧视是不恰当的。因此，寻找并控制新的解释变量，就是力求精确识别性别收入差距的影响因素与形成机制。

2005)。这可能是形成和导致劳动力市场性别收入差距持续存在的重要原因。

传统性别角色要求男性在家庭外工作以在经济上养家糊口，而女性则在家中作为家庭的看护人和照料者。尽管社会发生了变化，例如现在参与劳动力市场的女性比例更高，许多妻子的收入超过了丈夫，但性别角色演变可能非常缓慢。首先，性别角色在幼年时期就已社会化，儿童和年轻人通常认为男性会外出工作，女性会照顾家庭。性别角色在人们的心里根深蒂固，因此可能会抗拒任何改变。其次，这种早期社会化意味着许多关于性别的假设是隐性的。与那些有意识地表达出来的联系相比，男性与养家糊口角色之间的这些潜意识联系的变化速度要慢一些。再次，由于性别角色是社会建构的(Eagly and Karau, 2002)，它们等同于社会规范。规范行为的集体建构发展缓慢，因为违反强制性规范通常会招致社会惩罚。最近的研究证据表明，社会角色的改变比实际行为的改变要慢。如职业女性仍应承担家庭责任，并确保家人得到适当照顾(Corrigall and Konrad, 2007)。事实上，当女性的收入超过其配偶时，她们往往会增加家务劳动，这可能是为了表明她们继续遵守传统的社会规范。

就中国而言，作为一个具有几千年农业文明和儒学传统的国家，父权制文化对性别不平等的深远影响理应受到重视。何况市场转型和制度变迁以来，中国社会的性别话语发生了明显转型(吴小英, 2009)。"男女都一样""妇女能顶半边天"等官方话语失去体制土壤，并在市场扩张和媒体渲染之下，性别角色观念尤其是社会分工领域的观念有复归传统的趋势(贾云竹, 马冬玲, 2015；杨菊华, 2017)。性别观念的传统回归与两性收入差距的扩大趋势之间潜在关联，这为探究性别角色观念是否以及如何影响性别收入差距提供了特殊的素材，是性别分层理论纵深发展的重要契机。遗憾的是，以往很少有性别收入分层的文献开展这一理论逻辑的分析与实证检验。学术界仍然不清楚性别角色观念对收入差距的影响程度，更不用说影响是如何形成的。

于是，本研究延续与深化这一演进脉络，研究领域不再局限于劳动力市场生产力特征及其回报差异，而是从深层次的社会文化因素出发，引入传统性别角色观念并探究其是否以及如何影响男女收入差距。本章研究的特色和创新主要体现在以下两点：一是从新的社会文化视角解释性别收入差距的成因，即在教育、工作时间和职业等传统因素之外，引入性别角色观念作为两性收入差距新的解释因素；二是阐述性别角色观念通过影响人力资本等生产力特征、职业地位而作用于两性收入差距的作用机制，研究不再不局限于劳动力市场"就事论事"，而是深究生产力特征及两性收入差距的社会文化根源。总之，研究深化和拓展性别收入差距的解释框架，为审视和理解性别收入差距的成因及其持续存在提供新的视角，对于缩小男女收入差距，促进性别平等与女性发展具有现实意义。

在前面章节发现性别角色观念影响女性劳动参与、职位获得的基础上，本章进一步阐述性别角色观念与两性收入差距之间的理论关联，构建分析框架和提出研究假设，并利用全国有代表性的数据资料展开经验分析。在实证检验和数据分析过程中，纠正潜在的样本选择性偏差，并利用工具变量法等因果推断方法，得到有效的研究结论，给出研究启示和政策含义。

二、理论与研究假设

（一）理论与文献述评

与性别角色相关的文化观念是解释性别不平等的重要理论视角。社会角色理论或性别角色理论都指出，社会强加在男性和女性身上的角色期待和规范是两性社会行为差异的基础。传统文化和性别刻板印象使得家庭角色与女性相关联，社会期望她们专注于操持家务或从事传统女性职业并掌握与之相关的技能，男性则承担家庭经济支柱角色并积累获取市场资源的能力。因此，性别文化观念强有力地规范男性和女性的角色定位并鼓励投资于不同的领域，这是造成两性人力资本投资行为和能力差异，以及收入差异的重要力量。在一代又一代的儿童社会化过程中，这些性别角色观念潜移默化地内化为主体意识，并在社会生活中无意识地实践自己的社会行为，最终强化和再生产角色定位与性别结构（Eagly and Wood, 1999）。

经济学领域关于身份认同的效用分析也推导出类似命题。借鉴社会学和心理学概念，阿克洛夫和克兰顿（2000）指出身份认同（identity）或自我意象（self-image）对个体效用具有直接影响。因为个体对社会类别（不限于性别）的归属及其对群体行为规范的认知，构成日常生活和社会互动行为的动机基础。偏离其所属社会类别的行为规范会降低效用，甚至遭受社会偏见和惩罚。其中，性别作为一个基本的社会类别，男女两性有着各自不同的角色期待和行为规范，并通过鼓励趋同、排斥异类的机制来维持和强化性别身份认同。就像前文指出的那样，传统男性比传统女性和非传统男性更看重收入，并更可能通过频繁和积极的工资谈判将这种偏好转化为更高的薪酬。相比之下，传统妇女不太可能参加工资谈判，而且更有可能在谈判时接受较低的工资。因此，性别身份对个体行为和工资福利等具有直接影响。

性别角色观念的社会文化属性及其对性别结构的形塑意义得到经验证据支持。研究表明，传统性别角色观念对工资收入尤其是女性的收入具有显著的负面影响。例如，科里加尔(Corrigall)和康拉德(Konrad)(2007)利用美国高中生成长监测调查数据，研究发现青少年早期拥有的传统性别角色观念降低女性的市场工作时间和小时工资率，但其对男性的工作时间和工资收入没有显著影响。无独有偶，尽管有证据显示性别角色观念与工资收入的关系受到种族身份的调节，传统性别角色观念对白人女性(或白人母亲)工资收入的负作用大于黑人女性(母亲)，但依然得到性别角色观念与白人男性工资收入无关的结论(Christie-Mizell，2006；Christie-Mizell, et al.，2007)。更为重要的是，斯蒂克尼(Stickney)和康拉德利用包括中国台湾在内的28个国家或地区的社会调查数据，为传统性别角色观念与女性低收入关系的普适性提供证据支持(Stickney and Konrad，2007)。此外，贾奇(Judge)和利文斯顿(Livingston)则利用1979—2004年之间美国青年追踪调查(NLSY)数据，研究发现传统性别角色观念不仅与女性收入负相关，而且与男性工资收入正相关(Judge and Livingston，2008)。因此，在正反两方面作用下，传统性别角色观念势必扩大男女之间的收入差距。除了个体所拥有的性别角色观念，地区层面平均的性别角色观念即性别规范也影响两性之间的收入差距，平等主义尤其是家庭领域性别平等规范预示着较低的性别收入差距(Scarborough and Moeder，2022)。实际上，区域集体的传统性别角色观念不仅直接影响性别收入差距，而且降低女性的劳动参与、从事全职就业或管理职位的概率，从而间接影响和扩大两性间的收入差距(Hamjediers，2021)。

需要说明的是，尽管已有相关研究大多基于西方国家背景，但其理论命题在逻辑上适用于华人社会。中国传统文化中"阴阳学说"的本体论思想和"男尊女卑"的封建伦理次序，孕育了政治、经济、社会和家庭等各个领域的性别关系。自五四新文化运动以来，尤其是 20 世纪 50 年代，中国通过自上而下、多层次和具有工具性的妇女解放运动，对传统性别文化进行了前所未有的改造。不过，在强调男女"社会义务或贡献平等"的同时，以"去性别化"的方式模糊或掩盖了性别差异，甚至造成新的事实上的性别不平等，特别是家庭内部仍然保留传统性别分工和父权文化特征(宋少鹏，2012；左际平，2005)。而在改革开放也就是市场化转型过程中，随着单位福利体制的瓦解和国家性别平等制度影响式微，性别角色观念和两性分工出现"传统回归"。

在此背景下，针对中国社会的经验研究也证实，传统性别文化在公私领域依然具有延续性和持续影响力。例如，有研究发现性别角色观念对家务劳动的性别分工模式具有显著影响(佟新，刘爱玉，2015；杨菊华，2014)。而且在传统观念作用下，女性存在"性别表演"，即当她们的相对收入地位提高到一定程度后反而增加家务劳动时间(刘爱玉，佟新，付伟，2015)。同时，传统性别角色观念对男性劳动参与没有影响但显著抑制女性的劳动参与行为，特别是在结婚和生育之后，传统的性别角色观念要求女性将更多的时间和精力投入家庭角色，从而降低她们的劳动参与(卿石松，2017)。现代平等的性别角色观念则有助于女性的职业发展(李春玲，1996)。此外，有研究则暗示家庭早期的社会化可能一定程度影响了高等教育专业选择以及进入劳动力市场之后的职业性别隔离(He and Zhou, 2018)。由于社会在观念、规范甚至制度层面上对男女的定位和期望不同，性别社会化过程使得男女在偏好、兴趣以及价值观等方面产生差异。

综上所述，性别角色观念与两性收入差距的潜在关联具有普遍性，而且转型期中国社会的传统性别文化依然具有强大的生命力和影响力。正是从这一基本论断出发，本章延伸和发展分析框架，不仅分析性别角色观念对个体工资收入的作用，而且尝试对背后的作用机制进行探索分析。同时，通过关注中国性别角色观念复归传统趋势下的男女收入差距问题，也是基于中国的具体实践对性别差异问题的研究进行丰富和深化，以期更好地领悟和理解性别收入差距的深层次原因。

(二) 研究假设

上述理论和经验研究表明,性别化的文化规范形塑了两性行为模式的差异,并通过不同的行为而导致不平等的结果。而且,性别文化规范是一种典型的双重标准,不管是规范的遵守还是触犯规范之后的惩罚,它对女性的要求都更为严厉。因此,在自发无意识之外,我们能够观察到女性的"性别表演"行为。可以说,在个体-家庭-社会的互动中,性别文化规范主要规定和约束女性的日常行为与社会活动领域,而"养家糊口"则是男性的"刚性"责任和义务。因此,结合理论和经验研究发现,可以预期性别角色观念对男女两性的收入具有不同的影响机制。由此提出以下假设。

假设1:性别角色观念对工资收入的影响受到性别身份的调节,即性别角色观念主要影响女性的工资收入。在其他条件相同的情况下,平等的性别角色观念有利于提升女性的收入水平,反之,传统观念抑制女性的工资收入。

如果假设1成立,就可以推断性别角色观念对两性收入差距具有直接作用,且传统性别角色观念主要通过降低女性工资收入,而不是通过提高男性工资收入的方式形成和影响性别间收入差距。不过,需要说明的是,假设1并不意味着拥有传统性别观念的女性,收入水平就"应当"低或责任在女性本身,相反,上文已经讨论指出,女性为什么会有传统性别观念以及为何会对收入有负面影响正是社会问题之所在,体现的是社会文化对女性的规范和束缚。因为女性的性别角色观念及相应的行为模式都是特定的社会文化环境所建构出来的。

在此基础上,为了全面理解性别角色观念的综合影响,深入分析其作用于工资收入及其男女差距的形成机制,进一步探究其对工资收入的作用路径。大量实证研究发现,形成于儿童等人生早期阶段的性别角色观念,不仅影响劳动力市场职业选择和收入,而且对教育获得、劳动参与、工作-家庭时间配置等性别收入差距的传统解释因素都具有重要影响(Davis and Greenstein,2009)。因此,就像费尔斯通(Firestone)等人(1999)指出的那样,在模型中控制人力资本等其他变量时,性别角色观念对工资收入的直接作用无法涵盖其全部影响。也就是说,探究性别角色观念等社会文化因素对男女收入差距的影响,并非只是简单地加入新的变量,更需要拓展研究框架。于是,我们拓展贾奇和利文斯顿提出的职业选择中介机制分析框架(Judge and Livingston,2008),从三个机制或途径展开性别角色观念间接作用于工资收入及其性别差异的经验探索。即假设2:性别角色观念通过教育获得、劳动参与和工作时间,以及职业地位等中介机制而间接影响两性收入差距。

首先,性别角色观念影响人力资本投资方式和教育获得。以往的研究表明,性别角色观念在决定青少年尤其是女孩的学习成绩、教育领域或专业选择等方面发挥重要作用(van der Vleuten, et al.,2016)。坚持传统性别角色观念的中学生尤其是女生,不仅教育期望较低(Davis and Pearce,2007),而且最终实际获得的正规教育甚至是进入劳动力市场之后的在职培训也较低(Kosteas,2013)。由此不难发现,传统性别角色观念通过影响教育获得的性别差异,从生命历程的早期阶段就开始形成和影响劳动力市场的性别收入差距。因此提出假设2a:平等的性别角色观念有利于女性教育获得,而传统性别角色观念则阻碍女性教育获得并间接影响工资收入。

其次,性别角色观念塑造人们的职业偏好或职业期望。与上文关于教育获得的研究一致,传统性别角色观念不仅影响受教育专业的选择,而且会进一步形成与某一特定性别和能力相对应的职业期望(Correll,2004)。同时,性别角色观念也形塑了男女不同的职业偏好和价值观(Sinclair and Carlsson,2013)。男性和女性带着这些不同的期望和偏好进入劳动力市场,由此选择不同的职业并形成性别隔离和收入差距。此外,就像第六章所表明的那样,传统性别角色观念还妨碍女性进入管理层尤其是高层职位,由此必然造成纵向的职位性别隔离和收入差距。因此提出假设2b:平等的性别角色观念有利于女性职业发展,而传统性别角色观念不利于女性职业地位获得并间接影响工资收入。

最后,第五章的研究表明,传统性别角色观念抑制女性的劳动参与,使得女性的市场工作经验不足。同时,家庭劳动时间可能更长,并迫使女性主动或被动地接受不平等的现状。由此提出假设2c:现代平等的性别角色观念有助于提升女性的劳动参与程度,而传统性别角色观念抑制女性劳动参与并间接影响工资收入。

基于上述理论分析和研究假设,不难看出,性别角色观念对工资收入具有直接影响，当然这种影响可能受到性别身份的调节，即它主要影响女性的行为模式和工资收入(假设1)。同时，形成于儿童或青少年早期阶段的性别角色观念，还可以通过教育获得、劳动参与和工作时间、职业选择和升迁流动等中介途径而间接影响工资收入及其性别差距(假设2)。此外，在控制其他因素的条件下，我们也不得不承认，就业、工资支付或职位升迁过程中的性别歧视，也是解释女性收入相对较低的重要因素。因此，性别歧视理论也自然纳入分析框架。

由此可见，本研究的分析范式已跳出人力资本和性别歧视的局限，是一个基于新的视角并整合多个理论的综合性分析框架。其中，尽管人力资本依然是基础理论，但人力资本等生产力特征变量不再看作是"置身事外"的前定变量，而是受到早期形成且相对稳定的性别角色观念的影响。由此期待能够探究性别不平等的根源，深化学术界和政策制定者对于性别收入差距问题的认识。接下来利用全国有代表性的抽样调查数据，对上述研究框架和假设开展检验分析。

三、数据、变量及方法

本研究所使用的数据来自2013年中国综合社会调查(CGSS)。[①] 该调查采取四级分层抽样方案，全国一共抽取480个村/居委会，每个村/居委会抽取25个家庭，并利用KISH表随机访谈一位18岁以上的成年人。调查内容涵盖社会人口属性、劳动收入状况和性别角色观念，非常符合研究目的。由于城乡二元分割的劳动就业制度，农业劳动及收入与城镇非农工作存在显著差异。因而剔除目前正在务农、目前没有工作且没有非农工作经历的样本，提高研究对象的可比性。同时，与已有研究保持一致，样本限定为18—60岁的劳动年龄人口，不包括在校学习、丧失劳动能力和离退休人员。[②]

[①] 本研究所使用的数据来自中国人民大学中国调查与数据中心主持之《中国综合社会调查(CGSS)》项目，作者感谢此机构及其人员提供数据协助。
[②] 我国法定退休年龄男女有别，按当时的政策，男性为60周岁、女性工人为50周岁、女干部为55周岁，而正、副县(处)级或相当于正、副处级的女干部和具有高级职称的女性专业技术人员年满60周岁退休。因此我们统一采用60周岁的年龄界限，但剔除离退休样本，这样既能够消除退休政策的影响，又不会造成样本流失。

(一) 变量与测量

个体在劳动力市场获得的年收入是本研究所关注的因变量。它是根据被调查者对"全年职业/劳动收入"所填写的具体数字加以测量的连续型变量,并依惯例对其取对数,以便更接近于正态分布。需要说明的是,问卷调查了平均每周工作时间,我们可以据此大致推算个体的小时工资。然而,考虑到工作时间的长短也受性别角色观念的影响,为了更加全面地反映其对性别收入差距的作用,本研究以年收入作为被解释变量。

性别角色观念是本研究的核心解释变量。CGSS调查问卷关于性别角色观念的测量问题,包括"男人以事业为重,女人以家庭为重""男性能力天生比女性强""干得好不如嫁得好"和"在经济不景气时,应该先解雇女性员工"等。这几个问题分别反映了性别角色定位、女子不如男、女性依附于男性和就业机会男性优先等传统观念。[1] 被访者要求按照李克特5级量表方法分别对上述表述进行认可评价,选项为"完全不同意""比较不同意""无所谓同意不同意""比较同意"和"完全同意"。避免测量指标之间的共线性问题以及样本之间的可比性,按照常用的平均数合成方法得到性别角色观念的综合评价得分[2],分值越高表示性别角色观念越传统。信度检验发现,综合指数的阿尔法信度为0.684,达到统计学上可接受的水平。

控制工资收入模型中采用人力资本与个体特征变量。人力资本采用受教育程度和健康状况加以衡量。根据问卷关于受教育程度的分类选项,我们把它操作化为虚拟变量组,分别为初中及以下(包括未受过教育)、高中(包括中专)、大学专科及以上,分析中以初中及以下为参照组。根据问卷中自评健康状况构建是否健康的二值虚拟变量,把"很健康""比较健康"和"一般"定义为1,"比较不健康"和"很不健康"定义为0。个体或家庭特征变量包括年龄(连续变量)及其平方项[3]、婚育状况。婚姻状况是分组虚拟变量,分别定义为未婚,

---

[1] 这些指标之间的相关性都超过了0.6。我们没有选择与家务分工相关的性别观念,如"夫妻应该均等分摊家务",是因为它与其他指标的相关性较低(0.374)。
[2] 为了验证结果的稳健性,我们采用探索性因子分析提炼出一个共同因子,并得到一致的分析结果。
[3] 为了提高回归系数的易读性,采用年龄平方项除以10进行操作化处理。

已婚有配偶、离婚丧偶,分析中以未婚为参照类。

影响收入的工作特征变量控制了平均每周工作时间和职业地位。劳动参与及工作时间本身就是劳动收入的重要影响因素,上文也指出性别角色观念可能通过劳动时间而对个体收入产生影响,本研究对此加以控制和分析。已有研究已关注职业隔离对性别收入分层的作用,考虑到性别角色观念同时影响职业选择和职位升迁,因而采用综合的职业地位指数(ISEI)作为中介变量。它由被调查者 ISCO-88 职业代码转化而来,是取值 16—90 的连续型变量。

其他控制变量为制度和结构性因素。在中国社会,户籍制度和党员身份也是影响个人地位获得及收入的重要因素。我们在收入模型中控制党员身份、户籍等人口学特征变量。党员身份也被编码为二分类变量,中共党员为 1,其他为 0。为了反映城乡户籍差异,我们将户籍身份区分为城镇和农村(农业户口为 1,非农户口为 0)。由于地区之间在经济社会发展水平和工资水平等方面的差异,也会影响到个体劳动参与和工资收入,因而将省级层面的地区虚拟变量加入到模型中,以便控制结构性因素的影响。

(二) 模型与分析策略

本章数据分析包括两部分:一是探究性别角色观念对工资收入及其性别差异的影响;二是阐述性别角色观念影响工资收入的主要机制路径。

值得说明的是,模型和回归方法的重点在于探究变量之因果关系。通常需要考虑或纠正潜在的反向因果、遗漏变量等导致的内生性问题。但就本研究而言,这些问题似乎并不严重。一方面,个体的性别角色观念形塑于儿童或青少年时期并受原生家庭环境的影响(参见 Platt and Polavieja,2016),它在时间上先于劳动力市场经历;另一方面,儿童社会化过程所形成的性别角色观念是一种相对固定的价值取向,尽管并非一成不变,但即使经历生育和产后就业等生命历程事件,大部分人的性别观念依然保持稳定(参见 Schober and Scott,2012)。综合以上因素,我们有一定的理由相信因果方向是性别角色观念作用于劳动行为和工资收入,而不是反过来。① 在尽量控制混淆变量的基础上,采用多元线

---

① 后文关于内生性问题的检验结果也为因果方向的合理性提供了一定的证据。

性回归进行分析是合理的。

但考虑到潜在的第三方混淆因素即遗漏变量问题,我们尝试利用工具变量(IV)进行处理。在数据可得性基础上,现有文献一般也采用社区或更高尺度地区层面的集聚数据作为个体层面指标的工具变量。本研究采用CGSS初始样本(包括已退休的年长者)计算得到社区的平均性别角色观念,并以此作为劳动力样本个体性别角色观念的工具变量。基于社会化以及性别角色观念的形成机制,社区层面的性别文化对个体性别角色观念的形成具有显著作用,但它又不直接影响工资收入,或者说仅通过影响个体性别角色观念的方式而影响其劳动行为与工资收入。而且,社区层面年长世代的性别角色观念会影响年轻世代的性别角色观念,但年轻世代也就是劳动年龄人口的行为不会反过来影响年长者的性别角色观念。因此,工具变量与内生解释变量之间满足相关性,且没有反向因果的问题,一定程度上可以认为我们选取的工具变量是合理的。当然,严格意义上完美的、外生的工具变量有待进一步挖掘。

同时,由于部分被调查者未参与劳动就业而无法测量其工资收入,由此导致的样本缺失并非完全是随机的。因为"男主外女主内"的传统性别角色观念,能够影响被调查者尤其是女性的劳动参与行为。如果简单地删除那些退出劳动力市场而没有职业或工资收入信息的样本,可能导致样本的选择性偏差并低估性别角色观念对工资收入及其性别差异的影响程度。因此,在工资收入模型中利用Heckman两步法纠正可能存在的样本选择偏差问题。并在所有的回归分析中,调整样本在乡镇(街道)层次上的聚集效应,以得到稳健标准误。

四、分析结果与讨论

(一)描述分析

表7-1是关键变量的分性别均值比较分析结果。数据显示,中国男女两性的性别角色观念总体上处于传统与现代的混沌状态,其总体平均得分为2.806,接近量表的平均值。但与女性相比,男性的性别角色观念更倾向于传统(指标值更高)。这一结果表征和支持性别平等观念的变革具有"不平衡和停滞"的

特征(England,2010),即传统文化顽固不化,尤其是男性的性别平等观念裹足不前。这与国内其他样本大小不一的研究发现是一致的,即女性的性别角色观念更趋平等和进步(Pimentel,2006;刘爱玉、佟新,2014)。

表7-1 分性别的变量均值比较

	总体均值	男 性	女 性	均值差异
收入对数	10.204	10.332	10.007	0.324***
性别角色观念	2.806	2.891	2.706	0.185***
劳动参与	0.861	0.949	0.757	0.192***
每周工作时间	40.371	45.986	33.755	12.230***
职业地位(ISEI)	41.258	40.553	42.088	−1.534***
教育程度	1.818	1.848	1.782	0.066***
健康	0.943	0.940	0.947	−0.007
年龄	38.816	39.996	37.425	2.570***
已婚	0.819	0.800	0.842	−0.041***
离婚/丧偶	0.040	0.037	0.044	−0.007
中共党员	0.114	0.147	0.075	0.073***
农业户口	0.497	0.482	0.515	−0.033**

注:职业地位(ISEI)是缺失值插补后的均值。

尽管如此,女性的收入劣势地位依然明显,男性的平均收入比女性高了约32.4%。同时,女性的劳动参与率仅为75.7%,显著低于男性的94.9%。相应地,女性的市场劳动时间也较低,平均每周工作时间比男性差了12个小时。不过,就业女性的职业经济地位(ISEI)似乎略高于男性。[①] 从表7-1还可以发现,尽管女性的受教育程度不断提高,但总体上男性平均的受教育程度依然高

---

① 由于没有参与劳动或失业样本没有职业编码,为了弥补信息损耗,我们对此进行了多重插补(multiple imputation)处理。

于女性。此外，男性样本的平均年龄、党员比例相对较高，而已婚和农业户口比例相对低于女性。

描述性结果表明，受教育程度等人力资本和人口特征变量存在性别差异，其对两性收入差距具有潜在的解释作用。在此之外，可以进一步考察性别角色观念及其对男女收入的不同影响。下文控制工资收入的其他影响因素，针对性别角色观念是否以及如何影响收入进行检验分析。

(二) 回归分析结果

以普通最小二乘法(OLS)为基础，再逐步考虑和纠正样本选择偏差与内生性问题，以便得到变量间稳健的因果关系。回归结果汇报于表7-2。

表7-2 性别角色观念对工资收入的影响

	男女混合样本			女性子样本		
	1	2	3	4 -OLS	5 -Heckman	6 -IV
女性	−0.394***	−0.399***	−0.170**			
性别角色观念		−0.028*	0.007	−0.075***	−0.076***	−0.162**
女性*性别角色观念			−0.083***			
高中	0.174***	0.170***	0.168***	0.212***	0.217***	0.192***
专科及以上	0.392***	0.389***	0.385***	0.437***	0.451***	0.418***
健康	0.307***	0.309***	0.304***	0.367***	0.375***	0.363***
年龄	0.075***	0.076***	0.077***	0.073***	0.078***	0.075***
年龄平方/10	−0.010***	−0.010***	−0.011***	−0.010***	−0.010***	−0.010***
每周工作时间	0.003***	0.003***	0.003***	0.004***	0.004***	0.004***
职业地位(ISEI)	0.009***	0.009***	0.009***	0.010***	0.010***	0.009***
已婚	0.175***	0.177***	0.175***	0.028	0.017	0.032
离婚/丧偶	0.145**	0.142**	0.141**	0.100	0.098	0.093

续表

	男女混合样本			女性子样本		
	1	2	3	4 -OLS	5 -Heckman	6 -IV
中共党员	0.062*	0.060*	0.061*	0.027	0.031	0.018
农业户口	−0.004	−0.001	0.001	−0.027	−0.027	−0.011
Heckman					0.056	
Hausman 检验						1.88
样本量	4 218	4 218	4 218	1 666	2 464	1 666

注：所有模型都控制省份虚拟变量，稳健标准误纠正乡镇（街道）聚集效应，*** $p<0.01$，** $p<0.05$，* $p<0.1$。

以往的经验研究一致表明，性别差距构成了中国劳动力市场一个基础性的不平等结构，这在本研究中也得到了再次证实。从表7-2模型1可以发现，即使控制人力资本和个体特征的差异，女性劳动者的收入仍然显著低于同等条件的男性劳动者，两者相差大约39.4%。

然而，运用一个新的研究设计，纳入性别角色观念变量及其与性别的交互项，由此获得一些补充研究发现。模型2和模型3的结果表明，性别角色观念对男女两性收入的影响存在差异，传统性别角色观念主要抑制女性的收入水平，但不影响男性的平均收入。这一结果与理论预期和来自美国或其他地区的研究结论是一致的（如 Corrigall and Konrad，2007；Stickney and Konrad，2007）。

当然，就像上文所指出的那样，为了获得稳健一致的估计结果，需要针对因果分析中潜在的样本选择偏差和内生性偏误进行检验。针对女性子样本，利用 Heckman 两步法纠正样本选择偏差，第一阶段模型的识别变量纳入了常用的影响劳动参与的因素，包括性别角色观念、受教育程度、婚姻状况以及是否拥有年龄在6岁以下的孩子。[①] 回归结果显示（模型5），增加了798个删节（censored）样本，但传统性别角色观念降低女性收入的结论依然稳健。而且回

---

① 第一步选择方程的回归结果在下文机制分析中有所讨论，见表7-4第2列回归结果。

归系数与普通最小二乘法得到的估计系数相比（模型 4），其绝对值仅有细微增加。这一结果验证我们的推断，即由于性别角色观念影响劳动参与行为，如果删除未参加工作而无法观察到收入信息的样本，可能因样本选择性问题而低估性别角色观念的作用。但是，Wald 统计检验发现回归系数的差异并不显著（$\chi^2=1.46$, $p=0.227$），说明性别角色观念对女性工资收入的负面作用并不是由于样本选择导致的。

在此基础上，进一步利用社区的平均性别角色观念作为个体性别角色观念的工具变量（IV）。检验发现，工具变量通过了弱工具变量检验（$F=179.968$, $p=0.000$），而且第一阶段回归结果表明工具变量和个体性别角色观念是高度相关的，回归系数为 0.817（$p=0.000$，请见本章附录表 7-A）。在使用工具变量回归后，见表 7-2 的结果（模型 6），传统性别角色观念对女性的工资收入仍然具有显著的抑制作用，而且工具变量估计系数的绝对值要比 OLS 估计大。这是因为工具变量回归得到的是局部平均处理效应，即受社区性别文化影响较大的那部分群体的效应。这部分人可能更加遵从文化规范和社会期待，因而性别角色观念对他们的影响也较大。这有助于理解为什么工具变量的回归系数比 OLS 要大。不过，豪斯曼（Hausman）内生性检验结果发现，无法拒绝原假设，即 OLS 模型和工具变量模型之间并不存在系统差异（$\chi^2=1.88$, $p=1.000$）。这表明回归模型不存在严重的反向因果、遗漏变量偏误等内生性问题，OLS 回归结果是可靠的。这是因为性别角色观念形成于进入劳动力市场之前的早期阶段，而且是一种相对稳定的认知和价值观。况且研究对象为成年人，他们的观念早已"内化于心、外化于行"难以轻易改变。因此，在理论和统计上都有理由相信，个体性别角色观念是外生的。

总而言之，不论是简单最小二乘回归还是工具变量回归，表 7-2 的结果都显示传统性别角色观念对女性的工资收入具有显著的抑制作用，但其对男性工资收入没有显著影响。[①] 由此，假设 1 得到验证支持或在统计上、理论上是难以拒绝的。

[①] 针对男性样本，我们也利用工具变量回归方法做了检验，与 OLS 一致，性别角色观念对其工资收入没有显著影响。

此外，与已有研究一致，表7-2的回归结果表明，受教育程度和健康状况等人力资本衡量指标对工资收入具有积极作用，收入与年龄之间的关系也符合预期的倒U形特征。平均每周工作时间和职业地位与男女两性的工资收入正相关，但党员身份似乎只能提高男性的工资收入，而与女性的工资收入无关。类似地，男性通过婚姻获得正的工资溢价，而女性的收入与婚姻状况没有显著关系。

回到性别收入差距的成因，上述结果从深层次的文化观念角度为性别收入差距的根源提供新的经验证据。由于表7-2中的回归模型控制了个体的人力资本和其他影响工资收入的特征变量，因此女性虚拟变量的回归系数所反映出的性别收入差距，就是不能被观察到的个体特征所解释的部分。从回归系数的变化来看，模型3中的女性回归系数的绝对值大大低于模型1，表明纳入性别角色观念与女性虚拟变量的交互效应之后，性别收入差距中不可解释的部分大大下降，由此可见性别角色观念对男女两性收入差距具有较大的解释作用。

图7-1更加直观地诠释性别角色观念对两性收入差距的影响。基于模型3的回归方程，在控制其他影响因素的情况下，性别角色观念对男女两性工资收入的影响存在显著差异。从图中可以发现，性别角色观念由传统倾向转至现代（从左至右），男性的工资收入没有明显变化，但女性的工资收入直线上升，并使得男女收入差距不断缩小。以两端的极值为例，持有极端传统观念的女性，其工资收入与对应的男性相差58.4%，而拥有完全现代平等性别角色观念的女性，其工资收入仅比相应的男性低25.3%。由此可得，构建现代平等的性别文化，有利于大大缩小男女收入差距，促进女性发展与性别平等。

为明确证实性别角色观念对收入分层的贡献，同时也为具体量化这种解释程度及其作用机制，我们利用最新的解决了工资标准选择问题并纳入性别虚拟变量的全样本Oaxaca-Blinder分解方法（参见Fortin, et al., 2011），解构性别收入差距的来源。不出所料，分解结果显示，性别角色观念尤其是其对两性工资收入的不同影响机制，是形成男女收入差距的重要因素。也就是说，性别角色观念对两性收入差距的影响，主要源于回归系数的差异。其中，性别收入差距中不可解释的部分(来源于回归系数的差异)，性别角色观念的贡献占60.8%。如果性别角色观念对男女工资收入的影响趋于一致而不存在差异的话，即传统性别角色观念对女性工资收入的负面作用下降，两性之间的收入差距将大大缩

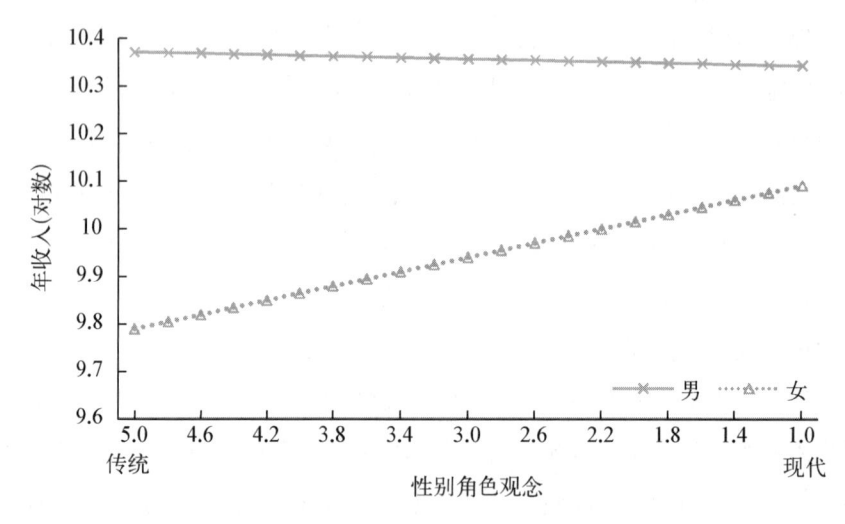

图 7-1 性别与性别角色观念的交互效应

小。由此，消除传统性别角色观念的不利影响，缩小男女收入差距，不仅需要建构现代平等的性别文化，而且需要采取有效的干预措施缓解其对女性的束缚和限制作用。

在分析性别角色观念如何影响女性工资收入之前，我们也关心具体是性别角色观念的哪个或哪些维度影响工资收入。为了避免多重共线性问题，在回归模型中逐步纳入性别角色观念的四个不同维度及其与女性变量的交互项。各维度按照 0—1 虚拟变量进行编码处理，"比较认同"或"完全认同"为 1（传统倾向），否则为 0（现代倾向）。在控制所有其他变量的情况下，表 7-3 回归结果显示，仅第一个交互项的系数统计显著，即只有"男主外女主内"的传统观念对女性收入有显著的负作用。而性别角色观念的其他维度指标，如"男性能力天生比女性强""干得好不如嫁得好"和"在经济不景气时，应该先解雇女性员工"等虚拟变量及其与交互项的回归系数都不显著。

表 7-3 性别角色观念各维度对工资收入的影响

	1	2	3	4
女性	−0.324***	−0.373***	−0.374***	−0.389***
男主外女主内	0.036			

续 表

	1	2	3	4
女性 * 男主外女主内	−0.137***			
女不如男		−0.001		
女性 * 女不如男		−0.063		
干得好不如嫁得好			0.024	
女性 * 干得好不如嫁得好			−0.050	
优先解雇女性				−0.009
女性 * 优先解雇女性				−0.067
样本量	4 218	4 212	4 215	4 204

注：其他控制变量与表 7-2 相同，稳健标准误纠正乡镇（街道）聚集效应，*** $p<0.01$，** $p<0.05$，* $p<0.1$。

由此可见，相比于性别角色观念的其他测量指标，养家糊口-家庭照料者的传统角色定位是性别角色观念的核心支柱，它更能反映和捕捉社会文化观念对性别收入差距的形塑作用。同时，就本研究样本而言，假设 1 再次得到验证支持，即传统性别角色观念主要影响女性的社会行为和结果，而对男性没有显著影响。

(三) 中介作用机制分析

上述结论表明，在控制生产力特征变量的情况下，传统性别角色观念仅对女性收入具有直接的负作用。同时，与以往研究一致，受教育程度、劳动参与、工作时间和职业地位等都是性别收入差距的影响因素。在既有的研究中，能够被这些因素所解释的部分通常被认为是"合理"的。然而，对此争论不休的问题是，这些因素本身是否受到不合理的社会结构和文化观念的影响。于是，结合上文提出的分析框架，对此进行探索分析，探究性别角色观念是如何以及通过什么途径影响女性收入的，就此检验假设 2。

由于上述中介变量是不同类型的因变量，本章分别采用适用的模型并对控制变量做了相应的调整。其中，受教育程度是排序多分类变量，通常需采用排序Probit或排序逻辑斯蒂回归进行分析，但问题在于其回归系数在不同模型、不同样本之间是不可比的，且不适合采用工具变量回归。考虑到这些限制，以及回归系数或边际效应的一致性，很多学者建议采用多元线性模型的方式来进行分析。[1] 因此，本研究亦采用此分析手段。与连续型变量职业地位（ISEI）一致，都使用多元线性回归方法。而劳动参与则是二元虚拟变量[2]，于是采用Probit和对应的 IV - Probit 模型。相应地，利用 Tobit 和 IV - Tobit 模型对工作时间进行回归分析。

不过，需要说明的是，与上文一致，利用社区的平均性别角色观念作为工具变量，它通过了弱工具变量检验，但内生性检验发现我们无法拒绝个体性别角色观念是外生的原假设。因此，尽管两类方法的结果是一致的，但优先采用和汇报更有效的常规方法的回归分析结果（表7-4）。

在教育获得模型中，参照田志鹏和刘爱玉[3]、吴愈晓[4]及其他同类研究的做法，控制了父亲的职业地位、母亲是否受过高等教育等原生家庭的背景变量，以及户籍、民族等虚拟以考察教育获得在城乡、不同民族之间的差异。表7-4第1列的结果表明，传统性别角色观念与女性的受教育程度负相关。这一结果与国外同类研究结论是一致的（如Kosteas，2013）。此外，父亲的职业地位和母亲的教育程度对女性教育获得具有显著的促进作用，农村地区的女性教育获得低于城镇。这些结果表明，即使在当下的现代市场社会，女性在劳动参与、职业地位获得等方面已取得巨大成就，但受传统观念的影响，女性受教育程度的期望和投入依然较低。结合上文的分析结果（见表7-2），考虑到受教育程度是决定个体收入水平的重要因素，由此可得传统性别角色观念通过抑制受教育程度进而降低女性的工资收入并扩大男女收入差距，中介机制假设2a得到验

---

[1] 参见 Mood C. 2010. Logistic regression: why we cannot do what we think we can do, and what we can do about it [J]. European Sociological Review, 26(1): 67-82.
[2] 未就业且在过去三个月"未找过工作"，定义为退出劳动力市场即没有劳动参与行为（取值为0），就业人员加上正在找工作的失业人员定义为劳动力市场的参与者（取值为1）。
[3] 田志鹏，刘爱玉.2015.中国城市居民职业地位获得的性别差异研究——父母教育和职业对男女两性教育和职业获得的影响 [J]. 江苏行政学院学报(5): 71-77.
[4] 吴愈晓.2012.中国城乡居民教育获得的性别差异研究 [J]. 社会(4): 112-137.

证支持。这就意味着，构建现代平等的性别文化，有助于女性教育获得并提高其收入水平。

表7-4 性别角色观念影响女性收入的作用机制分析

	教育获得	劳动参与	工作时间	职业地位（ISEI）
	OLS	Probit	Tobit	OLS
性别角色观念	−0.133***	−0.171***	−3.666***	−0.835***
高中		0.074	−0.726	6.213***
大专及以上		0.813***	0.878	15.040***
健康		0.418***	13.390***	2.411***
年龄	−0.030***	0.154***	4.844***	0.493***
年龄平方/10	0.001	−0.019***	−0.585***	−0.073***
已婚		−0.607***	−12.614***	−0.247
离婚丧偶		−0.219	−5.046	0.374
6岁以下孩子		−0.564***	−12.051***	
中共党员		0.323**	1.795	5.444***
农业户口	−0.620***	0.009	3.391*	−2.499***
汉族	0.043			
父亲的ISEI(14岁时)	0.009***			
母亲受过高等教育	0.290***			
样本量	2 189	2 465	2 465	2 465

注：所有模型都控制省份虚拟变量，稳健标准误纠正乡镇(街道)聚集效应，*** $p<0.01$，** $p<0.05$，* $p<0.1$。

类似地，在控制受教育程度，以及个体和家庭结构变量的情况下，传统性别角色观念不仅阻碍女性的劳动参与行为，而且降低平均每周的市场工作时间。原因可能在于，持有传统性别角色观念的女性，承担了更多的家庭责任，在工作-家庭角色冲突的影响下,参与和投入劳动力市场的时间精力自然减少。从某种意义上,本研究利用全国性调查资料,证实了传统性别角色观念在新时期依然具有极强的实践性。性别文化并不是简单停留在人们头脑中的观念和价值观,而是具体落实在规范和指导个体日常生活的行为之中。换句话说,传统性别文化对性别结构的形塑意义不仅仅停留在观念的养成,更在于行为实践。通过观念引导行为,进而对性别不平等的结果产生影响。鉴于劳动参与和市场工作时间对收入水平的积极影响(参见表7-2),这些结果表明,现代平等的性别角色观念通过促进女性劳动参与而缩小两性收入差距,反之则扩大男女之间的收入差距,中介机制假设2b得到验证支持。

同时,从表7-4可以发现,性别角色观念与职业地位负相关。持有传统性别观念的女性,其职业地位低于拥有现代平等性别观念的女性。换句话说,平等的性别文化有利于促进女性职业发展,而传统性别文化则不利于女性职业地位的提升,中介机制假设2c得到验证支持。这与以往经验研究发现女性集中于低层次"女性化"职业,或是女性在职位晋升中遭遇歧视(卿石松,2011),并由此扩大男女两性平均的收入差距的结论是一致的。不过,相比劳动力市场歧视理论,传统性别角色观念更好地解释了性别不平等的来源。基于性别角色观念对受教育程度等所谓的自致因素存在显著影响。这些变量差异所解释的性别收入差距,可能有很大一部分是性别角色观念的作用结果。因此,在控制人力资本和个体特征变量的情况下所估计和观察得到的结果,远低于性别角色观念对收入差距的实际影响。或者说,如果局限于劳动力领域,在受教育程度等人力资本差异的既定事实基础上阐述性别收入差距的成因,而不顾导致这些因素本身存在差异的原因,必然无法全面理解性别不平等的根源。

总之,中介机制假设2无法拒绝,并得到全国代表性样本的证据支持。根据上述数据分析和推理,性别差异并非仅由生理差异导致或仅仅是个人理性决策的结果,其背后隐藏着深刻的社会文化的束缚作用。事实上,性别角色观念对男女收入差距的影响是诸多因素互动的综合结果。生物性的个体在向社会人转变的成长过程中,通过与家庭成员、同伴以及大众传媒的互动,学习和遵守有关性别角色规范和期望,发展形成影响个体行为特征的偏好和价值观,并以此支配自己的行为。在父权制和从夫居的传统社会,女子只需在家里相夫教子而无需抛头露面，教育投资自然没有相应的市场回报。坚持"男主外女主内"等传统性别角色观念的女性，不仅劳动参与的主观意愿不高，而且在教育程度不足的客观条件的相互作用下，其劳动参与概率会进一步下降。同时，为了符合社会规范和角色定位，女性不得不承担更多的家务和家庭成员的照料责任，使得现代职业女性角色和贤妻良母的传统角色存在冲突。在个体-家庭-市场的互动下，女性的市场工作时间和精力受到限制，由此必然也不利于女性职业地位获得和工资收入的增长。

五、本章小结

性别收入差距是多个学科领域经典而又极富活力的议题。以往研究通常倾向于将性别收入差距归纳为人力资本差异或性别隔离的结果，但它们时常也指出这不足以解释性别收入差距的来源。本研究立足体制和文化转型背景实际，从深层次的社会文化机制出发，拓展研究框架，就性别角色观念是否以及如何决定个体收入及性别差异向人们展示了一个更为完整的图景，为学术界和政策制定者深化理解性别收入差距的成因提供新的视角。

研究发现，性别角色观念对男女两性收入差距具有不容忽视的影响。与女性相比，男性的性别角色观念更倾向于传统，但在其他因素不变的情况下，传统性别角色观念抑制女性的收入水平，对男性的平均收入则没有显著作用。纳入性别角色观念及其与女性的交互项之后，女性虚拟变量回归系数的绝对值大幅下降，表征传统性别角色观念对两性收入差距具有重要的解释作用。进一步的分解结果表明，性别角色观念对两性收入的不同影响机制对无法被生产力特征差异所解释部分的贡献达到60%。此外，传统性别角色观念与女性受教育程度、劳动参与概率和工作时间，以及职位地位获得均具有显著的负相关关系，最终通过这些中间变量而降低工资收入并影响性别收入差距，凸显出传统性别文化观念对女性的多重桎梏。这意味着，传统性别角色观念是如此深入骨髓，对收入分配领域性别差异的影响深远且非常隐蔽，以至于女性收入低于男性的现象如此普遍，但我们几乎忘了这是男女两性双重价值标准造成的性别歧视。

本研究印证支持性别不平等是社会建构起来并深嵌于社会文化结构，拓展了人力资本研究范式，对于深化认识性别收入差距的来源和持续存在性提供新的视角。随着经济社会发展和家庭结构变迁，尽管有研究表明父权制文化存在衰落迹象，女性的教育地位和决策权也有所上升，但本研究证据显示，传统性别文化并没有式微或就此消亡，"男主外女主内"的文化信念和社会实践还没有实质改变。男女两性尤其是女性的行为决策并非仅仅是依据自身"能够做什么"或"想做什么"的理性选择，社会期待她们"应该做什么"在很大程度上依然具有强烈的约束作用。而且，在父母的言传身教下，性别角色观念具有稳定的代际传承性（参见 Platt and Polavieja，2016）。由此可得，世代更迭也难以撼动传统角色定位与性别结构。因此，如果现代平等的性别文化还没有显现并发挥实质影响，即使女性的教育程度达到甚至超过男性，女性的收入劣势也可能依然持续存在。结合中国体制转型以来性别观念回归传统的事实，研究为女性教育地位提升但其劳动参与率却不断下降、男女收入差距不断扩大的困惑现象提供新的理解认识。在新时代背景下，构建现代平等性别文化也就更具有紧迫性、必要性。

同时，本研究关于性别角色观念影响女性教育获得、劳动参与、职业地位和市场工作时间的经验证据，有助于深刻理解传统文化观念对个体行为决策的广泛影响，可以深化认识这些领域性别不平等的来源，为推动后续研究进展提供新的基础。不过，也正因为如此，本研究存在优化和拓展的空间。性别角色观念对社会生活的方方面面都存在影响，而且这些影响对性别收入差距的作用可能是累加的，但因数据和分析方法的限制，不能对此进行综合评估。例如，社会期待女性温驯和保守、而男性则是自信有决断力（Eagly，1987），由此使得个体社会化过程中形成风险规避和竞争意识等心理特征的性别差异，从而可能导致不同的市场行为和工资收入的差异，后续研究有待在分析框架中纳入更多的中介变量和影响机制。此外，尽管我们在理论和统计上对因果作用关系努力做了较为充分的讨论和检验，但鉴于数据局限难以找到一个严格外生于个体观念社会化过程的工具变量。未来如有开始于儿童或青少年阶段的长期追踪调查数据，或是能够在个体层面找到在时间上先于性别观念形成的混淆因素作为工具变量，可对此做进一步考察分析。期待学术界共同关注，进一步拓展和丰富本领域的研究成果。

本研究对于优化我国性别平等政策的顶层设计有着启发意义。由于中国面临着少子老龄化人口新常态，劳动力人口规模和比例下降，因此提高女性劳动参与率是未来维持劳动力的重要课题。而日益扩大的性别工资差距可能是实现这一目标的主要障碍。为了维持和促进中国经济的长远发展，政府应实施适当的政策，减少工作场所对女性的歧视。其中，传统性别角色观念有其深厚的历史土壤和现实基础，它与市场转型以及性别平等政策的实施效果密切联系。从这个意义上讲，国家制度和政策的支持与观念的转变应同步推进。近年来，国家在提倡两性平等和保护女性的政策上不断加强制度建设，在法律上进一步强调妇女享有平等权利并反对一切形式的性别歧视。然而，女性发展和性别平等的推进从来都不是建立在喊口号的基础上，关键在于理念能够在具体的政策和操作层面获得有效的实施，这也是构建先进性别文化的要义。因此，需要深刻认识"男主外女主内"等传统性别角色观念存在并得到人们认同的社会经济和心理基础，采取针对性措施，从骨子里提高全社会的性别平等意识，推动女性积极参与经济社会发展的共建共享。

本章附录

表7-A 工具变量回归模型第一阶段结果

	系　数	标准误	显著性水平
社区平均性别角色观念	0.817	0.061	0.000
高中	−0.209	0.048	0.000
专科及以上	−0.169	0.060	0.005
健康	−0.054	0.101	0.598
年龄	0.024	0.015	0.101
年龄平方/10	−0.002	0.002	0.390
每周工作时间	−0.001	0.001	0.517

续　表

	系　数	标准误	显著性水平
职业地位(ISEI)	−0.002	0.001	0.106
已婚	0.003	0.070	0.969
离婚/丧偶	−0.075	0.103	0.464
中共党员	−0.127	0.060	0.036
农业户口	0.111	0.046	0.016
调整的 R-squared		0.222	
样本量		1 666	

注：控制了省份固定效应，稳健标准误纠正乡镇(街道)聚集效应，*** $p<0.01$，** $p<0.05$，* $p<0.1$。

第八章　研究结论与政策建议

当今社会，性别平等作为推动社会进步和实现可持续发展的重要基石，是多个学科领域共同关注的议题。然而，由于历史、文化和社会结构等多重因素的影响，劳动力市场性别不平等现象仍然普遍存在。这一问题不仅涉及经济学中的供给端人力资本要素，也涉及社会学中的社会力量和制度结构，同时也强调了供需双方因素的共同影响。

性别角色观念作为个体内化的态度和价值观念，是影响劳动力市场性别差异的重要因素。女性在社会化过程中生成的性别角色观念，潜在地影响了她们在劳动力市场的行为和结果。同时，国家或社会层面的性别角色观念作为一种社会规范，既塑造了女性个体的性别角色观念，又直接约束了女性的行为。因此，不同层面的性别角色观念可以从供需双方影响性别分工。

传统社会中的性别角色分工和性别刻板印象是导致性别不平等的主要原因之一。在许多文化中，"男主外女主内"的观念根深蒂固，这导致了男女在社会、经济和政治领域的不平等地位。女性常常被视为次要的或从属的，这种观念限制了她们的自由和机会，使她们在社会中处于不利地位。也就是说，性别不平等深深根植于传统文化和性别规范。

于是，本书以性别文化为切入视角，利用多项全国性家庭入户调查数据，旨在深入探究性别角色观念的生成演变机制及其对两性劳动力市场结果的影响。这一研究在理论和研究视角上具有一定的突破和创新，有助于开阔性别分层问题的研究视野，深化劳动力市场性别差异的成因分析，推动性别分层理论体系的传承与创新。

本章主要提炼结论，并指出了本研究存在的不足以及值得进一步完善和研究的方向。最后，反思实践，为优化性别平等实践和制度创新提出了一些针对性的政策建议。这些建议旨在促进性别平等，打破传统的性别刻板印象和偏见，创造一个更加公平、包容和平等的社会环境。

一、研究结论与展望

（一）主要研究结果

1. 随着人们受教育程度的提升、队列更替和社会现代化，人们的性别角色观念总体朝着两性平等的现代化方向发展。然而，在职场和家庭这两个不同的领域，这种变化并不均衡。从相对水平来看，年轻一代相对于年长者更倾向于支持现代化的两性关系，特别是在劳动力市场方面。但在家庭领域，许多人依然认为女性应当承担主要的家务和育儿责任。从变化趋势上看，职场公领域的队列变化符合队列更替理论的预期，即年轻一代比年长者更具现代观念。然而，家庭私领域的队列变化起初出现了"回归传统"的趋势，但随后也开始了现代化的进程。这说明，在性别角色观念方面，存在一些"回潮"的现象，但这主要局限于某些特定的出生队列或特定的指标上。

中国性别角色观念队列变化所表现出的多维度异质性证实了以往研究所指明的性别角色观念的变化存在着不均衡性。公领域性别平等观念的快速发展，主要得益于中华人民共和国成立初期国家和政府的自上而下的推动。例如，"单位制"的建立以及相关的法律法规都为女性提供了教育、就业和参与政治活动的平等机会。然而，尽管女性进入劳动力市场的机会在增加，但社会对女性作为主要家庭照顾者的刻板印象仍然根深蒂固。

性别角色观念的队列变化显示了男性和女性之间的差异。女性的性别角色观念现代化速度超过了男性，这与西方社会的研究结果是一致的。基于HAPC模型的结果显示，1921—1948年出生队列的男性和女性在各个维度上的表现基本一致，但在其后的出生队列中，女性的现代化程度超过男性，且这种差距随着队列的年轻化而逐渐增大。

2. 在性别角色观念的代际传递中，我们深入探究了其持续性及其对性别结构再生产的影响。基于社会化和文化传承理论，我们构建了家庭亲子匹配数据，以实证探究性别角色观念社会化过程中父母与社会文化环境的独立影响。研究显示，父母有意的信息传播和身边其他榜样的作用共同塑造了个体的文化观念，成为性别角色再生产的主要驱动力。具体来说，家庭内部的社会化在子代性别角色观念的形成中起到了关键作用，父亲和母亲各自扮演着重要的角色。同时，我们也不能忽视社会文化环境的影响，一个地区的平均性别角色观念与个体观念之间存在显著的相关性。考虑到性别角色观念对公私领域两性行为和结果的潜在影响，这些发现为理解性别不平等的持续性提供了新的视角。因此，为了打破性别不平等的恶性循环，我们不仅要关注个体层面的干预，还要从宏观的社会文化环境入手，推动性别平等观念的普及和实践。

3. 在个体、夫妻和社会三个层面上，本研究探讨了性别角色观念对女性劳动供给行为的影响，为深入理解女性劳动参与行为和劳动力市场性别不平等机制提供了新的视角。在个体层面，研究发现，传统性别角色观念会显著降低女性参与劳动市场的概率，但对已就业女性的工作时长没有显著影响。这表明，个人的性别角色观念对女性的职业选择和劳动参与决策具有重要影响。在夫妻或家庭层面，配偶的观念对女性就业的影响相对有限。然而，研究发现，"男主外女主内"的传统性别分工观念会阻碍妻子参与市场劳动。这表明，传统的性别分工观念在家庭层面仍然对女性的就业选择产生一定的影响。在社会层面，纳入区域层面的平均性别观念后，研究发现传统的性别规范对女性参与劳动市场的概率具有显著的负效应，尤其对已婚女性的劳动参与制约更大。这表明，社会和文化环境对女性的劳动参与决策具有重要影响。综上所述，性别角色观念对女性劳动供给行为的影响是多层面的。个人的性别角色观念会影响女性的职业选择和劳动参与决策；家庭中的性别分工观念会在一定程度上影响女性的就业选择；而社会和文化环境则通过传统的性别规范对女性的劳动参与决策产生重要影响。这些发现为理解女性劳动参与行为和劳动力市场性别不平等机制提供了新的视角。

4. 在深入探讨传统性别角色观念对女性职业地位获得的影响时，我们发现这些观念对女性的职业发展产生了显著的负面影响。这些观念将男性和女性分别限定在特定的角色和领域中，限制了女性的职业发展空间，使她们在职场中面临着一系列挑战。传统观念下，女性往往被视为更适合承担家庭角色而非领导职务。这种观念导致女性在追求职业发展和晋升时面临一系列障碍，例如缺乏足够的支持和资源、遭遇职场中的性别歧视等。同时，为了平衡家庭和工作需求，女性可能会选择放弃职业发展的机会，这进一步削弱了她们在劳动力市场的角色和晋升机会。与此相反，持有现代化性别平等观念的女性更容易突破传统观念的束缚，展现出更强的成就动机和职业期望。她们更有可能在职场中发挥自己的潜力，追求自己的职业目标，并获得更高的职业地位。因此，我们发现女性的性别角色观念与其职业地位获得之间存在密切的关系。具体而言，女性的性别角色观念越偏向于传统，她们拥有行政或管理职务的概率越低，职务层级也越低。这表明传统性别角色观念对女性职业地位的制约和影响是显著的。要打破性别不平等的恶性循环，促进女性在职场中的平等地位和机会，需要提高女性自身的性别平等意识和自信心，同时倡导平等的性别角色分工和性别规范，营造一个支持女性职业发展的环境和氛围，以及制定相应的政策和措施，保障女性的平等权益和机会，促进女性在职场中的发展和地位的提升。

5. 整合拓展多学科理论框架，剖析性别收入差距深层次的社会文化根源。弥补人力资本和性别歧视理论的不足，整合构建综合性分析框架，立足深层次的社会文化因素，本研究从"是否"以及"如何"两个维度出发，系统地探讨了传统性别角色观念对男女收入差距的影响。研究结果表明，以"男主外女主内"为核心的传统性别角色观念对女性的工资收入具有直接的抑制作用。相比之下，这种观念对男性的收入并没有显著影响。这一发现表明性别角色观念是解释男女收入差距的重要变量。同时，本研究还揭示了传统性别角色观念对男女收入差距的影响机制。我们发现，教育获得、劳动参与、工作时间及职业地位等中介因素在性别角色观念与男女收入差距之间起到了桥梁作用。具体而言，传统性别角色观念可能导致女性在教育获得方面受到限制，影响她们的劳动参与和工作时间，进而影响她们的职业地位和收入水平。这一系列的中介效应揭示了性别角色观念对男女收入差距的广泛影响，为理解性别收入差距的社会文化根源提供了新的视角。综上所述，本研究通过拓展传统分析框架、利用大型调查数据以及深入分析影响机制，揭示了性别角色观念对男女收入差距的重要影响。这些发现对于深化理解性别收入差距的社会文化根源、推动优化性别平等实践具有重要意义。

（二）基本观点与结论

所有社会都有一定数量的规则——正式的或不正式的，成文的或不成文的，这些规则规定了社会成员应该如何行为，他们应该如何互动，什么是可以接受的，什么是不可以接受的。这些所谓的"社会规范"渗透到我们生活的方方面面。它们往往根深蒂固，以至于个人可能很难区分社会强加给他们的规范和他们自己的个人偏好。性别关系是我们生活中的一个方面，社会规范对其作用和影响尤为明显。

性别角色观念和刻板印象仍然对男性和女性的行为方式，以及他们之间的劳动力市场差异产生重大影响。也即是说，劳动力市场性别差异持续存在的一个重要解释是性别角色观念。它既是男女之间生理和偏好差异的结果，也是社会规范的结果。更多地了解社会规范及其作用机制是制定政策，尤其是两性平等政策的基础。如果社会规范具有黏性，并决定着性别平等的改善或实现的速度，那么为制定这样的政策所留出的空间就会很小。相反，如果社会规范可以改变，那么了解社会规范与政策之间的关系就变得至关重要。

研究结果表明，传统性别角色观念在形成演变过程中具有强大的生命力和持续性。在经济变革、劳动制度转型过程中，性别角色构成一个核心的运作机制，并与既有的社会规范相互作用，两性之间的社会角色差距被扩大，妇女的职业角色被削弱，"家庭角色"重新被调动起来。日常生活实践中，由于部分女性对父权意识形态的迎合，强化了性别观念的再生产，传统性别角色观念具有回归和强化趋势。社会化与代际传递视角的研究结果也表明，父母与其他榜样共同塑造了个体的性别角色观念，并构成文化再生产的主要驱动因素，使得传统性别文化观念具有持续性和稳定性。性别角色观念作为一种观念文化，其形成、传播和传递，都离不开家庭教育和社会化机制作用的发挥。传统性别文化观念之所以直至今天仍根深蒂固，与家庭教育对其进行的传递与渗透息息相关。

性别规范影响着社会生活的多个领域，并对性别不平等模式产生重大影响。传统性别角色观念对两性劳动参与行为具有不同的影响机制。它对女性的劳动参与、职位晋升具有直接的抑制作用。这是形成劳动参与、职位获得性别差异的重要原因。同时，性别角色观念对男女两性收入差距具有不容忽视的影响。传统性别角色观念抑制女性的收入水平，对男性的平均收入则没有显著作用，表征传统性别角色观念对两性收入差距具有重要的解释作用。进一步的分解结果表明，性别角色观念对两性收入的不同影响机制，对无法被生产力特征差异所解释部分的贡献达到60%。此外，传统性别角色观念与女性受教育程度、工作时间，以及职位地位获得均具有显著的负相关关系，最终通过这些中间变量而降低工资收入并影响性别收入差距，凸显出传统性别文化观念对女性的多重桎梏。

总而言之，本研究印证支持劳动力性别不平等是社会建构起来并深嵌于社会文化结构。随着经济社会发展和家庭结构变迁，尽管有研究表明父权制文化存在衰落迹象，女性的教育地位和决策权也有所上升，但本研究证据显示，中国的传统社会性别结构具有稳定特征，传统性别文化并没有式微或就此消亡，"男主外女主内"的文化信念和社会实践还没有实质改变。而且，在国家、社会、家庭的相互作用下，性别角色观念具有稳定的代际传承性和持续稳定性。男女两性在社会化成长过程中的文化环境并非性别中立，女性的教育、劳动力市场行为决策并非仅仅是依据自身"能够做什么"或"想做什么"的理性选择，社会期待她们"应该做什么"在很大程度上依然具有强烈的约束作用。即使是世代更迭也难以撼动传统角色定位与性别结构。这意味着，传统性别角色观念是如此深入骨髓，对劳动力市场性别不平等的影响深远且非常隐蔽。

需要说明是，针对"传统性别观念抑制女性劳动参与和工资收入"的研究结果，并不能解读为这是女性本身的责任和问题，而是社会结构或性别文化的问题。正因为两性成长与行为决策背后的文化环境是性别化的，我们并非认为女性拥有传统的性别角色观念，其市场劳动参与和工资收入就"应当"低。相反，"女性为什么会有传统性别观念以及为何会有负面影响"正是社会问题之所在。性别角色观念是在后天的社会环境中形成的，性别角色观念影响女性的劳动参与和工资收入，这恰恰也是女性受到社会文化规范和束缚的强有力证据。为此，在新时代背景下，构建现代平等性别文化也就更具有紧迫性、必要性。

要实现这一目标，首先需要从源头上倡导性别平等的理念。这意味着我们需要打破传统的性别角色分工和刻板印象，推动社会的性别平等化进程。政府、企业、学校和社会组织等应该加强性别平等教育，提高全社会的性别平等意识。同时，我们需要通过法律和政策的制定与实施，保障女性的权益和平等机会。只有当性别平等成为社会的共同价值观和准则时，我们才能真正实现这一目标。

除了倡导和强化性别平等意识外，还需要采取具体的措施来推动这一进程。例如，媒体在传播信息和社会价值观方面具有重要影响。因此，我们应该利用媒体的力量，传播性别平等的理念和价值观，打破传统的性别刻板印象。同时，我们还需要加强研究和监测，了解性别不平等现象的根源和影响，为制定有效的政策和措施提供科学依据。总之，倡导和强化性别平等意识是实现社会进步和可持续发展的关键。我们需要从各个方面入手，打破传统的性别角色分工和刻板印象，保障女性的权益和平等机会。只有这样，我们才能真正建立一个平等、公正和和谐的社会。

（三）研究展望

劳动力市场性别差异及其动态变化，是特定的社会文化情境下，个体与家庭、市场、社会互动的结果。本书不管是论证性别角色观念的生成演变，还是其对劳动力市场结果的影响，都涉及这些内容和作用机制。研究结果表明，对女性作为家庭照顾者和男性作为养家糊口者的持续期望仍然是导致性别不平等的一个重要因素。

不过，需要指出的是，文化规范与性别不平等之间的关系很可能是反身性的、相辅相成的，而非单向的。性别规范会导致劳动力市场性别差异，进而构成男女之间的结构性差异，反过来也助长为不平等做掩护的性别规范。因此，确定因果关系是非常困难的。我们需要谨慎地从相关和关联的角度来讨论我们的研究结果，以便更灵活地描述文化与性别不平等之间的复杂联系。然而，将劳动参与、职位获得和收入的性别差距作为一个因变量来研究，将这一社会现象视为一个社会问题，探究其文化根源并寻找治理措施是非常值得和必要的。

诚然，有些问题还值得进一步地细化、深入分析。例如，集中于家庭和代际视角，进一步检验父母的行为对子代性别观念的形塑作用，以及父母的观念与行为对子代劳动力市场行为的影响。如果数据允许，可利用更长时间跨度的追踪调查数据，探究性别角色观念与劳动力市场性别平等状况之间的动态关系。最后，性别角色观念通过劳动力市场结果而对福利的影响，比如妇女的婚姻满意度或幸福感，也是值得研究的方向。

具体可从以下几个方面展开后续研究：一是，在现有分析性别角色观念代际传递理论和模型基础上纳入父母的劳动参与行为，揭示父母的"言"与"行"的独立影响；二是探讨性别角色观念与劳动力市场互动作用下的福利效应，如检验性别角色观念对女性婚姻满意度或幸福感的影响；三是跟踪评估全面两孩政策背景下，生育变化对性别角色观念的影响，以及性别角色观念与婚育模式互动作用下，两性劳动力不平等状况的变化趋势。

二、政策启示与建议

性别平等不仅是衡量妇女社会地位的重要指标，更是社会和谐与进步的基石。然而，尽管全球各国在追求性别平等方面取得了显著进展，但性别差距在许多领域和组织中依然根深蒂固。这种差距不仅体现在经济收入的差异，还存在于政治参与、科学研究等各个领域。即使在最倡导性别平等的国家，玻璃天花板和"缺失的中间层"现象也屡见不鲜。

为了缩小这一差距，推动性别平等和女性发展，本研究深入探讨了劳动力市场性别差异的内在机制。理解这些机制不仅有助于学术界和政策制定者更准确地把握性别差异的成因，而且能为制定有效政策提供重要启示。本书拓展既有的基于人力资本理论的新古典研究范式，进一步印证了性别不平等是社会文化结构的产物，这有助于我们更深入地认识劳动力市场性别差距的根源及其持久性。

传统性别角色观念的影响深远，它与市场转型和性别平等政策紧密相连。在设计和实施相关政策时，我们必须充分认识和理解社会规范，并在可能的情况下加以改变，以实现更公平的性别发展。这不仅需要国家制度和政策的支持，更需要全社会观念的转变。例如，世界银行在其《2024—2030年性别战略》中强调，解决社会规范问题是促进性别平等和共享发展的关键。

近年来，我国在推进两性平等和保护女性权益方面不断加强制度建设，法律上进一步强调妇女享有平等权利，并反对一切形式的性别歧视。然而，女性发展和性别平等的推进并非仅靠口号就能实现，关键在于具体政策和操作层面的有效实施。这也是构建先进性别文化的核心要义。

构建现代平等的性别文化对于促进性别平等至关重要。本书为这一主张提供了学理依据，并论证了其合理性。个体的行为决策深受社会文化环境的影响，而性别文化对两性成长与行为决策具有深远的规范作用。正如本书所分析的，女性的教育、劳动参与和职业选择等方面都受到性别文化的深刻影响。因此，即使女性的教育程度达到甚至超过男性，如果现代平等的性别文化尚未显现并发挥实质影响，女性的收入劣势也可能依然存在。因此，采取实际行动构建先进性别文化，提高全社会的性别平等意识，反思实践并推动性别平等制度创新就成为势在必行的战略选择。

要构建男女平等价值观，既需要制度层面的安排，如法律法规和公共政策的支持，又需要全社会的文化认同和女性的主体自觉。这样才能使男女平等价值观真正内化于心、外化于行。为此，基于本书研究发现，要消除或减缓传统性别角色观念对女性的不利影响，促进劳动力市场性别平等，在借鉴国外经验的基础上，提出以下政策建议。

（一）倡导和强化性别平等意识

性别不平等已成为人类社会实现可持续发展目标的障碍和挑战。为了应对这些挑战，实现人类社会的可持续和包容性发展，不能仅仅靠发展经济、顺其自然，还要我们付出实际的努力，采取切实的措施，有意识地推动性别平等。1995年联合国第四次世界妇女大会提出，将社会性别平等观念纳入社会发展各领域的主流。此后，社会性别主流化迅速成为一种国际趋势和全球战略，在联合国机构和多个国家实施。联合国和许多国家在推动社会性别意识主流化方面作出了诸多的探索和实践。

在中国，经历了漫长的男尊女卑的封建社会后，中华人民共和国以"妇女能顶半边天"为标志的妇女解放运动推动了性别平等的进步。然而，由于传统"男主外女主内"的性别分工模式依然存在，而且性别角色观念具有很强的代际传递性和稳定性。毋庸讳言，现阶段社会性别平等仍未真正进入决策主流和成为核心价值观，中华传统文化中的"阳尊阴卑"或"阳主阴次"的重男轻女观念根深蒂固，"男主外女主内"的角色分工模式依然存在。原因是多方面的，既有传统社会性别角色分工的广泛存在、父权制的残余、经济发展水平较低、社会心理文化等因素的影响，同样也不能忽视各级政府在强化社会性别意识、实现社会性别主流化方面的不足这一重要因素。经济发展并不能够保障完全的性别平等，如若没有外力（如国家的性别平等政策的介入）干预，女性的劳动力市场弱势和较重的家庭责任很可能形成一种恶性循环。因此，政府在关注和推进两性平等方面责无旁贷，性别平等理念还需要相应的公共政策来保证其实施。

促进性别平等和妇女地位的提高，目前最基本的办法还在于批判和清除男尊女卑、重男轻女的传统性别文化观念，倡导性别公正和性别平等的先进性别文化，使性别平等意识主流化。只有在全社会形成性别平等意识的主流化，强调女性的主体意识和平等意识，才能使女性在国家和市场体制改革，以及经济发展中立于不败之地。正如习近平总书记在联合国大会纪念北京世界妇女大会25周年高级别会议上的讲话所指出的那样，"保障妇女权益必须上升为国家意志。我们要消除针对妇女的偏见、歧视、暴力，让性别平等真正成为全社会共同遵循的行为规范和价值标准"。

为此，提出以下对策建议：

一是加强性别平等教育和培训。（1）将性别平等观念纳入教师培训课程中，在高等教育相关专业中开设性别学、性别平等理念与实践等通识性课程。改变教育工作者的传统性别观念，使之自觉地提高现代性别平等意识，并把平等的社会性别意识贯彻落实到教学工作的各个环节。（2）进一步推动中小学性别平等教育工作，从娃娃抓起培育学生性别平等的理念，从源头上预防和减少性别偏见或性别不平等的现象。需要改造学校教育环境，加强各级各类学校教育中的平等性别意识。从小培养孩子的平等观念，确保性别平等教育从小学到大学都得到充分实施，改变性别二元对立的刻板印象、态度和做法。（3）修订调整教材和课程内容，使性别平等意识渗透到各级各类学科课程中。将性别平等教育纳入学校课程，在教材中加入更多关于性别平等的案例和内容，帮助学生理解性别平等的意义。如果女孩能在教材或学习过程中了解到一些处于领袖和权力地位的女性偶像，以消除女性传统形象的影响，可有助于减少传统性别观念的代际传递。因此，通过解放思想，在各级各类学校开展理论课程、实践课程，将性别平等理念教育与素质教育相融合，使性别平等原则和理念在教学课程设置、教学实践活动、学生素质培养中得到充分体现。（4）为政策制定者、教育工作者和媒体从业者等提供性别平等培训，增强他们的性别平等意识，确保他们了解并能够传授、宣传和推进性别平等观念。

二是加强媒体宣传，利用电视、广播、报纸、社交媒体等渠道广泛宣传性别平等的理念和意义，提高全社会的性别平等意识。大众媒体不仅仅是社会公共信息的传播者，还是意识形态的宣传者，对于形塑人们的性别文化观念具有重要影响。鼓励媒体制作和播放关于性别平等的纪录片、电视剧和电影，提高公众意识。鼓励女性榜样，表彰和宣传在各个领域取得杰出成就的女性，为其他女性树立榜样，打破刻板印象。

三是社区活动，定期在社区举办关于性别平等的讲座、研讨会和工作坊，利用社区资源，如图书馆、活动中心等，进行与性别平等相关的教育和宣传。这些活动不仅为社区居民提供了一个交流和学习的平台，更是推动性别平等理念深入人心的有效途径。在这些活动中，可以邀请性别平等领域的专家、学者和实践者来分享他们的知识和经验。他们的演讲和示范将帮助居民认识到性别平等对于个人、家庭和社会的重要性，以及如何在日常生活中践行性别平等原则。通过这些社区活动，我们不仅能够提升居民对性别平等的认知和理解，还能够营造一个更加包容、平等和尊重的社区氛围。这将为性别平等和社区的可持续发展奠定坚实的基础。

四是鼓励企事业单位将性别平等纳入其企业文化和价值观中，为员工提供性别平等培训，提高他们对性别平等的认识。越来越多的企事业单位开始意识到，性别平等不仅关乎公平正义和法律法规，更直接影响到企业的绩效和创新力。为了推动性别平等，企事业单位应当将其纳入自身的企业文化和价值观中。这不仅意味着在招聘、晋升和福利待遇等方面做到公平对待，更要求在日常工作环境中营造一个尊重和包容的氛围。为了实现这一目标，企事业单位应当为员工提供性别平等培训。这些培训应当涵盖性别平等的理念、意义和实际操作方法，帮助员工认识到性别平等的重要性，并学会如何在工作和生活中践行这一原则。除了培训，企事业单位还可以通过一系列活动来加强性别平等意识。例如，定期举办性别平等主题的研讨会、座谈会和分享会，邀请内部员工和外部专家共同探讨性别平等的相关议题。此外，企事业单位还可以设立性别平等工作小组或委员会，负责监督和推进性别平等工作，为员工提供一个反馈和建议的渠道。通过这些努力，企事业单位不仅能够提高员工对性别平等的认识，增强员工的归属感和忠诚度，还能够为企业创造一个更加和谐、高效和创新的工作环境。这将为企业的长期发展和社会责任的履行奠定坚实的基础。

五是提供咨询和支持，设立专门的咨询机构，建立热线电话或在线平台，为那些对性别平等有疑问或困惑的人提供支持和建议。这些咨询机构可以由专业人士组成，他们具备丰富的性别平等知识和实践经验，能够为那些需要帮助的人提供中肯的建议和指导。无论是个人还是组织，都可以通过这些渠道获得关于性别平等的专业意见，解决他们在实践中遇到的困惑和问题。热线电话和在线平台则是更为便捷的咨询方式。通过这些渠道，人们可以随时随地获得咨询帮助，避免了时间和空间的限制。同时，这些平台还可以提供相关的教育资料和资源，帮助人们深入了解性别平等的各个方面。这些咨询和支持的措施不仅能够为那些对性别平等有疑问或困惑的人提供帮助，还能够为社会各界普及性别平等的知识和理念，进一步推动性别平等的实现。

六是跨文化交流，举办关于性别平等的国际会议和论坛，通过国际合作与交流，学习其他国家和地区的成功经验，促进全球范围内的合作与交流。随着全球化的不断深入，跨文化交流已经成为推动性别平等的重要途径之一。通过举办关于性别平等的国际会议和论坛，让来自不同国家和地区的专家、学者和实践者汇聚一堂，共同探讨性别平等的发展趋势和解决方案，分享和交流各国在性别平等领域的成功经验和最佳实践，做到取长补短，不断完善与优化政策和措施。这种跨文化的交流与合作有助于打破固有的观念和模式，激发新的思路和创新。此外，通过国际合作与交流，还可以建立全球范围内的合作伙伴关系。这些合作关系不仅有助于推动各国在性别平等领域的共同进步，还可以加强国际合作与协调，共同应对性别平等的全球性挑战。

总的来说，推进性别平等需要全社会的共同努力。通过教育、宣传、培训、咨询、支持和国际合作等多方面的措施，共同营造一个更加平等、公正和包容的社会环境，让每个人都能享有平等的权利和机会。

（二）提高女性在家庭和职业中的地位

随着受教育程度的上升，女性劳动力是推动经济社会发展不可忽视的力量，"女性经济学"也越来越受到世界各国的推崇。一方面发展离不开妇女，女性是中国劳动力的重要组成部分；另一方面发展要惠及包括妇女在内的全体人民，确保妇女平等分享发展成果。女性积极参与劳动力市场，不仅可以为女性带来更高的收入，为其经济独立建立牢固的基础，真正地达到男女平等，又能促进家庭能力提升和儿童福利保障。中国实践证明，推动妇女参加社会和经济活动，能有效提高妇女地位，也能极大提升社会生产力和经济活力。不仅如此，1869年，英国古典功利主义哲学家密尔（John Stuart Mill）在其经典著作《妇女的屈从地位》中指出："性别平等不仅会给妇女带来快乐，也必将给全人类带来幸福。"这一论断得到最新研究证据的支持，即性别平等不仅会提高妇女地位，也给全体社会成员带来了更多的满意度和幸福感。[①]

需要从多个方面入手，提高女性在家庭和职业中的地位。首先，鼓励在家庭互动和社会化过程中树立现代平等的性别观念。转变传统的性别观念，重构两性在社会和家庭中的角色定位，对于女性和男性都有重要意义。一是父母应努力创建两性平等友爱的家庭氛围，尽可能地避免家务分工的性别化，父亲也要平等参与家务和儿童照料活动，为孩子学习和内化平等性别角色观念和行为提供良好的榜样。二是父母应克服刻板性别角色观念，为孩子提供广阔的发展空间，不应该给孩子贴上传统的性别标签，不要依据性别角色而应该基于个体的天赋特长来培养他们的能力和兴趣爱好。三是父母在孩子婴幼儿时期应采取性别中立的抚养方式，不要迫使孩子过早进入性别分类系统，淡化和忽视男女性别角色差异，使他们在性别角色模式上有更多选择。

其次，进一步提高女性的受教育程度和能力。教育是提高女性地位的基础。确保女性能接受良好的教育，不仅可以提高女性的性别平等意识，帮助她

---

① Qian G. 2017. The effect of gender equality on happiness: statistical modeling and analysis [J]. Health Care for Women International. 38（2）: 75 - 90.

们在职业上取得更好的机会，也可以提升她们在家庭和社会中的决策能力。促进包括女性在内的全体国民的受教育水平，依然是推动劳动力市场性别平等的首要政策工具。

再次，提供合适的职业培训和晋升机会。许多女性因为缺乏合适的职业培训和晋升机会而无法在职业上取得进步。企业应该为女性提供职业指导和培训，帮助她们提升职业技能，增强在劳动力市场的竞争力，提高晋升和发展机会。鼓励她们参与决策和管理，支持女性领导力的发展，鼓励她们在政治、商业和学术等领域取得更高的职位。设立针对女性发展的奖项和激励计划，鼓励女性在各个领域取得卓越成就。

最后，建立支持网络，帮助女性更好地平衡家庭和职业。女性需要在生命周期中的各个阶段或同时扮演不同的角色，而不同角色之间既有冲突也有增益。女性的职业角色，可以将其工作中获取的能力和知识应用到家庭中，更好地协调家庭生活。同时，市场就业高收入以及正向的价值观都可以为婚姻家庭生活带来积极的影响，提高家庭发展能力，促进家庭和谐幸福。然而，职业角色较高的成年女性，因将更多的时间和精力投入在工作上，感知到亏欠家庭，尤其是孩子而面临工作家庭冲突的两难困境，其职业角色会干扰家庭或家庭角色反过来干扰工作。因此，我们需要提倡增强现代女性的职业角色，但对于潜在的工作家庭冲突，则需要引起公共政策的关注和支持。需要建立一个支持女性工作-家庭平衡发展的网络，包括家庭、朋友、社区等，可以为她们提供情感支持和实际帮助，使她们更好地平衡家庭和职业。如推进家庭政策改革，提倡夫妻共同承担家务和育儿责任，优化公共托育服务，减轻女性在家庭中的负担，使她们有更多时间和精力投入到职业发展中。提供家庭教育指导，帮助女性更好地处理家庭关系和亲子教育。企事业单位要推广灵活的工作方式，如远程工作、弹性工作时间等。同时，要制定和完善相关法律，保障女性在家庭和职业中的权益，例如反对家庭暴力、确保女性在招聘、晋升和薪酬方面得到平等对待。

（三）完善有利于性别平等的公共政策

在传统性别规范的影响下，妇女所承担的家务和家庭照料责任限制了她们参与家庭以外的经济、社会和政治活动，这是导致社会性别不平等的重要因素。性别分工在公私领域都是社会建构的，人的行为和决策受到社会习俗、制度、法规的制约。传统的性别规范与劳动市场、家庭的相互作用不断强化传统的性别分工，而性别盲视的公共政策又会进一步强化传统的性别规范，损害妇女的利益并加深社会性别不平等。因此，我们需要引入性别和家庭视角，通过完善的公共政策来促进性别平等。

首先，在政策制定和实施过程中引入性别平等视角。一方面，在制定任何政策时，都应该考虑性别平等因素，评估政策对不同性别的影响。政策制定者需要关注性别差异，并采取措施消除性别歧视。例如，在教育、就业、医疗等领域的政策制定中，应该注重保障男女平等地享受基本公共服务。另一方面，有些政策可能无意中强化了传统性别角色，需要修订调整和完善。父权制以社会构建起来的私领域和公领域的性别化区分为基础，而某些公共政策则是基于这种性别化的社会安排，即男性作为经济来源提供者和女性作为家庭主妇的角色，而进行设计和操作的。这些政策对市场和家庭生活的干预，非但没有修正，反而维持和强化了不平等的性别结构。例如不断延长职业女性（女职工）的产假或育儿假，但男性配偶的陪产假（护理假）和育儿假非常少。这种做法无形中强化了女性作为家庭和儿童照顾者的角色，男性作为养家糊口者的角色。这不仅使得女性遭受生育惩罚，扩大了劳动力市场参与和绩效的性别差异。类似地，女性相对男性提早退休的政策，看似保护女性，但人为缩短了女性的人力资本投资回报或职业生涯周期，事实上可能造成就业、职位晋升、工资以及退休待遇的性别不平等。总之，这些政策不仅不能实现保护女性的目的，而且给女性的就业和职业发展都带来了负面影响，阻碍妇女经济地位提升，扩大了性别收入差距问题。因此，政府定期评估各项政策的影响，依据女性教育、健康等因素适时调整，推动男女平等发展。

其次，政府应该制定更加平等和公正的公共政策，确保男女在政治、经济、文化和社会各个领域都享有平等的权利和机会。一是增加妇女在公共部门和领导岗位中的代表人数，可以改变性别刻板印象，更好地支持维护妇女权利的法律和政策的变革。二是平衡工作与家庭的政策。对于女性来说，为了解决家庭和工作之间的矛盾，缓解双重压力和负担，最有效的办法就是家务劳动的社会化或照料职能的外部化。例如，提高托育公共服务保障水平，增加托育资源供给数量和质量,探索托育服务补贴,提供灵活的工作时间等措施,帮助女性更好地处理家庭和工作之间的冲突。三是促进女性职业发展的政策,使女性在职业生涯中获得晋升和成长的机会。例如取消强制退休政策,改为实行弹性退休制,让劳动者根据自身情况选择退休时间。如取消强制性退休政策,改为实行弹性退休制,即政府规定一个性别一致的退休年龄段,劳动者可以根据自身的情况选择退休时间。同时,制定奖励政策,鼓励企业和组织积极推动性别平等,如设立性别平等奖项、提供税收优惠等。四是加强性别平等政策的执行力度,定期评估实施效果,确保政策的有效落实,并根据需要进行调整优化。

(四) 完善反歧视法律和平等措施

在追求性别平等的道路上,党和政府始终坚持男女平等基本国策和推进相关政策实践。为确保性别平等与妇女发展的权益,我国不断完善法律法规,制定并实施了一系列公共政策和规划。早在 1995 年,借联合国第四次世界妇女大会之机,我国通过了《北京宣言》和《行动纲领》,为性别平等指明了方向。同时,我国还相继出台了《中华人民共和国妇女权益保障法》和《中华人民共和国就业促进法》等法律文件,以及《中国妇女发展纲要》等专项规划。此外还签署了《消除对妇女一切形式歧视公约》,并于 1990 年正式批准了国际劳工组织的《男女工人同工同酬公约》,这为促进性别平等提供了坚实的法律基础。

然而,尽管我们已经取得了一定的成果,但在实际执行过程中,性别歧视的问题仍然存在。反思实践,我国在性别歧视的立法和执法方面仍面临一些挑战。首先,相关法律条文较为分散,缺乏专门的《反性别歧视法》。现有的法律条文散见于各类法律、行政法规、部门规章、地方性法规以及国际公约中,这给执法和司法实践带来了一定的困难。其次,立法内容较为原则,缺乏具体的执行措施和操作细则。例如,性别歧视的内涵尚未明确界定,导致执法和司法机构在实践中难以准确识别和判定性别歧视行为。此外,受害者在寻求司法救助时往往面临诸多困难。

为了切实推进性别平等的社会政策,许多国家和地区已经开始转变传统的政策思路。他们不再仅仅满足于宣言式的社会政策和立法条文,而是制定更多具有可操作性的程序性条例。为了完善反歧视法律和平等措施,促进性别平等，政府和社会各界需要采取一系列应对措施。

首先，政府应致力于完善反歧视立法，并加强对反歧视法律的宣传和推广。例如，尽快制定专门的《反性别歧视法》，明确禁止职场性别歧视和家庭暴力等行为。同时，应加强执法和司法的可操作性，对性别歧视的判定依据、举证责任和司法程序等进行明确规定。此外，政府还应采取措施确保女性在政治、经济、文化等各个领域的权益得到保障。

其次，要建立惩罚与制裁机制，提高法律效力。这包括明确规定违法责任，加强对违反性别平等法律法规行为的监督、惩罚和制裁。通过罚款、撤销资助等方式警示潜在违规者，维护法律的严肃性和公正性。同时，建立有效的投诉机制，方便受害者举报违法行为。例如设立平权机构、平等机会委员会等机构，负责监督和推动性别平等相关的法律和政策的实施。

此外，强化社会监督和舆论引导也至关重要。鼓励媒体积极报道性别平等问题，对违反性别平等原则的行为进行曝光和批评，形成舆论压力。通过这些措施的综合施策，我们有望逐步消除性别歧视问题，实现真正的性别平等。

总体来说，完善反歧视法律和平等措施是一个长期而艰巨的任务。这需要政府和社会各界共同努力、齐心协力地采取一系列应对措施。只有这样，我们才能逐步构建一个公平、和谐的社会环境，确保每个人都能享有平等的权利和机会。

（五）加强性别平等监测和研究

加强性别平等监测和研究，对于推动社会进步和发展具有重要意义。为了实现这一目标，我们需要采取以下对策和建议。

首先，鼓励多方参与和合作。性别平等的监测和研究工作需要政府、学术界、社会组织和企业等各方的共同参与。通过加强合作，我们可以形成合力，共同推动性别平等监测和研究的发展。政府应加大对性别平等监测和研究工作的投入，提供必要的资金和资源支持。同时，鼓励企业和社会组织积极参与，通过捐赠、赞助等方式支持性别平等的监测和研究工作。

其次，建立完善的监测机制。政府应制定综合性的性别平等计划，确保各项政策都充分考虑性别因素。同时，可以设立专门的性别平等监测机构，负责定期收集、整理和分析与性别平等相关的数据和信息。制定性别平等指标体系，用于衡量不同领域中的性别平等状况，如教育、就业、政治参与等。通过这些措施，及时了解社会中存在的性别不平等现象及其原因，为制定相应的政策和措施提供依据。

此外，加强研究也是推动性别平等事业发展的重要途径。高校和研究机构应开展与性别平等相关的实证研究，特别是针对新兴社会现象和问题进行研究，深入分析性别不平等的根源和影响因素。同时，应推广性别平等研究成果，通过学术期刊、研究报告和政策简报等途径，及时发布和传播性别平等研究成果。促进学术界、政策制定者和公众之间的对话和交流，推动研究成果的转化和应用。

最后，建立合作平台也是推动性别平等事业发展的重要措施。政府、企业和社会组织应该建立合作平台，加强信息共享和交流，推动各方在性别平等问题上达成共识和合作。通过合作平台的建设，更好地整合资源、发挥各自优势，共同推动性别平等事业的发展。

综上所述，加强性别平等监测和研究需要我们采取有效的对策和建议。通过鼓励多方参与和合作、建立完善的监测机制、加强研究和建立合作平台等措施的综合施策，我们可以逐步消除性别不平等现象，推动社会的进步和发展。这不仅有助于提高人们的生活质量和幸福感，也有助于构建一个更加公平、和谐和可持续发展的社会。

总之，在追求性别平等的道路上，我们面临着独特的挑战和复杂性。要改变不平等的社会规范，实现各个领域的性别平等，我们必须深入理解其背后的机制。社会规范对性别平等的影响可能涉及多个层面的参与者，包括家庭、社区和社会。彻底改变这些规范可能需要时间，因此我们需要审慎地制定干预措施。这些措施不仅针对个体观念，更重要的是针对社会规范本身。当面对根深蒂固的性别规范时，我们需要重新定义性别角色，并在学校、家庭、新闻媒体和社会活动中积极倡导性别平等意识。只有这样，我们才能逐渐改变传统的性别观念，加速性别平等革命的进程。然而，即使新的规范得到了广泛的接受，我们仍然需要面对挑战，特别是对于那些最抗拒观念和行为变革的群体。此时，完善法律法规和加强法律执行力度变得尤为重要。同时，我们还需要关注劳动就业、生育与产假等相关政策与性别规范之间的互动关系。在制定和实施政策时，我们必须正视传统性别规范及其作用机制。如果忽视这些规范，不仅不是中立的政策，而且可能导致目标无法实现，甚至无意中强化传统规范并造成潜在的性别不平等。

因此，要改变传统性别规范并构建新型性别文化，不能依赖单一的解决方案。我们需要同时运用直接和间接的政策工具和干预措施。前者旨在解决强化不平等规范的结构和环境因素，为规范的改变创造条件；而后者则致力于从根本上改变支持不平等社会规范的基本信念和价值观。只有这样，我们才能真正推动实现性别平等和妇女发展。

参考文献

[1] 风笑天、肖洁.2014.中国女性性别角色意识的城乡差异研究[J].人文杂志(11)：107-116.

[2] 高小贤.2005."银花赛"：20世纪50年代农村妇女的性别分工[J].社会学研究(4)：153-171.

[3] 葛玉好、曾湘泉.2011.市场歧视对城镇地区性别工资差距的影响[J].经济研究(6)：45-56.

[4] 顾辉.2013.国家、市场与传统社会性别观念回潮[J].学术界(6)：104-114.

[5] 顾辉.2020.回归传统还是价值多元：当前社会性别观念研究的视角切换[J].学术界(3)：123-129.

[6] 贾云竹、马冬玲.2015.性别观念变迁的多视角考量：以"男主外,女主内"为例[J].妇女研究论丛(3)：29-36.

[7] 金一虹.2006."铁姑娘"再思考——中国文化大革命期间的社会性别与劳动[J].社会学研究(1)：169-193.

[8] 李春玲.1996.性别观念与中国社会科学院女性的职业发展[J].社会学研究(2)：48-59.

[9] 李春玲、李实.2008.市场竞争还是性别歧视——收入性别差异扩大趋势及其原因解释[J].社会学研究(2)：94-117.

[10] 李实、宋锦、刘小川.2014.中国城镇职工性别工资差距的演变[J].管理世界(3)：53-65.

[11] 刘爱玉.2018.制度、机会结构与性别观念：城镇已婚女性的劳动参与何以可能[J].妇女研究论丛(6)：15-30.

[12] 刘爱玉、田志鹏.2013.性别视角下专业人员晋升路径及因素分析[J].学海(2)：89-94.

[13] 刘爱玉、佟新.2014.性别观念现状及其影响因素——基于第三期全国妇女地位调查[J].中国社会科学(2)：116-129.

[14] 刘爱玉、佟新、付伟.2015.双薪家庭的家务性别分工：经济依赖、性别观念或情

感表达[J].社会(2):109-136.

[15] 陆万军、张彬斌.2016.中国生育政策对女性地位的影响[J].人口研究(4):21-34.

[16] 卿石松.2011.职位晋升中的性别歧视[J].管理世界(11):28-38.

[17] 卿石松.2017.性别角色观念、家庭责任与劳动参与模式研究[J].社会科学(11):91-100.

[18] 卿石松、郑加梅.2013."同酬"还需"同工":职位隔离对性别收入差距的作用[J].经济学(季刊)(2):735-756.

[19] 宋少鹏.2011."回家"还是"被回家"?——市场化过程中"妇女回家"讨论与中国社会意识形态转型[J].妇女研究论丛(4).

[20] 宋少鹏.2012.从彰显到消失:集体主义时期的家庭劳动(1949—1966)[J].江苏社会科学(1):116-125.

[21] 宋月萍.2007.职业流动中的性别差异:审视中国城市劳动力市场[J].经济学(季刊)(2):630-653.

[22] 孙晓冬、赖凯声.2016.有儿子的母亲更传统吗?——儿子和女儿对父母性别意识形态的影响[J].社会学研究(2):194-216.

[23] 佟新、刘爱玉.2015.城镇双职工家庭夫妻合作型家务劳动模式——基于2010年中国第三期妇女地位调查[J].中国社会科学(6):96-111.

[24] 王鹏、吴愈晓.2019.社会经济地位、性别不平等与性别角色观念[J].社会学评论(2):55-70.

[25] 王天夫、赖扬恩、李博柏.2008.城市性别收入差异及其演变:1995—2003[J].社会学研究(2):23-53.

[26] 王雪梅、章志敏.2014.台湾民众的性别角色态度及其同期群比较——基于华人家庭动态资料库的数据[J].福建江夏学院学报(4):76-84.

[27] 吴小英.2009.市场化背景下性别话语的转型[J].中国社会科学(2):163-176.

[28] 吴愈晓.2010.影响城镇女性就业的微观因素及其变化:1995年与2002年比较[J].社会(6):136-155.

[29] 吴愈晓、王金水、王旭洋.2022.中国性别角色观念变迁(1990—2018):年龄、时期和世代效应及性别差异模式[J].中华女子学院学报(4):76-90.

[30] 徐延辉、谢梦帆.2023.性别观念与女性职业地位晋升——基于CFPS中国家庭追踪调查的分析[J].山东女子学院学报(4):56-66.

[31] 许琪.2016.中国人性别观念的变迁趋势、来源和异质性——以"男主外,女主内"和"干得好不如嫁得好"两个指标为例[J].妇女研究论丛(3):33-43.

[32] 续继、黄娅娜.2018.性别认同与家庭中的婚姻及劳动表现[J].经济研究(4):136-150.

[33] 闫辰聿、和红.2022.回归传统还是向现代转变——年龄、时期和队列视角下中国人性别角色观念的变迁[J].兰州学刊(5):79-91.

[34] 杨菊华.2014.传续与策略:1990—2010年中国家务分工的性别差异[J].学术研究(2):31-41.

[35] 杨菊华.2017.近20年中国人性别观念的延续与变迁[J].山东社会科学(11):60-71.

[36] 杨菊华.2020.市场化改革与劳动力市场参与的性别差异——20年变迁的视角[J].人口与经济(5):1-18.

[37] 於嘉.2014.性别观念、现代化与女性的家务劳动时间[J].社会(2):166-192.

[38] 张川川、王靖雯.2020.性别角色与女性劳动力市场表现[J].经济学(季刊)(3):977-994.

[39] 张乐.2017.当代青年的性别角色、家庭观念及其塑造——来自CGSS的数据分析[J].中国青年研究(4):51-58.

[40] 周业安、左聪颖、袁晓燕.2013.偏好的性别差异研究:基于实验经济学的视角[J].世界经济(7):3-27.

[41] 左际平.2005.20世纪50年代的妇女解放和男女义务平等:中国城市夫妻的经历与感受[J].社会(1):182-209.

[42] Akerlof G. A., Kranton R. E. 2000. Economics and identity[J]. The Quarterly Journal of Economics, 115(3):715-753.

[43] Akerlof G. A., Kranton R. E. 2010. Identity economics: how our identities affect our work, wages and well-being[M]. Princeton, NJ: Princeton University Press.

[44] Alesina A., Giuliano P., Nunn N. 2013. On the origins of gender roles: women and the plough[J]. The Quarterly Journal of Economics, 128(2):469-530.

[45] Andersen S., Ertac S., Gneezy U., et al. 2013. Gender, competitiveness, and socialization at a young age: evidence from a matrilineal and a patriarchal society[J]. The Review of Economics and Statistics, 95(4):1438-1443.

[46] Arpino B., Esping-Andersen G., Pessin L. 2015. How do changes in gender role

attitudes towards female employment influence fertility? A macro-level analysis [J]. European Sociological Review, 31(3): 370 – 382.

[47] Baxter J., Buchler S., Perales F., et al. 2015. A life-changing event: first births and men's and women's attitudes to mothering and gender divisions of labor[J]. Social Forces, 93(3): 989 – 1014.

[48] Bell A., Jones K. 2018. The hierarchical age-period-cohort model: why does it find the results that it finds? [J]. Quality & Quantity, 52(2): 783 – 799.

[49] Bénabou R., Tirole J. 2011. Identity, morals, and taboos: beliefs as assets[J]. The Quarterly Journal of Economics, 126(2): 805 – 855.

[50] Berk S. F. 1985. The gender factory: the apportionment of work in American households[M]. New York, US: Springer.

[51] Bertrand M. 2011. New perspectives on gender[C] // O. Ashenfelter and D. Card. Handbook of Labor Economics, North Holland: Elsevier: 1545 – 1592.

[52] Bertrand M., Kamenica E., Pan J. 2015. Gender identity and relative income within households[J]. The Quarterly Journal of Economics, 130(2): 571 – 614.

[53] Bisin A., Verdier T. 2001. The economics of cultural transmission and the dynamics of preferences[J]. Journal of Economic Theory, 97(2): 298 – 319.

[54] Bisin A., Verdier T. 2011. The economics of cultural transmission and socialization [C] // J. B. Habib, A. Bisin and M. Jackson. Handbook of Social Economics, Amsterdam: North-Holland: 339 – 416.

[55] Bjerk D. 2008. Glass ceilings or sticky floors? Statistical discrimination in a dynamic model of hiring and promotion[J]. The Economic Journal, 118(530): 961 – 982.

[56] Blau F. D., Kahn L. M. 2017. The gender wage gap: extent, trends, and explanations[J]. Journal of Economic Literature, 55(3): 789 – 865.

[57] Bolzendahl C. I., Myers D. J. 2004. Feminist attitudes and support for gender equality: opinion change in women and men, 1974 – 1998[J]. Social forces, 83(2): 759 – 789.

[58] Bornatici C., Gauthier J., Goff J. L. 2020. Changing attitudes towards gender equality in Switzerland (2000 – 2017): period, cohort and life-course effects[J]. Schweizerische Zeitschrift für Soziologie, 46(3): 559 – 585.

[59] Bosquet C., Combes P. P., García Peñalosa C. 2019. Gender and promotions:

evidence from academic economists in France[J]. The Scandinavian Journal of Economics, 121(3): 1020-1053.

[60] Brewster K. L., Padavic I. 2000. Change in gender-ideology, 1977-1996: the contributions of intracohort change and population turnover [J]. Journal of Marriage and Family, 62(2): 477-487.

[61] Brooks C., Bolzendahl C. 2004. The transformation of us gender role attitudes: cohort replacement, social-structural change, and ideological learning[J]. Social Science Research, 33(1): 106-133.

[62] Bursztyn L., Fujiwara T., Pallais A. 2017. 'Acting wife': marriage market incentives and labor market investments [J]. American Economic Review, 107(11): 3288-3319.

[63] Burt K. B., Scott J. 2002. Parent and adolescent gender role attitudes in 1990s Great Britain[J]. Sex Roles, 46(7): 239-245.

[64] Buser T., Niederle M., Oosterbeek H. 2014. Gender, competitiveness, and career choices[J]. The Quarterly Journal of Economics, 129(3): 1409-1447.

[65] Campa P., Serafinelli M. 2019. Politico-economic regimes and attitudes: female workers under state socialism[J]. The Review of Economics and Statistics, 101(2): 233-248.

[66] Cano T., Hofmeister H. 2023. The intergenerational transmission of gender: paternal influences on children's gender attitudes[J]. Journal of Marriage and Family, 85(1): 193-214.

[67] Carlson D. L., Knoester C. 2011. Family structure and the intergenerational transmission of gender ideology[J]. Journal of Family Issues, 32(6): 709-734.

[68] Carlson M. W., Hans J. D. 2020. Maximizing benefits and minimizing impacts: dual-earner couples' perceived division of household labor decision-making process[J]. Journal of Family Studies, 26(2): 208-225.

[69] Carriero R., Todesco L. 2018. Housework division and gender ideology: when do attitudes really matter? [J]. Demographic research, 39: 1039-1064.

[70] Cavalli-Sforza L. L., Feldman. M. W. 1981. Cultural transmission and evolution: a quantitative approach[M]. Princeton, NJ: Princeton University Press.

[71] Cech E. A. 2013. The self-expressive edge of occupational sex segregation[J].

American Journal of Sociology, 119(3): 747-789.

[72] Charles M. 2003. Deciphering sex segregation: vertical and horizontal inequalities in ten national labor markets[J]. Acta Sociologica, 46(4): 267-287.

[73] Chen X., Ge S. 2018. Social norms and female labor force participation in urban China[J]. Journal of Comparative Economics, 46(4): 966-987.

[74] Christie-Mizell C. A. 2006. The effects of traditional family and gender ideology on earnings: race and gender differences[J]. Journal of Family and Economic Issues, 27(1): 48-71.

[75] Christie-Mizell C. A., Keil J. M., Kimura A., et al. 2007. Gender ideology and motherhood: the consequences of race on earnings[J]. Sex Roles, 57(9): 689-702.

[76] Correll S. J. 2004. Constraints into preferences: gender, status, and emerging career aspirations[J]. American Sociological Review, 69(1): 93-113.

[77] Corrigall E. A., Konrad A. M. 2007. Gender role attitudes and careers: a longitudinal study[J]. Sex Roles, 56(11-12): 847-855.

[78] Cotter D., Hermsen J. M., Vanneman R. 2011. The end of the gender revolution? Gender role attitudes from 1977 to 2008[J]. American Journal of Sociology, 117(1): 259-289.

[79] Cunningham M. 2001. The influence of parental attitudes and behaviors on children's attitudes toward gender and household labor in early adulthood[J]. Journal of Marriage and Family, 63(1): 111-122.

[80] Cunningham M. 2008. Changing attitudes toward the male breadwinner, female homemaker family model: influences of women's employment and education over the lifecourse[J]. Social Forces, 87(1): 299-323.

[81] Daminger A. 2020. De-gendered processes, gendered outcomes: how egalitarian couples make sense of non-egalitarian household practices[J]. American Sociological Review, 85(5): 806-829.

[82] Davis S. N., Greenstein T. N. 2009. Gender ideology: components, predictors, and consequences[J]. Annual Review of Sociology, 35(1): 87-105.

[83] Davis S. N., Pearce L. D. 2007. Adolescents' work-family gender ideologies and educational expectations[J]. Sociological Perspectives, 50(2): 249-271.

[84] Davis S. N., Wills J. B. 2010. Adolescent gender ideology socialization: direct and moderating effects of fathers' beliefs[J]. Sociological Spectrum, 30(5): 580–604.

[85] Demirovic M., Rogers J., Robbins B. G. 2023. Gender and gender-role attitudes in wage negotiations: evidence from an online experiment[J]. Social Psychology Quarterly: 1115506959.

[86] Derose L. F., Goldscheider F., Brito J. R., et al. 2019. Are children barriers to the gender revolution? International comparisons[J]. European Journal of Population, 35(5): 987–1021.

[87] Dhar D., Jain T., Jayachandran S. 2019. Intergenerational transmission of gender attitudes: evidence from india[J]. The Journal of Development Studies, 55(12): 2572–2592.

[88] Diekman A. B., Brown E. R., Johnston A. M., et al. 2010. Seeking congruity between goals and roles: a new look at why women opt out of science, technology, engineering, and mathematics careers[J]. Psychological Science, 21(8): 1051–1057.

[89] Doepke M., Zilibotti F. 2017. Parenting with style: altruism and paternalism in intergenerational preference transmission[J]. Econometrica, 85(5): 1331–1371.

[90] Dohmen T., Falk A., Huffman D., et al. 2012. The intergenerational transmission of risk and trust attitudes[J]. The Review of Economic Studies, 79(2): 645–677.

[91] Du H., Xiao Y., Zhao L. 2021. Education and gender role attitudes[J]. Journal of Population Economics, 34(2): 475–513.

[92] Eagly A. H. 1987. Sex differences in social behavior: a social-role interpretation [M]. Hillsdale NJ: Lawrence Erlbaum Associates.

[93] Eagly A. H. 2007. Female leadership advantage and disadvantage: resolving the contradictions[J]. Psychology of Women Quarterly, 31(1): 1–12.

[94] Eagly A. H., Karau S. J. 2002. Role congruity theory of prejudice toward female leaders[J]. Psychological Review, 109(3): 573–598.

[95] Eagly A. H., Koenig A. M. 2021. The vicious cycle linking stereotypes and social roles[J]. Current Directions in Psychological Science, 30(4): 343–350.

[96] Eagly A. H., Wood W. 1999. The origins of sex differences in human behavior: evolved dispositions versus social roles[J]. American Psychologist, 54(6): 408-423.

[97] Endendijk J. J., Derks B., Mesman J. 2018. Does parenthood change implicit gender-role stereotypes and behaviors? [J]. Journal of Marriage and Family, 80(1): 61-79.

[98] England P. 2010. The gender revolution: uneven and stalled[J]. Gender & Society, 24(2): 149-166.

[99] Epstein M., Ward L. M. 2011. Exploring parent-adolescent communication about gender: results from adolescent and emerging adult samples[J]. Sex Roles, 65(1): 108-118.

[100] Evertsson M. 2014. Gender ideology and the sharing of housework and child care in Sweden[J]. Journal of Family Issues, 35(7): 927-949.

[101] Ex C. T. G. M., Janssens J. M. A. M. 1998. Maternal influences on daughters' gender role attitudes[J]. Sex Roles, 38(3/4): 171-186.

[102] Fagot B. I., Rodgers C. S., Leinbach M. D. 2000. Theories of gender socialization [C]// T. Eckes and H. M. Trautner. The Developmental Social Psychology of Gender, Mahwah, NJ: Erlbaum: 65-89.

[103] Fan W., Qian Y. 2022. Constellations of gender ideology, earnings arrangements, and marital satisfaction: a comparison across four east Asian societies[J]. Asian Population Studies, 18(1): 24-40.

[104] Farré L., Vella F. 2013. The intergenerational transmission of gender role attitudes and its implications for female labour force participation [J]. Economica, 80(318): 219-247.

[105] Fernández R. 2013. Cultural change as learning: the evolution of female labor force participation over a century[J]. American Economic Review, 103(1): 472-500.

[106] Fernández R., Fogli A. 2009. Culture: an empirical investigation of beliefs, work, and fertility[J]. American Economic Journal: Macroeconomics, 1(1): 146-177.

[107] Fernández R., Fogli A., Olivetti C. 2004. Mothers and sons: preference formation

and female labor force dynamics[J]. The Quarterly Journal of Economics, CXIX (4): 1249 - 1300.

[108] Fogli A., Veldkamp L. 2011. Nature or nurture? Learning and the geography of female labor force participation[J]. Econometrica, 79(4): 1103 - 1138.

[109] Fortin N. M. 2005. Gender role attitudes and the labour-market outcomes of women across OECD countries[J]. Oxford Review of Economic Policy, 21(3): 416 - 438.

[110] Fortin N. M. 2015. Gender role attitudes and women's labor market participation: opting-out, aids, and the persistent appeal of housewifery[J]. Annals of Economics and Statistics, 117 - 118: 379 - 401.

[111] Fortin N., Lemieux T., Firpo S. 2011. Decomposition methods in economics [C] // O. Ashenfelter and D. Card. Handbook of Labor Economics, North Holland: Elsevier: 1 - 102.

[112] Fosse E., Winship C. 2019. Analyzing age-period-cohort data: a review and critique[J]. Annual Review of Sociology, 45(1): 467 - 492.

[113] Fuwa M. 2004. Macro-level gender inequality and the division of household labor in 22 countries[J]. American Sociological Review, 69(6): 751 - 767.

[114] Galván E. 2022. Gender identity and quality of employment[J]. Economica, 89(354): 409 - 436.

[115] Giuliano P., Nunn N. 2021. Understanding cultural persistence and change[J]. The Review of Economic Studies, 88(4): 1541 - 1581.

[116] Gneezy U., Niederle M., Rustichini A. 2003. Performance in competitive environments: gender differences[J]. Quarterly Journal of Economics, 118(3): 1049 - 1074.

[117] Goldscheider F., Bernhardt E., Lappegård T. 2015. The gender revolution: a framework for understanding changing family and demographic behavior[J]. Population and Development Review, 41(2): 207 - 239.

[118] Grinza E., Devicienti F., Rossi M., et al. 2022. How entry into parenthood shapes gender role attitudes: new evidence from the UK[J]. Feminist Economics, 28(4): 194 - 220.

[119] Grunow D., Lietzmann T. 2021. Women's employment transitions: the influence

[119] of her, his, and joint gender ideologies[J]. Demographic Research, 45: 55-86.

[120] Guiso L., Sapienza P., Zingales L. 2008. Social capital as good culture[J]. Journal of the European Economic Association, 6(2-3): 295-320.

[121] Gupta S. 1999. The effects of transitions in marital status on men's performance of housework[J]. Journal of Marriage and the Family, 61(3): 700.

[122] Halpern H. P., Perry-Jenkins M. 2016. Parents' gender ideology and gendered behavior as predictors of children's gender-role attitudes: a longitudinal exploration [J]. Sex Roles, 74(11): 527-542.

[123] Hamjediers M. 2021. Can regional gender ideologies account for variation of gender pay gaps? The case of Germany[J]. Social Sciences, 10(9): 347.

[124] Hansen C. W., Jensen P. S., Skovsgaard C. V. 2015. Modern gender roles and agricultural history: the neolithic inheritance[J]. Journal of Economic Growth, 20(4): 365-404.

[125] Hare D. 2019. Decomposing growth in the gender wage gap in urban China: 1989-2011[J]. Economics of Transition and Institutional Change, 27(4): 915-941.

[126] Haveman H. A., Beresford L. S. 2012. If you're so smart, why aren't you the boss? Explaining the persistent vertical gender gap in management[J]. The ANNALS of the American Academy of Political and Social Science, 639(1): 114-130.

[127] He G., Zhou M. 2018. Gender difference in early occupational attainment: the roles of study field, gender norms, and gender attitudes[J]. Chinese Sociological Review, 50(3): 339-366.

[128] Heckman J. J., Stixrud J., Urzua S. 2006. The effects of cognitive and noncognitive abilities on labor market outcomes and social behavior[J]. Journal of Labor Economics, 24(3): 411-482.

[129] Heilman M. E. 2001. Description and prescription: how gender stereotypes prevent women's ascent up the organizational ladder[J]. Journal of Social Issues, 57(4): 657-674.

[130] Hiller V., Baudin T. 2016. Cultural transmission and the evolution of gender roles [J]. Mathematical Social Sciences, 84: 8-23.

[131] Horne C., Mollborn S. 2020. Norms: an integrated framework[J]. Annual Review

of Sociology, 46(1): 467-487.

[132] Hu Y. 2015. Gender and children's housework time in China: examining behavior modeling in context[J]. Journal of Marriage and Family, 77(5): 1126-1143.

[133] Hyde S. J. 2016. Women, men, work, and family: expansionist theory updated [C]// M. S. Mchale, et al. Gender and Couple Relationships, Cham: Springer International Publishing: 93-109.

[134] Ibourk A., Elouaourti Z. 2023. Revitalizing women's labor force participation in north Africa: an exploration of novel empowerment pathways[J]. International Economic Journal, 37(3): 462-484.

[135] Ingenfeld J. 2021. Mothers' employment participation: the role of partner involvement and selection processes[J]. Journal of Marriage and Family, 83(4): 1020-1037.

[136] Jackson R. M. 2006. Opposing forces: how, why, and when will gender inequality disappear? [C]// The Declining Significance of Gender? Russell Sage Foundation: 215-244.

[137] Jacobs J. A., Gerson K. 2016. Unpacking Americans' views of the employment of mothers and fathers using national vignette survey data[J]. Gender & Society, 30(3): 413-441.

[138] Jayachandran S. 2015. The roots of gender inequality in developing countries [J]. Annual Review of Economics, 7(1): 63-88.

[139] Jayachandran S. 2021. Social norms as a barrier to women's employment in developing countries[J]. IMF Economic Review, 69(3): 576-595.

[140] Johnston D. W., Schurer S., Shields M. A. 2014. Maternal gender role attitudes, human capital investment, and labour supply of sons and daughters[J]. Oxford Economic Papers, 66(3): 631-659.

[141] Judge T. A., Livingston B. A. 2008. Is the gap more than gender? A longitudinal analysis of gender, gender role orientation, and earnings[J]. Journal of Applied Psychology, 93(5): 994-1012.

[142] Kan M. Y., He G. 2017. Resource bargaining and gender display in housework and care work in modern China[J]. Chinese Sociological Review, 50(2): 188-230.

[143] Katz-Wise S. L., Priess H. A., Hyde J. S. 2010. Gender-role attitudes and behavior across the transition to parenthood[J]. Developmental Psychology, 46(1): 18-28.

[144] Kaufman G. 2000. Do gender role attitudes matter? Family formation and dissolution among traditional and egalitarian men and women [J]. Journal of Family Issues, 21(1): 128-144.

[145] Kaufman G., White D. 2015. What makes a "good job"? Gender role attitudes and job preferences in Sweden[J]. Gender Issues, 32(4): 279-294.

[146] Khoudja Y., Fleischmann F. 2018. Gender ideology and women's labor market transitions within couples in the Netherlands[J]. Journal of Marriage and Family, 80(5): 1087-1106.

[147] Klann E. M., Joel Wong Y., Rydell R. J. 2018. Firm father figures: a moderated mediation model of perceived authoritarianism and the intergenerational transmission of gender messages from fathers to sons[J]. Journal of Counseling Psychology, 65(4): 500-511.

[148] Knight C. R., Brinton M. C. 2017. One egalitarianism or several? Two decades of gender-role attitude change in Europe[J]. American Journal of Sociology, 122(5): 1485-1532.

[149] Koo A., Hui B. P. H., Pun N. 2020. Gender ideologies of youth in post-socialist China: their gender-role attitudes, antecedents, and socio-psychological impacts [J]. Chinese Sociological Review, 52(5): 487-514.

[150] Kosteas V. D. 2013. Gender role attitudes, labor supply, and human capital formation[J]. Industrial Relations, 52(4): 915-940.

[151] Kray L. J., Thompson L., Galinsky A. 2001. Battle of the sexes: gender stereotype confirmation and reactance in negotiations[J]. Journal of Personality and Social Psychology, 80(6): 942-958.

[152] Kretschmer D. 2017. Explaining differences in gender role attitudes among migrant and native adolescents in Germany: intergenerational transmission, religiosity, and integration[J]. Journal of Ethnic and Migration Studies: 1-22.

[153] Kroska A., Elman C. 2009. Change in attitudes about employed mothers: exposure, interests, and gender ideology discrepancies[J]. Social Science Research,

38(2): 366-382.

[154] Kulik L. 2002. Like-sex versus opposite-sex effects in transmission of gender role ideology from parents to adolescents in Israel[J]. Journal of Youth and Adolescence, 31(6): 451-457.

[155] Leibbrandt A., List J. A. 2015. Do women avoid salary negotiations? Evidence from a large-scale natural field experiment[J]. Management Science, 61(9): 2016-2024.

[156] Li W., Urakawa K., Suga F. 2023. Are social norms associated with married women's labor force participation? A comparison of Japan and the United States [J]. Journal of Family and Economic Issues, 44(1): 193-205.

[157] Lietzmann T., Frodermann C. 2023. Gender role attitudes and labour market behaviours: do attitudes contribute to gender differences in employment in Germany? [J]. Work, Employment and Society, 37(2): 373-393.

[158] Lim H., Hong S. 2023. Analysis of longitudinal causal relationships between gender role attitudes and labor market participation of young women in Korea [J]. International Sociology, 38(1): 73-98.

[159] Lips H. M. 2013. The gender pay gap: challenging the rationalizations. Perceived equity, discrimination, and the limits of human capital models[J]. Sex Roles, 68(3): 169-185.

[160] Livingstone D. W., Pollock K., Raykov M. 2016. Family binds and glass ceilings: women managers' promotion limits in a 'knowledge economy'[J]. Critical Sociology, 42(1): 145-166.

[161] Luo M. 2021. Cohort dynamics in relation to gender attitudes in China[J]. Chinese Journal of Sociology, 7(2): 194-216.

[162] Lyness K. S., Schrader C. A. 2006. Moving ahead or just moving?: An examination of gender differences in senior corporate management appointments[J]. Group & Organization Management, 31(6): 651-676.

[163] Mason K. O., Lu Y. 1988. Attitudes toward women's familial roles: changes in the United States, 1977-1985[J]. Gender & Society, 2(1): 39-57.

[164] Min J., Silverstein M., Lendon J. P. 2012. Intergenerational transmission of values over the family life course[J]. Advances in Life Course Research,

17(3SI): 112-120.

[165] Miyata S., Yamada H. 2015. Do female gender role attitudes affect labour market participation in Egypt?[J]. The Journal of Development Studies, 52(6): 876-894.

[166] Moen P., Erickson M. A., Dempster-Mcclain D. 1997. Their mother's daughters? The intergenerational transmission of gender attitudes in a world of changing roles[J]. Journal of Marriage and Family, 59(2): 281-293.

[167] Okamoto D., England P. 1999. Is there a supply side to occupational sex segregation?[J]. Sociological Perspectives, 42(4): 557-582.

[168] Olivetti C., Patacchini E., Zenou Y. 2020. Mothers, peers, and gender-role identity[J]. Journal of the European Economic Association, 18(1): 266-301.

[169] Pampel F. 2011. Cohort changes in the socio-demographic determinants of gender egalitarianism[J]. Social Forces, 89(3): 961-982.

[170] Panebianco F. 2014. Socialization networks and the transmission of interethnic attitudes[J]. Journal of Economic Theory, 150: 583-610.

[171] Pepin J. R., Cotter D. A. 2018. Separating spheres? Diverging trends in youth's gender attitudes about work and family[J]. Journal of Marriage and Family, 80(1): 7-24.

[172] Perales F., Hoffmann H., King T., et al. 2021. Mothers, fathers and the intergenerational transmission of gender ideology[J]. Social Science Research, 99: 102597.

[173] Perales F., Lersch P. M., Baxter J. 2019. Birth cohort, ageing and gender ideology: lessons from British panel data[J]. Social Science Research, 79: 85-100.

[174] Piotrowski M., Yoshida A., Johnson L., et al. 2019. Gender role attitudes: an examination of cohort effects in Japan[J]. Journal of Marriage and Family, 81(4): 863-884.

[175] Platt L., Polavieja J. 2016. Saying and doing gender: intergenerational transmission of attitudes towards the sexual division of labour[J]. European Sociological Review, 32(6): 820-834.

[176] Polavieja J. G. 2012. Socially embedded investments: explaining gender

differences in job-specific skills[J]. American Journal of Sociology, 118(3): 592 – 634.

[177] Preston A. 2023. Changing gender role attitudes and the changing gender gap in labour force participation[J]. Journal of Industrial Relations, 65(5): 562 – 590.

[178] Qian Y., Li J. 2020. Separating spheres: cohort differences in gender attitudes about work and family in China[J]. China Review, 20(2): 19 – 52.

[179] Ridgeway C. L., Correll S. J. 2004. Unpacking the gender system[J]. Gender & Society, 18(4): 510 – 531.

[180] Rosenfeld R. A., Trappe H., Gornick J. C. 2004. Gender and work in Germany: before and after reunification[J]. Annual Review of Sociology, 30(1): 103 – 124.

[181] Sani G. M. D., Quaranta M. 2017. The best is yet to come? Attitudes toward gender roles among adolescents in 36 countries[J]. Sex Roles, 77(1 – 2): 30 – 45.

[182] Scarborough W. J., Moeder J. 2022. Culture's gendered consequences: the relationship between local cultural conditions and the gender wage gap[J]. Social Currents, 9(6): 526 – 557.

[183] Scarborough W. J., Pepin J. R., Lambouths D. L., et al. 2021. The intersection of racial and gender attitudes, 1977 through 2018[J]. American Sociological Review, 86(5): 823 – 855.

[184] Scarborough W. J., Sin R., Risman B. 2019. Attitudes and the stalled gender revolution: egalitarianism, traditionalism, and ambivalence from 1977 through 2016[J]. Gender & Society, 33(2): 173 – 200.

[185] Schein V. E. 2001. A global look at psychological barriers to women's progress in management[J]. Journal of Social Issues, 57(4): 675 – 688.

[186] Shu X. 2004. Education and gender egalitarianism: the case of China[J]. Sociology of Education, 77(4): 311 – 336.

[187] Shu X., Meagher K. D. 2018. Beyond the stalled gender revolution: historical and cohort dynamics in gender attitudes from 1977 to 2016[J]. Social Forces, 96(3): 1243 – 1274.

[188] Shu X., Zhu Y. 2012. Uneven transitions: period-and cohort-related changes in

gender attitudes in China, 1995 – 2007[J]. Social Science Research, 41(5): 1100 – 1115.

[189] Sinclair S., Carlsson R. 2013. What will I be when I grow up? The impact of gender identity threat on adolescents' occupational preferences[J]. Journal of Adolescence, 36(3): 465 – 474.

[190] Stam K., Verbakel E., de Graaf P. M. 2014. Do values matter? The impact of work ethic and traditional gender role values on female labour market supply[J]. Social Indicators Research, 116(2): 593 – 610.

[191] Stickney L. T., Konrad A. M. 2007. Gender-role attitudes and earnings: a multinational study of married women and men[J]. Sex Roles, 57(11): 801 – 811.

[192] Su R., Rounds J., Armstrong P. I. 2009. Men and things, women and people: a meta-analysis of sex differences in interests[J]. Psychological Bulletin, 135(6): 859 – 884.

[193] Su Z., Ottervik M. 2023. Stalled and uneven? A hierarchical age-period-cohort analysis of gender attitudes in the public sphere in China 1995 – 2018[J]. Chinese Sociological Review, 55(3): 297 – 322.

[194] Tharenou P. 2013. The work of feminists is not yet done: the gender pay gap — a stubborn anachronism[J]. Sex Roles, 68(3): 198 – 206.

[195] Thijs P., Te Grotenhuis M., Scheepers P. 2017. The relationship between societal change and rising support for gender egalitarianism among men and women: results from counterfactual analyses in the Netherlands, 1979 – 2012 [J]. Social Science Research, 68: 176 – 194.

[196] Thornton A., Young Demarco L. 2001. Four decades of trends in attitudes toward family issues in the United States: the 1960s through the 1990s[J]. Journal of Marriage and Family, 63(4): 1009 – 1037.

[197] Ugarte S. M., Rubery J. 2021. Gender pay equity: exploring the impact of formal, consistent and transparent human resource management practices and information[J]. Human Resource Management Journal, 31(1): 242 – 258.

[198] Uunk W., Lersch P. M. 2019. The effect of regional gender-role attitudes on female labour supply: a longitudinal test using the BHPS, 1991 – 2007[J].

European Sociological Review, 35(5): 669-683.

[199] van der Vleuten M., Jaspers E., Maas I., et al. 2016. Boys' and girls' educational choices in secondary education. The role of gender ideology[J]. Educational Studies, 42(2): 181-200.

[200] van Putten A. E., Dykstra P. A., Schippers J. J. 2008. Just like mom? The intergenerational reproduction of women's paid work[J]. European Sociological Review, 24(4): 435-449.

[201] Vollebergh W. A. M., Iedema J., Raaijmakers Q. A. 2001. Intergenerational transmission and the formation of cultural orientations in adolescence and young adulthood[J]. Journal of Marriage and Family, 63(4): 1185-1198.

[202] Xiao S., Asadullah M. N. 2020. Social norms and gender differences in labor force participation in China[J]. Feminist Economics, 26(4): 114-148.

[203] Yang Y., Land K. C. 2006. A mixed models approach to the age-period-cohort analysis of repeated cross-section surveys, with an application to data on trends in verbal test scores[J]. Sociological Methodology, 36(1): 75-97.

[204] Yang Y., Land K. C. 2008. Age-period-cohort analysis of repeated cross-section surveys: fixed or random effects? [J]. Sociological Methods & Research, 36(3): 297-326.

[205] Yang Y., Land K. C. 2013. Age-period-cohort analysis: new models, methods, and empirical applications[M]. Taylor & Francis.

[206] Ye B., Zhao Y. 2018. Women hold up half the sky? Gender identity and the wife's labor market performance in China[J]. China Economic Review, 47: 116-141.

[207] Zagrebina A. 2020. Attitudes towards gender equality: does being a democracy matter? [J]. Comparative Sociology, 19(3): 305-334.

[208] Zuo J., Bian Y. 2001. Gendered resources, division of housework, and perceived fairness — a case in urban China[J]. Journal of Marriage and Family, 63(4): 1122-1133.

后　记

本书是我继《中国性别收入差距多维解构分析》之后,劳动力市场性别差异研究系列的第二部作品。在前作中,我基于经典的人力资本理论与劳动力市场性别歧视理论,提出了"职位晋升歧视"概念,并通过"纵向职位隔离"揭示了性别收入差距的形成机制,进一步扩展了性别歧视与职业隔离的理论框架。此外,我还探讨了教育领域中的"专业分割"如何导致男女大学生起薪差距,并分析了女性教育水平提升却未能有效缩小性别收入差距的困境。

然而,随着研究的不断深入,我逐渐意识到,尽管从经济学和劳动力市场的角度分析性别收入差距能够揭示很大部分现象,但尚未触及问题的深层根源。尤其是在深入接触社会学、人口学等跨学科理论后,我逐渐认识到,性别收入差距不仅仅是经济结构和劳动力市场机制的产物,更深刻植根于社会结构中的性别文化。因此,本书从跨学科的视角出发,旨在深入探讨劳动力市场性别差异的文化根源,并力求构建一个更加全面、系统的理论框架。

尽管传统性别角色观念在现代社会经历了某些变革,但其深层次的影响力依然在家庭、教育、劳动市场等社会层面根深蒂固,且通过多种机制影响个体的教育选择、劳动参与、职业选择以及职场晋升等方面,最终形成和扩大了劳动力市场的性别差异。本书的分析框架不仅深化了性别收入差距的理论解释,也对现有理论进行了有效的拓展与优化,提供了新的学术视角与思路。对我个人而言,本书不仅是对多年研究的总结,更是推动学界深入关注性别收入差距问题的契机。尽管这一研究在性别领域已取得阶段性成果,但它并非终点,而是我在这一领域研究的新起点。未来,我将继续关注家庭与市场领域的性别平等问题,尤其在家庭生育决策等领域，进一步探索性别视角的应用与实践。

本书的研究得到了教育部哲学社会科学研究后期资助项目"劳动力市场性别不平等的文化根源：性别角色观念生成及其影响研究"的支持，同时，也得到了华东师范大学精品力作培育项目及哲学社会科学创新团队项目（2024QKT007）的资助。

部分研究成果已发表于《社会学研究》《中国人口科学》《社会科学》以及 Journal of Chinese Sociology 等国内外学术期刊，并多次被《中国社会科学文摘》、人大报刊复印资料《人口学》等刊物转载。其中，《中国性别收入差距的社会文化根源》《性别角色观念、家庭责任与劳动参与模式研究》等论文入选"高被引"和"高下载"论文，获得学界的广泛关注与认同。值得一提的是，《中国性别角色观念代际传递分析》一文入选了"中国哲学社会科学自主知识体系数字创新平台"的"哲学社会科学主文献"。此外，本书相关研究成果还获得了第四届全国青年学者人口研究论坛优秀论文三等奖、上海市社会学年会优秀论文一等奖等荣誉，这些成绩离不开学界同仁的宝贵指导与帮助。

在本书的写作过程中，我得到了许多师友的支持与帮助。我的研究生张浩丽、金雪玲、谢真如等在数据整理、分析和写作方面提供了巨大帮助。张浩丽参与了第三章的撰写，金雪玲参与了第五章的内容，谢真如则在第三章与第六章的数据整理分析中发挥了重要作用。正是有了这些团队成员的辛勤努力，本书才能得以顺利完成，在此向他们表示最诚挚的感谢。

此外，本书能够顺利出版，离不开华东师范大学新世纪学术著作出版基金的资助。在书稿的审读和校对过程中，责任编辑陈震及相关工作人员的辛勤付出和专业支持也为本书的出版提供了重要保障，对此我深表感谢。

最后，我要衷心感谢所有在学术研究和个人成长过程中给予我帮助的师友们。你们的支持和鼓励不仅让我在研究道路上不断前行，也为本书的完成提供了源源不断的动力。对于学术旅程中的每一次相遇，我都怀着感恩的心情。

尽管我已尽力完善本书，但作为学术研究的一项探索性成果，仍然难免存在不足之处，诚恳希望广大读者提出宝贵的批评与建议，以便我在未来的研究中不断提升与完善。

卿石松
二〇二四年十二月于地理馆